Serviços de Telecomunicações
ASPECTOS JURÍDICOS E REGULATÓRIOS

0685

E745s   Escobar, João Carlos Mariense
    Serviços de telecomunicações: aspectos jurídicos e regulatórios / J. C. Mariense Escobar. – Porto Alegre: Livraria do Advogado Ed., 2005.
    196 p.; 16 x 23 cm.
    ISBN 85-7348-353-9

    1. Telecomunicação. 2. Rede de telecomunicação. 3. Radiocomunicação. I. Título.

                    CDU - 347.836

    Índices para o catálogo sistemático:
    Telecomunicação
    Radiocomunicação
    Rede de telecomunicação

    (Bibliotecária Responsável: Marta Roberto, CRB-10/652)

J. C. Mariense Escobar

Serviços de Telecomunicações
ASPECTOS JURÍDICOS E REGULATÓRIOS

livraria
DO ADVOGADO
editora

Porto Alegre, 2005

© J. C. Mariense Escobar, 2005

Capa, projeto gráfico e diagramação
Livraria do Advogado Editora

Revisão
Rosane Marques Borba

Direitos desta edição reservados por
Livraria do Advogado Editora Ltda.
Rua Riachuelo, 1338
90010-273 Porto Alegre RS
Fone/fax: 0800-51-7522
editora@livrariadoadvogado.com.br
www.doadvogado.com.br

Impresso no Brasil / Printed in Brazil

*À Nara,
que comigo madruga na intenção de ser útil,
e ao nosso querido João Carlos,
com muito amor.*

Sumário

Apresentação 9
1. Telecomunicações 11
2. Redes de telecomunicações 21
3. Radiocomunicação 26
4. A órbita e os satélites 29
5. Órgãos reguladores internacionais 32
6. A Agência Nacional de Telecomunicações (ANATEL) ... 36
7. Serviço de telecomunicações no regime público 47
8. Serviços de telecomunicações no regime privado 57
9. As tarifas dos serviços de telecomunicações 60
10. Fundo de fiscalização das Telecomunicações (FISTEL) .. 64
11. Fundo de Universalização (FUST) 66
12. Serviço Telefônico Fixo Comutado (STFC) 68
13. Listas telefônicas 85
14. Comunicação móvel 89
    14.1. Serviço Móvel Celular (SMC) 95
    14.2. Serviço Móvel Pessoal (SMP) 96
    14.3. Serviço Móvel Especializado (SME) 110
    14.4. Serviço Móvel Especial de Radiochamada (SER) .. 111
    14.5. Serviço Móvel Global por Satélite (SMGS) 113
    14.6. Serviço Móvel Marítimo (SMM) 114
15. Serviço de Comunicação Multimídia (SCM) 117
16. Radiodifusão – Serviços de radiodifusão de sons e de sons e imagens (Rádio e Televisão) 120
    16.1. Serviços de retransmissão de televisão (RTV) e de repetição de televisão (RpTV) 129
17. TV por assinatura 132
    17.1. Serviço de TV a cabo 132
    17.2. TV por assinatura – Distribuição de Sinais de Televisão e de Áudio Via Satélite (DTH) 134
18. Serviço de Transporte de Sinais de Telecomunicações por Satélite (STS) 136
19. Serviço limitado 139

20. Serviços público-restritos 142
21. Serviço de valor adicionado 144
22. Compartilhamento de infra-estrutura 146
23. A licitação de serviços telefônicos 149
24. O sigilo da comunicação telefônica 151

    Apêndice - Lei nº 9.472, de 16 de julho de 1997 157

    Bibliografia 193

Apresentação

Com *O Novo Direito de Telecomunicações*, livro que escrevemos logo após a edição da Lei n° 9.472, de 16.7.1997 (Lei Geral de Telecomunicações – LGT), pretendíamos informar sobre a nova disciplina jurídica atribuída aos serviços de telecomunicações, os quais até então haviam sido explorados pelo Estado, em regime monopolístico.

A Lei Geral de Telecomunicações, que resultou de uma revisão geral da legislação aplicada ao setor, trazia em seu bojo, em harmonia com os direitos do consumidor e os princípios da livre concorrência e da justa competição, uma nova e revolucionária categorização para os serviços de telecomunicações, embasada no fato de que nem todos eles possuem natureza de serviço estatal e, portanto, podem ser explorados e prestados por particulares, também em regime jurídico de direito privado.

Com o advento do Plano Geral de Outorgas, aprovado pelo Decreto n° 2.534/98, somente à telefonia fixa – Serviço Telefônico Fixo Comutado (STFC) – em todas as suas modalidades, foi atribuído o regime jurídico administrativo, cabendo aos demais, especialmente à telefonia móvel – Serviço Móvel Celular (SMC) e Serviço Móvel Pessoal (SMP) – o regime privado, com a exploração baseada nos princípios constitucionais da atividade econômica.

Passou-se a falar em serviços *públicos* e serviços *privados* de telecomunicações, inaugurando-se, por assim dizer, um modo novo de conceber o serviço público, mais consentâneo com a necessidade de satisfazer interesses públicos por meio de atividades desenvolvidas não mais necessariamente sob o regime jurídico público.

De lá para cá muita coisa mudou. De prestador, o Estado passou a regulador dos serviços de telecomunicações, que explodiram estatisticamente, posicionando o nosso País em quinto lugar no mundo em quantidade de aparelhos telefônicos – com 108 milhões, sendo 42 milhões terminais fixos e 66 milhões estações móveis.

Este livro, que consiste numa revisão e atualização daquele produzido há cinco anos, permanece na intenção de informar sobre esse novo arcabouço legal que temos vigente, e almeja proporcionar aos leitores, por meio de transcrições e comentários didáticos a peculiaridades técnicas e disposições regulatórias, uma visão abrangente de como se acham organizados, neste momento, os principais serviços de telecomunicações prestados à sociedade brasileira.

O Autor

1. Telecomunicações

Histórico

O primeiro mecanismo de telecomunicação verdadeiramente técnico de que se tem notícia, à parte a transmissão de informações com tochas e sinais de fumaça,[1] segundo Matías R. Perdomo e Carlos B. Maio[2] é atribuído a um tal Eneo, durante o século IV a.C. Segundo esse mecanismo, o emissor e o receptor da mensagem possuíam um recipiente d'água, dotado, cada um, de dispositivo mecânico de marcação do nível da água (bóia e régua) e uma torneira na base. Na parte externa dos recipientes havia palavras, iguais em ambos, em diferentes alturas. Quando o emissor, distante, levantava uma bandeira, ambos, simultaneamente, abriam a torneira para que a água começasse a vazar. Quando o nível da água chegava até o vocábulo desejado o emissor baixava a bandeira de sinalização e fechava a torneira do seu recipiente, transmitindo ao receptor, que também fechava a sua, o término da mensagem. Enchia-se novamente o recipiente, e se recomeçava a *telecomunicação*, até que toda a mensagem fosse transmitida. No século III a.C. esse sistema foi substituído por outro, que combinava letras com bandeiras e bengalas. As bandeiras indicavam cada letra, e as bengalas, o grupo a que pertenciam, numa espécie de telegrafia ótica que não evolui muito até o final do século XVIII. A partir de então, desenvolveram-se trabalhos e invenções visando a aprimorar os telégrafos óticos até que, em 1589, surgiram as primeiras experiências sobre telegrafia elétrica. Em 1664, Sir Robert Hooke faz referências à comunicação à distância, através da agulha imantada, e por volta de 1790 Steinheil, apoiado em estudos de Alexandre Volta, concebe a possibilidade da comunicação por telégrafo elétrico, operado através de fios de arame.

Samuel Finley Morse foi quem praticamente descobriu, em 1832, o telégrafo elétrico, inventando alguns anos mais tarde (1835) um aparelho

---
[1] O Império Romano possuía uma rede de "telégrafos" a sinais de fumaça com mais de 4.500 km de extensão.
[2] *Marco Juridico y Formas de Gestion em Telecomunicaciones*. Montevideo, Ed. FCU, 1991, p. 12/13.

com o qual transmitia mensagens por meio de um código de sinais, propiciando o surgimento, em 1840, do telégrafo e do denominado código Morse.

Em 1844, inaugurou-se o primeiro telégrafo público, ligando as cidades de Washington e Baltimore. O invento despertou tamanho interesse que os países onde passou a funcionar logo sentiram a necessidade de um regramento (uniformização da operação, cobrança, etc.) para a atividade. Em 1849, surge o primeiro acordo internacional de telecomunicações, firmado entre a Prússia e a Áustria, e no ano seguinte, é fundada a União Telegráfica Austro-Alemã, com a participação da Holanda, do Grão Ducado de Baden, dentre outros. Em 16 de maio de 1864, França, Dinamarca, Itália, Portugal e Brasil firmam acordo em Paris para estabelecimento de uma linha telegráfica internacional. O sistema Morse ainda perdura por muitos anos, até que, em 1869, iniciam-se os experimentos com a telefonia, que Alexander Graham Bell desenvolve e em 1876 patenteia. Com Marconi, surge, em 1895, a radiotelegrafia, que logo evolui para a radiotelefonia, com a transmissão da voz por ondas eletromagnéticas.

O "marco zero" das comunicações modernas[3] pode ser considerado o advento da telegrafia, em meados do século XIX, que disseminou o uso de fios elétricos para enviar informações. Com a invenção da radiotelegrafia, teve início a comunicação sem fio, estabelecendo-se uma importante complementaridade entre ambos os tipos de comunicação, que evoluiu para o compartilhamento dos recursos em rede e o emprego de modernas técnicas de codificação da informação. Na década de 20, as telecomunicações compreendem o telégrafo, a telefonia, a radiodifusão sonora e a televisão, esta última resultante de um "fenômeno de laboratório" desenvolvido nos Estados Unidos e na Inglaterra.

Estruturação da atividade no Brasil

A primeira manifestação objetiva de estruturação da atividade de telecomunicações em nosso País remonta ao Império, registra Gaspar Luiz Grani Vianna,[4] precisamente quando D. Pedro II estabeleceu que o centro telegráfico do País fosse situado no Ministério da Justiça.[5] Numa seqüência de datas e fatos de significação no *iter* dessa formação histórica destacamos a nomeação, em 17 de março de 1855, do Barão de Capanema, como o primeiro Diretor-Geral dos Telégrafos Elétricos, cujos serviços originalmente destinavam-se a servir unicamente ao Estado; o Decreto Imperial n° 2.614, de 21.7.1860, que institui o primeiro Regulamento para a Organiza-

---

[3] Helio Waldman e Michel Daoud Yacoub. *Telecomunicações – Princípios e Tendências.* São Paulo, Érica, 1997, p. 19.
[4] *Direito de Telecomunicações.* Rio de Janeiro, Ed. Rio, 1976.
[5] A decisão de D. Pedro II foi em 17 de janeiro de 1854, dois anos após a inauguração da primeira linha de telégrafo elétrico, ocorrida em 11 de maio de 1852. Ob. cit., p. 106.

ção e Serviço dos Telégrafos Elétricos, posteriormente revogado pelo Decreto n° 3.288, de 20.7.1864, que estabeleceu Regulamento já contemplando a utilização do serviço por particulares;[6] o Decreto n° 4.491, de 23.3.1870, que autorizou o norte-americano Charles T. Brigth a construir linhas telegráficas submarinas, desde a capital do Império, para o norte, até Santa Maria de Belém do Grão-Pará e, para o sul, até a Província de São Pedro do Rio Grande do Sul; o Decreto n° 4.653, de 28.12.1870, que instituiu novo Regulamento Telegráfico, dividindo o País em distritos telegráficos; o Decreto n° 5.058, de 16.8.1872, que autorizou o Barão de Mauá a explorar cabo telefônico entre o Império do Brasil e o Reino de Portugal; o Decreto n° 5.498, de 10.8.1873, que autorizou a funcionar no Brasil a firma *Western and Brazilian Telegraph Co.*, com o direito de explorar serviço telegráfico nacional e internacional; o Decreto n° 6.701, de 1°.10.1877, pelo qual o Brasil se tornou membro da União Telegráfica Internacional, ano em que se inaugurou o serviço de telefonia no País; o Decreto n° 7.539, de 15.11.1879, que concedeu a Charles Paul Mackie o direito de explorar, por si ou por intermédio de uma empresa, linhas telefônicas nas cidades do Rio de Janeiro e Niterói, por cabo submarino – a primeira concessão para o estabelecimento de rede telefônica no Brasil;[7] o Decreto n° 8.065, de 17.4.1881, que concedeu à *Telephone Company of Brazil* autorização para fazer negócios no País, construindo e explorando linhas telefônicas.

Conceito

Telecomunicação é comunicação à distância, realizada por processo *eletromagnético,* que consiste na utilização das propriedades do campo eletromagnético para geração de sinais de comunicação. Segundo a Lei n° 9.472/97, Lei Geral de Telecomunicações (LGT), é a transmissão, emissão ou recepção, por fio, radioeletricidade, meios ópticos ou qualquer outro processo eletromagnético, de símbolos, caracteres, sinais, escritos, imagens, sons ou informações de qualquer natureza (art. 60, § 1°). O Regulamento dos Serviços de Telecomunicações – Resolução da ANATEL n° 73, de 25.11.98 – repete essa definição, ressalvando não constituírem serviços de telecomunicações o provimento de capacidade de satélite, a atividade de habilitação ou cadastro de usuário e de equipamento para acesso a serviços

---

[6] O art. 1° estabelecia que os "Telegraphos" tinham por fim servir "a administração em geral, ao commercio e aos particulares". A preferência para a transmissão de telegramas obedecia à seguinte ordem: os oficiais, os da Casa Imperial, os do comércio, os dos particulares, assegurada preferência sobre todos eles, ainda que urgentes, aos *sinais de incêndio e pedidos de socorro* (art. 40).

[7] Gaspar Vianna registra que a empresa de Mackie não chegou a ser organizada e, a 13 de outubro de 1880, ele mesmo, associado a outros, formou em New York uma sociedade denominada Telephone Company of Brazil, com capital formado por 3.000 ações de igual valor, das quais Henry S. Russel possuía 2.940, e os demais, 10 ações cada (ob. cit., p. 109).

de telecomunicações, nem os denominados serviços de valor adicionado, que veremos adiante.

A conceituação envolve duas questões básicas: o conteúdo do que se transmite, emite ou recebe (símbolos, caracteres, sinais, escritos, imagens, sons, informações) e o meio pelo qual a operação se realiza (fio, radioeletricidade, meios óticos, satélites ou qualquer outro processo eletromagnético), com o que as telecomunicações se classifiquem, basicamente, segundo o conteúdo ou o meio pelo qual se processam. A necessidade humana de enviar informações à distância o mais rapidamente possível, a procura de um meio de enlace adequado para essa finalidade e a obtenção de um procedimento capaz de transportar a informação através desse determinado meio,[8] são os fatores que se conjugam nessa conceituação e estão presentes qualquer que seja o estágio de desenvolvimento das telecomunicações.

Serviço de telecomunicações é o conjunto de atividades que possibilita a oferta de telecomunicação, para o qual concorre uma multiplicidade de operações técnicas e de equipamentos empregados exclusivamente na viabilização da comunicação à distância.

Uma classificação dos meios

Com Francis Balle,[9] podemos classificar os meios empregados na comunicação à distância em três grandes famílias: a) de *suportes autônomos*, em que a comunicação se realiza mediante suportes físicos que retêm a informação de forma duradoura (livros, fitas magnéticas, CDs); b) *teledifusão*, em que a comunicação se dá entre emissoras e receptores, em um único sentido e com cobertura massiva (televisão, radiodifusão, TV a cabo); c) *telecomunicação interativa*: em que a comunicação entre dois ou mais sujeitos se realiza imediata, direta e simultaneamente (telégrafo, telefone, telefax).

Legislação básica

Os serviços de telecomunicações são disciplinados pelo que sobre eles preceituam a Constituição Federal; a Lei nº 4.117, de 27.8.62, que instituiu o Código Brasileiro de Telecomunicações, complementada e modificada pelo Decreto-lei nº 236, de 28.6.67; o Decreto nº 52.026, de 20.5.63, que aprova o Regulamento Geral da Lei 4.117/62, alterado pelo Decreto nº 97.057, de 10.11.88; o Decreto nº 52.795, de 31.10.63, que aprova o Regulamento dos Serviços de Radiodifusão; o Decreto nº 95.744, de 23.2.88, que

---

[8] José Maria Romeo López. *Evolución histórica de la telecommunicación*. Montevideo, Revista AHCIET, nº 42.

[9] In *Medios et societé*. 3ª ed. Paris, Montchrétien, 1985.

aprova o Regulamento do Serviço Especial de Televisão por Assinatura (TVA); a Lei n° 8.987, de 13.2.95, que dispõe sobre o regime de concessão e permissão de serviços públicos, e Lei n° 9.074, de 07.7.95, que a complementa, ambas com a redação dada pela Lei n° 9.648, de 27.5.98; a Lei n° 9.295, de 19.7.96, "lei mínima", que dispõe sobre os serviços de telecomunicações e sua organização; o Decreto n° 2.950, de 4.11.96, que aprova o Regulamento do Serviço Móvel Celular; a Lei n° 8.977, de 6.1.95, que institui o Serviço de TV a Cabo, e o Decreto n° 2.206, de 14.4.97, que aprova o regulamento desse serviço; a *Lei n° 9.472, de 16 de julho de 1997 (DOU de 17.7.97) Lei Geral de Telecomunicações-LGT*; o Decreto n° 2.338, de 4.10.97, que aprova o Regulamento da Agência Nacional de Telecomunicações ANATEL; o Decreto n° 2.195, de 8.4.97, que aprova o Regulamento de Serviço de Transporte de Sinais de Telecomunicações por Satélite-STS; o Decreto n° 2.197, de 8.4.97, que aprova o Regulamento do Serviço Limitado; o Decreto n° 2.198, de 8.4.97, que aprova o Regulamento de Serviços Público-Restritos; o Decreto n° 2.233, de 23.5.97, que dispõe sobre os setores das atividades econômicas excluídos das restrições previstas na Lei n° 4.131, de 3.9.62, e considera de alto interesse nacional a telefonia, de qualquer natureza; o Decreto n° 2.534, de 2.4.98, que aprova o Plano Geral de Outorgas do Serviço Telefônico Fixo Comutado (STFC); o Decreto n° 2.592, de 15.5.98, que aprova o Plano Geral de Metas de Universalização do STFC prestado em regime público; o Decreto n° 2.617, de 5.6.98, que dispõe sobre a composição do capital de empresas prestadoras de serviços de telecomunicações (revoga o Decreto n° 2.591, de 15.5.98); o Decreto n° 2.738, de 20.8.98, que promulga a Emenda aos Artigos 6 e 22 do Acordo Operacional da Organização Internacional de Telecomunicações por Satélite – INTELSAT, aprovada pelo XXV Encontro dos Signatários, em Cingapura, em 4.4.95, dentre outros diplomas em vigor.

Princípios fundamentais da prestação

Os serviços de telecomunicações são prestados sob um arcabouço regulatório cujo objetivo básico é garantir à sociedade o acesso aos serviços. Conformam esse disciplinamento alguns princípios fundamentais, como o do direito de acesso e fruição aos serviços de interesse coletivo, o da razoabilidade na fixação das tarifas e preços, e o que decorre do dever de serem prestados adequadamente.

No direito de acesso e fruição, acha-se implícito o de não sofrer discriminação, assegurando-se a todos o direito de escolha da prestadora, de receber informação adequada sobre a prestação do serviço, o direito à inviolabilidade e ao segredo da comunicação, de peticionar contra a prestadora perante o órgão regulador e os organismos de defesa do consumidor, direito de resposta às reclamações, à reparação dos danos causados pela violação de direitos, dentre outros. A Lei Geral de Telecomunicações – Lei nº 9.472/97 – determina que o Poder Público adote medidas que promovam a competição e a diversidade dos serviços, incrementem sua oferta e propiciem padrões de qualidade compatíveis com a exigência dos consumidores, fortalecendo o papel regulador do Estado e criando oportunidades de investimento e desenvolvimento tecnológico e industrial, em ambiente competitivo (art. 2º). O que na verdade embasa a organização dos serviços de telecomunicações é o princípio da livre, ampla e justa competição entre todas as prestadoras, devendo o Poder Público atuar para propiciá-la, corrigir os efeitos da competição imperfeita e reprimir as infrações da ordem econômica (art. 6º). Sobre isso, aliás, prevê a LGT que terá praticado infração à ordem econômica a prestadora que adotar práticas que possam limitar, falsear ou, de qualquer forma, prejudicar a livre concorrência ou a livre iniciativa (art. 7º, § 3º). A desmonopolização e a prestação dos serviços em ambiente competitivo constituem os elementos básicos da organização e política setorial preconizada pela LGT.

Competência regulamentar da União

Ao Poder Público cabe regulamentar e controlar os serviços governamentais. O fato de alguns deles serem delegados à exploração por particulares não subtrai do Estado o dever de normatizá-los adequadamente, de modo a se manterem atualizados e eficientes. Como asseverou Hely Lopes Meirelles, o Estado deve ter sempre em vista que *serviço público* e *de utilidade pública* são serviços *para o público*, caracterizando os seus prestadores como *servidores do público*,[10] cuja atuação deve pautar-se pelos interesses da sociedade.

A competência normativa da União em matéria de telecomunicações acha-se inscrita nos arts. 28, IV e 48, XII, da Constituição Federal, e não compreende simplesmente a edição de leis em sentido formal, mas também de regulamentos e normas técnicas aplicáveis e necessárias à execução dos serviços. As inúmeras Resoluções do Conselho Diretor da Agência Nacional de Telecomunicações – ANATEL, refletem o exercício de uma competência regulatória que, embora pareça usurpada do Poder Legislativo é legítima, por inerente à função que lhe foi atribuída como *órgão regulador*, e sem a qual estaria inviabilizada a sua atuação como tal.

Classificação

Os serviços de telecomunicações classificam-se, quanto à abrangência dos interesses a que atendem, em serviços de *interesse coletivo* e serviços de *interesse restrito*, estes últimos condicionados a que sua exploração não

---

[10] *Direito Administrativo Brasileiro*. São Paulo, Malheiros, 1996, p. 300.

prejudique o interesse coletivo. De interesse coletivo são aqueles cuja prestação deve ser proporcionada a qualquer interessado, em condições não discriminatórias. São serviços abertos a todos e por isso submetidos a maiores condicionamentos regulatórios para bem atenderem aos interesses da coletividade. Dentre os serviços de interesse coletivo, são considerados *serviços de comunicação de massa*, abertos ou por assinatura, os que possuem, simultaneamente, as seguintes características essenciais: distribuição ou difusão dos sinais ponto-multiponto[11] ou ponto área; fluxo de sinais predominantemente no sentido prestador usuário; conteúdo das transmissões não gerado ou controlado pelo usuário; escolha do conteúdo das transmissões pela prestadora do serviço. São exemplos, o rádio, a televisão, a TV por assinatura. O serviço aberto destina-se a ser recebido livre e diretamente pelo público, de forma gratuita e sem prévia autorização do prestador do serviço. Serviço de interesse restrito é o destinado exclusivamente ao uso do próprio executante, ou prestado a determinados grupos de usuários, selecionados mediante critérios estabelecidos pela prestadora, em consonância com a regulamentação.

Os serviços de interesse restrito, caracterizados como de livre exploração, submetem-se apenas aos condicionamentos necessários para que sua exploração não venha a acarretar prejuízos ao interesse coletivo.

Quanto ao regime jurídico de prestação, os serviços de telecomunicações classificam-se em *públicos* e *privados*. Serviços prestados em regime público são aqueles cuja existência, universalização e continuidade a própria União compromete-se a assegurar. É o caso das diversas modalidades do Serviço Telefônico Fixo Comutado (STFC), de qualquer âmbito, destinado ao uso do público em geral. É o serviço prestado sob concessão ou permissão, com obrigações de universalização e de continuidade. Dizer que um serviço é prestado no regime público é dizê-lo subordinado ao Direito Público, aos princípios e condicionamentos que regem as atividades da Administração Pública e disciplinam as relações entre ela e os indivíduos, conformadoras do Direito Administrativo. Devem observar o art. 175 da Constituição. Já os serviços privados de telecomunicações, explorados e prestados em regime de direito privado, são aqueles não sujeitos a obrigações de universalização e continuidade, nem à prestação assegurada pela União, que podem ser explorados pelos particulares, mediante autorização, em regime de liberdade, conforme art. 174 da Constituição. É o caso, por exemplo, do Serviço Móvel Pessoal (SMP).

Essa diferença de regime jurídico de prestação leva-nos a uma primeira constatação importante: as prestadoras de serviços privados não estão obrigadas a atender localidades que não lhes proporcionem o retorno econômico-fi-

---

[11] Ponto multiponto significa comunicação entre um único ponto de origem e vários pontos de destino.

nanceiro desejado, não se lhes podendo exigir padrões de qualidade senão nas áreas que livremente tenham escolhido para prestar os serviços. Presentemente, conforme o Decreto 2.534, de 2.4.1998, que aprovou o Plano Geral de Outorgas de Serviço de Telecomunicações Prestado no Regime Público (PGO), somente o Serviço Telefônico Fixo Comutado (STFC) é prestado em regime de direito público, sendo todos os demais serviços privados.

Abra-se aqui um parêntese para registrar que, na verdade, com a edição da LGT, os serviços de telecomunicações passaram a ter um regime jurídico peculiar, principalmente os de telefonia fixa, que segundo professa Raquel Dias da Silveira "expressam uma das mais fantásticas e significativas interdisciplinariedades jurídicas já presenciada entre o Direito Administrativo e o Direito Econômico e demonstram que o Direito atual tende, cada vez mais, a se flexibilizar, diminuindo-se a clássica e rígida separação entre Direito Público e Direito Privado".[12]

Quanto à forma de telecomunicação empregada, temos a seguinte classificação: *Telefonia*, caracterizada pela transmissão da voz e de outros sinais audíveis; *telegrafia*, caracterizada pela transmissão de matéria escrita destinada a ser apresentada através de sinais gráficos, utilizando um código digital adaptado a baixas velocidades de transmissão; *comunicação de dados,* forma caracterizada pela especialização na transferência de dados de um ponto a outro;[13] *transmissão de imagens*, como a televisão, caracterizada pela transmissão de imagens transientes, animadas ou fixas, reproduzíveis em tela optoeletrônica[14] à medida de sua recepção.

Modernamente, e para os fins deste livro, agrupam-se esses serviços em *telefonia fixa* (STFC; STFC 0800; Interconexão); *comunicação móvel* (Serviço Móvel Celular; Serviço Móvel Pessoal; Serviço Móvel Especializado; Serviço Móvel Especial de Radiochamada; Serviço Móvel Global por Satélite; Serviço Móvel Marítimo); *comunicação multimídia* (Serviço de Comunicação Multimídia-SCM); *radiodifusão* (Onda Média; Onda Tropical; Onda Curta; Freqüência Modulada; FM Comunitária; TV; TV Digital; Serviços Auxiliares de Radiodifusão e Correlatos – SARC; Ancilares de TV); *TV por assinatura* (TV a Cabo, MMDS; DTH; TVA); *radiofreqüência*; *demais serviços* (Radiotáxi; Rede e Circuito Especializado; Satélite; SRTT; Autocadastramento; Serviços Especiais; Serviço Limitado Privado; Serviço Público Restrito).

Quanto ao âmbito geográfico da prestação, dividem-se em serviços *nacionais* e serviços *internacionais*. A regulamentação da Lei 4.117/62 os

---

[12] *Regime jurídico dos serviços de telefonia fixa*, Belo Horizonte, Ed. Fórum, 2003, p. 159.

[13] *Dado* significa informação sistematizada, codificada eletronicamente, especialmente destinada a processamento por computador e demais máquinas de tratamento racional e automático da informação.

[14] *Optoeletrônico* – dispositivo ou componente destinado à geração de efeitos ópticos produzidos por absorção de partículas portadoras de carga elétrica ou pelo controle da intensidade do campo magnético aplicado, ou inversamente, destinado a produzir efeitos elétricos pela absorção da energia de ondas de espectro luminoso.

classificava em interior e internacional. Teremos serviço nacional quando destinado à telecomunicação entre estações, fixas ou móveis, dentro dos limites da jurisdição territorial da União, e serviço internacional, quando entre estações fixas ou móveis situadas dentro dos limites da jurisdição territorial da União e estações fixas ou móveis que se achem fora desses limites.

Regras comuns

Existem na LGT regras comuns aplicáveis à prestação dos serviços, que devem ser observadas por todas as operadoras. Assim, por exemplo, à ANATEL é atribuída a competência para definir as modalidades de serviço, em virtude de sua finalidade, âmbito de prestação, meio de transmissão, etc. Proíbem-se comportamentos prejudiciais à competição livre, ampla e justa, em especial a prática de subsídios para redução artificial de preços, bem como a omissão de informações técnicas e comerciais relevantes à prestação de serviços. Outra regra diz respeito a informações relativas à utilização individual do serviço pelo usuário, segundo a qual apenas na execução de sua atividade a operadora delas poderá valer-se, dependendo do usuário, exclusivamente, a divulgação dessas informações individuais, mediante anuência expressa e específica, podendo a prestadora tão somente divulgar informações agregadas que não permitam a sua identificação ou a violação da sua intimidade (art. 72).

A LGT assegura às prestadoras de serviços de interesse coletivo o direito à utilização de postes, dutos, condutos e servidões, pertencentes ou controlados por prestadoras de outros serviços também de interesse coletivo, de forma não discriminatória, possibilitando-lhes, por exemplo, o uso mútuo de postes de distribuição de energia elétrica, o direito de lançar redes de cabos ópticos ao longo da faixa de domínio das vias públicas, mesmo quando concedidas à exploração de particulares.

Dentre as obrigações inerentes à prestação dos serviços de interesse coletivo cumpre destacar a de fornecerem, a outras prestadoras com as quais possuam interconexão, informações cadastrais atualizadas para fins de faturamento e cumprimento de obrigações impostas pela regulamentação. Também, a de prestarem serviços de faturamento, cobrança, atendimento dos serviços de cobrança e arrecadação às prestadoras com as quais possuam acordo de fruição de tráfego, admitindo-se para tanto a implementação conjunta de base cadastral centralizada.[15]

Procedimentos de contratação de serviços e aquisição de bens pelas Prestadoras

As prestadoras de serviços de telecomunicações que não sejam empresas públicas ou sociedades de economia mista, quando pretenderem contra-

---
[15] Resolução ANATEL n° 73, de 25.9.98, art. 27 (incluído pela Resolução n° 343, de 17.7.03).

tar serviços ou adquirir equipamentos e/ou materiais, deverão publicar a intenção em página específica de seu endereço na Internet, possibilitando aos fornecedores instalados no Brasil a apresentação de ofertas, somente estando liberadas dessa obrigação se o valor da contratação for inferior a um milhão de reais ou em casos de emergência ou calamidade pública, quando caracterizada urgência de atendimento de situação que possa ocasionar prejuízo ou comprometer a segurança de pessoas e bens, e somente para adquirir os bens necessários ao atendimento da situação.

Conhecido o resultado do processo de contratação, a prestadora deverá comunicá-lo formalmente aos que tenham apresentado propostas de fornecimento, em no máximo 10 dias.

Pelo cometimento de infrações ao *Regulamento sobre Procedimentos de Contratação de Serviços e Aquisição de Equipamentos ou Materiais pelas Prestadoras de Serviços de Telecomunicações,*[16] que serão consideradas de natureza grave, as prestadoras estarão sujeitas a multas de até trinta milhões de reais.

Técnicas empregadas

Considerando-se as técnicas de codificação da informação empregadas nos serviços de telecomunicações, diz-se que a telecomunicação é *analógica* quando realizada com emprego de técnica que permite a codificação da informação pela variação contínua de qualquer característica de um sinal, estando a informação contida na taxa de variação desta característica em relação ao tempo.[17] Os sinais analógicos movem-se pelas linhas telefônicas como ondas eletromagnéticas, expressando-se sob a forma de freqüência.[18] A telecomunicação *digital* se realiza com o emprego de uma técnica que permite a codificação da informação pela variação descontínua de qualquer característica de um sinal, estando a informação contida na diversidade das descontinuidades sucessivas. É a denominada técnica digital, que em informática e telecomunicações é sinônimo de informação representada por *bits*, isto é, informação digital binária (composta de duas partes).[19] As transmissões digitais são mais rápidas que as transmissões analógicas, mais confiáveis, com menos erros e maior clareza.

---

[16] Resolução ANATEL nº 155, de 16.8.99.

[17] *Analógico* é palavra comumente empregada para caracterizar aparelhos eletrônicos que trabalham com variações contínuas de sinais elétricos, variações essas que, em geral, são proporcionais (*análogas*) a outros fenômenos (ex.: variações na pressão do ar, provocadas por sons).

[18] Annabel Z. Dodd. *Guia Essencial para Telecomunicações*. Rio de Janeiro, Campus, 2000, p.5.

[19] Um *bit* é a menor unidade da informação usada por computadores, e pode ser uma pequena corrente elétrica num circuito elétrico ou o furo num cartão de papel. Quando em grupos de oito, os *bits* convertem-se nos *bytes*, que são usados para representar todo tipo de informação, tanto de letras quanto pontos coloridos de uma tela de computador. Os equipamentos digitais transferem dados na forma de um *bit* de cada vez, donde a expressão bps, que traduz uma medida de velocidade – *bits* por segundo – que marca o tempo em que esses equipamentos realizam essa transferência.

2. Redes de telecomunicações

Conceito

Para que haja comunicação à distância é imprescindível a existência de *redes de telecomunicações*, constituídas pelo conjunto operacional contínuo de circuitos e equipamentos, incluindo funções de transmissão,[20] comutação,[21] multiplexação[22] ou quaisquer outras indispensáveis à operação dos serviços. Na terminologia da UIT,[23] rede de telecomunicações é o conjunto de enlaces que proporciona conexão entre dois ou mais pontos determinados, para facilitar a comunicação entre eles. Esse conjunto de instalações, centros de comutação e meios de transmissão, que atuam como suporte à prestação dos serviços, não precisam ser propriedade da prestadora, uma vez que esta pode contratar a utilização de recursos integrantes da rede de outras, caracterizando, com isso, uma situação de *exploração industrial*,[24] caso em que os recursos contratados serão considerados, para fins de interconexão, como parte da rede da contratante. Com a digitalização dos serviços de telecomunicações (comutação e transmissão), já exis-

---

[20] Transferência unilateral de informação de um ponto a outro por meio de sinais.

[21] Estabelecimento temporário de circuitos ou canais com a finalidade de assegurar comunicação entre dois pontos. Diz-se comutação *automática*, quando realizada por equipamentos controlados autonomamente, através de programa lógico armazenado e acionado por meios eletromecânicos ou eletrônicos; comutação *por circuito*, quando o circuito estabelecido é mantido até o final da comunicação; comutação *por pacote*, quando com emprego da técnica de encaminhamento dinâmico de elementos padronizados de informação, endereçados separadamente, enviados por circuitos diversos e recompostos no destino, de modo a formar uma comunicação.

[22] Combinação de dois ou mais canais de informação sobre um meio de transmissão comum.

[23] UIT, Livro Azul – Tomo I, fasc. 1.3 "Terminos y definiciones, abreviaturas y acrónimos". Genebra, 1989.

[24] O conceito de exploração industrial é anterior à Lei n° 9.472/97, estando contido na Norma n° 30/96 – *Exploração Industrial de Linha Dedicada*, aprovada pela Portaria n° 2.506, de 20.12.96, do Ministério das Comunicações. Trata-se da EILD, modalidade de exploração industrial de serviço de telecomunicações pelo qual uma operadora de STFC fornece a qualquer outra operadora de serviço de telecomunicações, mediante remuneração preestabelecida, uma linha dedicada (circuito dedicado para transporte de sinais de telecomunicações), com características técnicas definidas, para prestação, por esta última, de serviços a terceiros. A prestação do serviço de EILD é efetuada mediante contrato, cujo valor (tarifas) é fixado em função de degraus tarifários estabelecidos com base na distância geodésica em km entre os centros de Área de Tarifação do STFC e as Áreas Locais onde se situam as instalações (pontos de conexão) da operadora usuária da linha dedicada.

tem *redes integradas*, destinadas à prestação de *serviços integrados* (*Integrated Services Digital Network*), nos quais um mesmo usuário acessa diferentes serviços através de uma mesma conexão (telefone, TV, fax, computador, etc.).

A interconexão das redes de telecomunicações – direito e dever

Para a telecomunicação também é imprescindível a *interconexão* das redes existentes, que consiste na ligação entre redes funcionalmente compatíveis, de modo que os usuários de serviços de uma possam comunicar-se com os usuários de serviços de outra, ou acessar serviços nela disponíveis.[25] Através da interconexão é que se dá a ligação das redes das diferentes prestadoras de serviços, possibilitando o tráfego da comunicação entre os usuários. Mas, para tanto, é preciso que as redes possuam interoperabilidade, isto é, características técnicas comuns, ocorrendo a interconexão em um componente individualizado da rede – elemento de rede – que tanto pode fazer parte de sua infra-estrutura quanto ser um equipamento autônomo, destinado a prover facilidades e funções, inclusive informações relacionadas à tarifação, transmissão, roteamento.[26]

Conforme o nosso direito regulatório, as redes de telecomunicações são organizadas como vias integradas de livre circulação, nos seguintes termos: a) é obrigatória a interconexão entre as redes, conforme a regulamentação aplicável; b) deverá ser assegurada a operação integrada das redes de telecomunicações, tanto em âmbito nacional quanto internacional; c) o direito de propriedade sobre as redes é condicionado pelo dever de cumprimento de sua função social. Daí ser obrigatório, também, o atendimento às solicitações de interconexão às redes destinadas à prestação de serviços de interesse coletivo de prestadores de serviço no regime privado. Trata-se de um regramento cada vez mais abrangente. A *Ley General de Telecomunicaciones* da Espanha,[27] por exemplo, ao tratar, no art. 22, da interconexão, impõe aos titulares de redes públicas a obrigação de facilitá-la, *en condiciones no discriminatorias, transparentes, proporcionales y basadas en criterios objetivos.*

A Lei nº 9.472/97, no artigo 152, obriga que o provimento de interconexão se realize em termos não-discriminatórios, sob condições técnicas adequadas, garantindo preços isonômicos e justos.

O contrato de interconexão

As operadoras, quando prestarem serviços de interesse coletivo, são obrigadas a tornar disponíveis suas redes, o que é feito mediante contrata-

---

[25] Regulamento Geral de Interconexão, Resolução ANATEL nº 40, de 23.7.98.
[26] *Roteamento* é a determinação e/ou transferência do fluxo de tráfego de sinalização entre redes.
[27] Boletin Oficial del Congreso, Serie A, num. 74-17, de 8.4.98.

ções livremente negociadas, sendo coibidos comportamentos prejudiciais à competição, tais como a prática de subsídios, o uso de informações obtidas de concorrentes em virtude de acordos de interconexão, a omissão de informações técnicas importantes, exigências de condições abusivas, etc. Uma vez celebrado, o contrato de interconexão deve ser arquivado junto à ANATEL, e só terá eficácia quando por esta homologado. A importância do acordo está em permitir que as operadoras possam prover acesso aproveitando a capacidade da rede de cada uma e nos pontos de mútua conveniência, reduzindo a necessidade de construção de redes paralelas.

O contrato de interconexão deve conter cláusulas que estabeleçam obrigações de prover interfaces para a mesma, nos pontos desejados, propiciando a interconectividade e interoperabilidade das redes. Também deve estabelecer a obrigação de reuniões de planejamento técnico destinadas a compatibilizar e harmonizar necessidades comuns. Deverá prever os preços e as condições de pagamento pela utilização das redes envolvidas no encaminhamento das chamadas e os procedimentos adotados com vistas ao repasse e liquidação dos valores, o modo do acerto de contas, com as sanções pelo atraso nos pagamentos. A interconexão entre redes situadas em zonas de fronteira, observarão as disposições do Regulamento Técnico MERCOSUL *"Disposiciones Sobre Servicios Públicos de Telefonia Básica en Zonas Fronterizas en el Mercosur"*, aprovado pela Resolução GMC n° 66, de 13.12.97, e o contido no Regulamento do Serviço Telefônico Fixo Comutado (STFC).

Não havendo acordo sobre as condições de interconexão, a ANATEL poderá arbitrá-las, através de comissão específica. Constituindo, ao mesmo tempo, direito e dever, a interconexão tem sua disciplina jurídica embasada no princípio da preponderância do interesse público sobre o do particular.

Equipamentos terminais e sua certificação

Às redes de telecomunicações conectam-se equipamentos denominados terminais de telecomunicações (aparelho telefônico, de fax, estação móvel, etc.), os quais obrigatoriamente devem possuir *certificação* expedida pela ANATEL para bem uniformizar suas características técnicas e garantir qualidade ao serviço. A prévia certificação é requisito previsto e observado em todo o mundo, e consiste no reconhecimento da compatibilidade das especificações de determinado produto com as características técnicas do serviço a que se destina. A disciplina da certificação de equipamentos de telecomunicações consta dos Regulamentos aprovados pelas Resoluções da ANATEL de n° 237, de 9.11.00 (Certificação de Equipamentos de Telecomunicações quanto aos Aspectos de Compatibilidade Eletromagnética), n° 238, de 9.11.00 (Certificação de Equipamentos de Telecomunicações quanto aos Aspectos de Segurança Elétrica) e n° 242, de 30.11.00 (Certificação e Homologação de Produtos para Telecomunicações).

Todos os produtos que forem homologados deverão portar o selo ANATEL de identificação, legível e indelével, conforme modelo regulamentar, contendo o número da homologação e a identificação por código de barras (Resolução 242/00, art. 39).

Remuneração pelo uso de redes

Pelo uso das respectivas redes, as operadoras remuneram-se reciprocamente, figurando, nessa circunstância, ora como devedoras ora como credoras umas das outras. No campo da comunicação telefônica propriamente dita, a regulamentação instituiu critérios tarifários aplicáveis à telefonia fixa (Tarifa de Uso de Rede Local – TU) e à telefonia móvel (Valor de Remuneração de Prestadora de SMP – VU-M) para quando esses serviços estiverem interconectados.[28]

Critérios

A remuneração será exigível pela operadora de STFC sempre que sua rede for utilizada por outra para a realização de uma chamada, salvo hipótese de chamadas entre assinantes situados na mesma área local de prestadoras de STFC, na modalidade Local.[29] Com efeito, no relacionamento entre as prestadoras desta modalidade, quando o tráfego local *sainte*, em dada direção, for superior a 55% do tráfego local total cursado entre as prestadoras, será devido pela prestadora onde é originado o maior tráfego, à outra, a TU-RL,[30] nas chamadas que excedam este limite. A remuneração é calculada com base no valor da Tarifa de Uso e no tempo de duração da chamada. Neste caso, será considerado um tempo mínimo de 30 segundos

---

[28] Ver norma Critérios de Remuneração pelo Uso de Redes de Prestadoras do Serviço Móvel Pessoal-SMP (aprovada pela Resolução n° 319, de 27.9.02) e Regulamento sobre Critérios Tarifários para a Prestação do STFC destinado ao uso do público em geral, Nas Chamadas Envolvendo Usuários do Serviço Móvel Pessoal-SMP (aprovado pela Resolução n° 320, de 27.9.02).

[29] Assim se está a dizer porque a prestação do STFC se dá nas modalidades Local, Longa Distância Nacional (LDN) e Longa Distância Internacional (LDI).

[30] *Tarifa de Uso* (TU): nome genérico que designa a Tarifa de Uso de Rede Local, a Tarifa de Uso de Rede Interurbana ou a Tarifa de Uso de Comutação; *Tarifa de Uso de Rede Local* (TU-RL): valor que remunera uma prestadora de STFC, por unidade de tempo, pelo uso de sua Rede Local na realização de uma chamada; *Tarifa de Uso de Rede Interurbana* (TU-RIU): valor que remunera uma prestadora de STFC, por unidade de tempo, pelo uso de sua Rede Interurbana na realização de uma chamada; *Tarifa de Uso de Comutação* (TU-COM): valor que remunera uma prestadora de STFC na modalidade Longa Distância Nacional, por unidade de tempo, pelo uso de sua Comutação na realização de uma chamada; *Parcela Adicional de Transição* (PAT): valor pago à Concessionária do serviço na modalidade Local, por unidade de tempo; *Documento de Declaração de Tráfego e de Prestação de Serviços* (DETRAF): é o documento emitido para encontro de contas entre as prestadoras de STFC e de serviço de interesse coletivo.

por chamada, e o tempo restante, se existir, em intervalos de 6 em 6 segundos.

A Tarifa de Uso de Rede Interurbana (TU-RIU) será devida à prestadora de STFC sempre que sua rede for utilizada na realização de chamada entre áreas locais distintas; já a Tarifa de Uso de Comutação (TU-COM) será devida à prestadora de STFC na modalidade Longa Distância Nacional quando somente sua comutação for utilizada por outra prestadora na realização de chamadas de longa distância.

Na prestação de STFC, será considerada *entidade devedora* de Tarifas de Uso, nas chamadas internacionais: a prestadora de STFC na modalidade Longa Distância Internacional; nas chamadas nacionais entre diferentes áreas locais: a prestadora de STFC na modalidade Longa Distância Nacional; nas chamadas locais: a prestadora de STFC que originar a chamada, salvo hipótese de chamadas entre assinantes da mesma área local. A entidade devedora é a responsável pelo pagamento, com base no Documento de Declaração de Tráfego e de Prestação de Serviços (DETRAF) cuja responsabilidade de emissão é da *entidade credora*.

Valores

Os valores das Tarifas de Uso, definidos pela ANATEL como valores máximos permitidos para a remuneração pelo uso das redes das autorizadas, serão iguais aos estabelecidos como máximos para as concessionárias ou permissionárias de STFC que exploram o serviço em um mesmo setor ou região do Plano Geral de Outorgas. As prestadoras podem conceder descontos, que deverão ser aplicados de forma progressiva, não-discriminatória, sendo vedada sua redução subjetiva. Prevê a regulamentação, ainda, que os descontos concedidos pelas operadoras sobre os valores do serviço cobrados aos seus assinantes ou usuários, salvo acordo entre as partes, não afetarão os valores devidos às entidades credoras pelo uso de suas redes.

3. Radiocomunicação

Conceito

Radiocomunicação é a telecomunicação que utiliza freqüências radioelétricas não confinadas a fios, cabos ou outros meios físicos. Serviços de radiocomunicação são os que implicam transmissão, emissão ou recepção de ondas radioelétricas para fins específicos de telecomunicações. A radiocomunicação vem a ser uma espécie do gênero telecomunicação.

Os serviços de radiocomunicação são *fixos*, quando entre pontos fixos determinados, e *móveis*, quando entre estações móveis e estações terrestres ou entre estações móveis, simplesmente. Os equipamentos empregados na radiocomunicação ou são de uso geral, como a unidade portátil capacitada à transmissão bidirecional para a comunicação de voz, ou de radiação restrita, cuja radiofreqüência é utilizada em limites preestabelecidos, como o microfone sem fio, o marca-passo, o controle remoto de portão, etc.

Como uma subespécie da radiocomunicação, temos a radiodifusão, que se desdobra em radiodifusão sonora e de sons e imagens, que veremos em capítulo posterior.

Espectro de Radiofreqüências

As ondas de rádio, ou ondas eletromagnéticas de freqüências arbitrárias abaixo de 3000 GHz, denominadas ondas hertzianas,[31] foram demonstradas experimentalmente pelo físico alemão Heinrich Rudolf Hertz (1857-1894), em 1887, e se produzem quando uma corrente alternada de altíssima freqüência percorre um condutor.[32] Foi Guglielmo Marconi quem, em 1887, patenteou o primeiro dispositivo capaz de transmitir mensagens telegráficas por ondas hertzianas.

---

[31] As ondas de rádio ou ondas hertzianas se propagam através do espaço, com a velocidade da luz, em todas as direções.
[32] *Enciclopédia Mirador*, 1983, vol. II, p. 5712.

Freqüência[33] é o número de vibrações ou ciclos, em uma unidade de tempo, nos movimentos harmônicos. É o número de vezes que uma corrente alterna cada segundo, em ciclos completos. O hertz (ou ciclo) é a unidade de medida da freqüência e equivale a um ciclo por segundo. O espectro de radiofreqüências é a faixa determinada de freqüência em que a telecomunicação se processa. Trata-se de um recurso limitado, que exige utilização racional (e consensual) por parte de todos, a fim de tornar possível a radiocomunicação sem *interferências prejudiciais*.[34] Tem o seu uso administrado pela Agência Nacional de Telecomunicações (ANATEL) com base no Regulamento de Uso do Espectro de Radiofreqüências, aprovado pela Resolução n° 259, de 19.4.01.

Natureza jurídica do espectro de radiofreqüências

As ondas radioelétricas, e com elas o espectro de radiofreqüências, constituem bem público – *res communis* – não passível de apropriação privada. Observadas as atribuições de faixas, segundo tratados e acordos internacionais, os países estabelecem planos de distribuição e destinação das radiofreqüências, conforme forem necessárias aos diversos serviços e atividades de telecomunicações, concedendo aos particulares o direito de usá-las. Sendo um bem público, as radiofreqüências somente podem ser utilizadas exclusivamente no interesse público, o que autoriza o Estado a restringir o seu emprego. A utilização de radiofreqüências também é disciplinada por tratados, acordos e atos internacionais subscritos pelo Brasil e ratificados pelo Congresso Nacional. Por ser um recurso natural limitado, nenhum país pode invocar propriedade sobre elas, mas apenas prioridade de uso.[35] A distribuição de radiofreqüências contempla fins exclusivamente militares, serviços de telecomunicações públicos e privados, serviços de radiodifusão, serviços de emergência e segurança pública, dentre outras atividades. Na destinação dessas faixas, é considerado o emprego racional

---

[33] Existem ondas de baixíssima freqüência – ELF (de 30 a 300 Hz); de freqüência muito baixa – VLF (de 3 a 30 Khz); ondas de baixa freqüência – LF (de 30 a 300 Khz); ondas de média freqüência – MF (de 300 a 3.000Khz); ondas de alta freqüência – HF (de 3 a 30 Mhz); ondas de freqüência muito alta – VHF (de 30 a 300 Mhz); ondas de ultra-alta freqüência – UHF (de 300 a 3.000 Mhz); ondas de superalta freqüência – SHF (de 3 a 30 Ghz), cujo comprimento de ondas é tão pequeno que se chamam microondas; ondas de extremamente alta freqüência – EHF (de 30 a 3.000 Ghz), ondas milimétricas e decimilimétricas, que formam o espectro infravermelho e luz ultravioleta. Servem para a transmissão de sinais através de fibra ótica, raios laser e infravermelhos.

[34] Interferências prejudiciais consistem na emissão, irradiação ou indução que obstrua, degrade seriamente ou interrompa repetidamente a telecomunicação.

[35] Guillermo J. Cervio: " Una cuestión que genera dudas es la relativa a la posibilidad de que la onda radioelétrica o hertziana sea pasible de apropiación. Se suele caracterizar a la onda como res communis, con lo cual tenemos que resultaria imposible de apropiación privada. (...) De allí que el *broadcaster* no puede usar la frecuencia que se le ha asignado en defensa de una determinada creencia politica, social o religiosa, con exclusión de las demás, como lo puede el publicista." *Derecho de las Telecomunicaciones*. Buenos Aires, Depalma, 1996, p. 168.

e econômico do espectro, bem como as consignações existentes, objetivando evitar interferências prejudiciais. Segundo a regulamentação, a qualquer tempo pode ser modificada a destinação das faixas de freqüência, bem como ordenada a alteração de potências desde que o interesse público ou o cumprimento de convenções ou tratados internacionais o determine. O mesmo se dá na legislação argentina, onde a autoridade competente também pode alterar ou cancelar as freqüências autorizadas, sem que isso implique direito de indenização.[36]

Autorização de uso, prazo e transferibilidade

A utilização do espectro radioelétrico depende de prévia autorização da ANATEL, associada à prestação de serviço de telecomunicações, exceto nos casos de uso por equipamentos de radiação restrita, ou pelas Forças Armadas nas faixas destinadas a fins exclusivamente militares.[37]

Essa autorização tem o mesmo prazo de vigência da concessão ou permissão à qual está vinculada, que no caso de serviços privados é de até 20 anos, prorrogável, uma única vez, por igual período (LGT, art. 167). Até três anos antes do vencimento do prazo original, pode ser requerida prorrogação ou renovação da autorização. Havendo limitação técnica ou ocorrendo mais de um interessado, a autorização – que sempre será onerosa – dependerá de licitação.

A autorização de uso de radiofreqüências é intransferível sem a correspondente transferência da concessão, permissão ou autorização a ela vinculada. Deve ser publicada no Diário Oficial da União e se extingue pelo advento do termo final, por transferência irregular, por caducidade, decaimento, renúncia ou anulação da outorga para prestação do serviço que lhe corresponde.[38]

---

[36] Ley n° 19.798, de 22.8.72 (BO 23.8.72) – Ley Nacional de Telecomunicaciones. Estabelece, ainda, o art. 23 do Decreto n° 286, de 18.2.81 (BO 24.2.81), que a regulamentou: "Las variaciones de frecuencias y de potencias asignadas a los servicios de radiodifusión dispuestas por el Poder Ejecutivo Nacional,por el Comité Federal de Radiodifusión en su caso no darán derecho a indenización alguna, debiendo preavisarse dichas medidas con una razonable anticipación a fin de no afectar la continuidad de los servicios". Serão reconhecidos, entretanto, "los gastos por modificaciones técnicas en que hubieren incurrido por aplicación del presente artículo," conforme Decreto n° 1771/91.

[37] O Comitê de Uso do Espectro e de Órbita, criado pela Resolução n° 61, de 24.9.98, da ANATEL, em conformidade com o Regulamento aprovado pelo Decreto n° 2.338, de 7.10.97, é quem subsidia a Agência na tomada de decisões relativas à tabela de atribuição de freqüências, à utilização do espectro radioelétrico e ao uso de órbitas no Brasil, zelando pela racionalização do uso do espectro, conforme a evolução tecnológica e em harmonia com os regulamentos, recomendações e acordos da União Internacional de Telecomunicações (UTI).

[38] As condições para o requerimento de uso de radiofreqüências constam do *Regulamento de Uso do Espectro de Radiofreqüências*, anexo à Resolução ANATEL n° 259, de 19.4.01.

4. A órbita e os satélites

Conceito

Órbita é o caminho percorrido por um astro em seu movimento de translação, através do espaço celeste. Para os fins deste estudo, é cada uma das camadas concêntricas em redor da terra nas quais se colocam os satélites de telecomunicações. O satélite em órbita e seus centros de controle de posição orbital constituem o denominado *segmento espacial*, que se dirá brasileiro quando ocupar posições orbitais consignadas ao Brasil, porque o centro de controle da posição orbital estaria localizado em território brasileiro. A capacidade de escoamento de tráfego de telecomunicações, possibilitada pelo segmento espacial, expressa em faixa de freqüência utilizável para recepção e emissão de sinais é o que se denomina *Capacidade de Segmento Espacial*, que viabiliza o transporte de sinais de telecomunicações por satélites, e cuja utilização deve, necessariamente, ser coordenada nacional e internacionalmente. *Provimento de Capacidade Espacial*, por sua vez, é o oferecimento de recursos de órbita e espectro radioelétrico em satélite brasileiro às entidades que detêm concessão, permissão ou autorização para exploração de serviços de telecomunicações, suportados por meio de satélite.

Utilização do espaço cósmico

A conquista do espaço tem-se realizado sob os princípios da não-apropriação e da liberdade de exploração cósmica, o mesmo ocorrendo com a utilização da órbita terrestre com satélites de telecomunicações, que se desenvolve com ampla liberdade, sob um interesse universal. No espaço superior, os Estados renunciaram – pelo menos por enquanto – a direitos de soberania sobre os corpos celestes, construindo uma espécie de *Patrimônio Comum da Humanidade*. O desenvolvimento da tecnologia espacial, a partir do lançamento, pela então União Soviética, do satélite Sputnik I, em 4 de outubro de 1957, fez surgir uma nova disciplina jurídica – o Direito Espacial – destinada a regular as relações entre Estados, organizações internacionais e pessoas privadas, quanto à exploração e ao uso do espaço exterior.[39]

---

[39] Van Bogaert, in *Aspects of Space Law*, Revista Brasileira de Direito Espacial, 49/9.

Analisando a evolução da ciência jurídica a partir da visão geocêntrica do mundo, Francisco Adalberto Nóbrega[40] comenta, com lições de Jaime Marchán,[41] que a influência do conceito de espaço fez mudar o Direito, de modo a nos permitir identificar três épocas diferenciadas nessa evolução: *pré-aérea, aérea* e *espacial*. E assevera: "As conseqüências sobre a Ciência Jurídica dessa transformação da visão geocêntrica são imprevisíveis. Alguns, como Andrew Haley, sustentam a necessidade de um novo ordenamento jurídico – Metadireito – baseado no Direito Natural e afastado da habitual visão antropocêntrica, que seja capaz de regular as relações do ser humano com outras inteligências que possam existir no universo". Parece importante termos presente, doravante, tais reflexões.

Em 14 de janeiro de 1957, a ONU aprovou a Resolução n° 1.148, tratando do uso pacífico e científico dos objetos lançados ao espaço. Em 1958, instalou-se um Comitê para cuidar da utilização pacífica do espaço extra-atmosférico, incumbido dos estudos técnicos e jurídicos acerca dessa utilização. Em 16 de dezembro de 1966, americanos e soviéticos assinaram a Resolução 2222-XXI, que instituiu o *Tratado sobre Princípios Reguladores das Atividades dos Estados na Exploração e Uso do Espaço Cósmico, Inclusive a Lua e Demais Corpos Celestes*, que teve vigência a partir de 10 de outubro de 1967, e é tido como o documento com base no qual assentaram-se as primeiras regras de Direito Espacial. A importância desse Tratado, promulgado pelo Decreto n° 64.362, de 17.4.69 (D.O.U. de 22.4.69), decorre do fato de que, por ele, os Estados Unidos e a União Soviética (Rússia) renunciaram à utilização dos corpos celestes para fins militares.

A exploração de satélite brasileiro

Satélite brasileiro é o que utiliza recursos de órbita e espectro radioelétrico notificados pelo Brasil, e cuja estação de controle e monitoração esteja instalada no território brasileiro. O direito de exploração de satélite brasileiro, para transporte de sinais de telecomunicações, conferido mediante procedimento administrativo e Termo de Direito de Exploração, em regime de justa competição, firmado com a ANATEL, assegura a ocupação da órbita e o uso das radiofreqüências destinadas ao controle e monitoração do satélite, e à telecomunicação via satélite, por prazo de até 15 (quinze) anos, podendo ser prorrogado ou renovado uma única vez.

Coordenação internacional

A obtenção do direito de exploração está condicionada à apresentação de projeto técnico, que será submetido à notificação e *coordenação* inter-

---

[40] In Revista da Procuradoria-Geral da República, n° 7, p. 101.
[41] *Derecho Internacional del Espacio*, Teoria y Política. Madri, Civitas S.A., 1990.

nacional da União Internacional de Telecomunicações – UIT, cabendo à ANATEL efetuar a notificação e administrar o processo de coordenação nacional, que consiste na avaliação das condições de interferências radioelétricas entre sistemas terrestres nacionais e sistemas de satélites. Processo de coordenação internacional significa processo de interação com as Administrações de Telecomunicações estrangeiras, o qual se realiza através da UIT, com a finalidade de evitar interferências radioelétricas entre sistemas de telecomunicações. Concluída a coordenação, o interessado terá direito à exploração do serviço, que lhe será conferido a título oneroso. Havendo necessidade de licitação, observar-se-ão os procedimentos pertinentes.

Preferência na utilização de satélite brasileiro

A Lei n° 9.472/97 confere à ANATEL atribuição para dispor sobre a execução de serviços que utilizem satélites, geoestacionários[42] ou não, independentemente do acesso a eles ocorrer a partir do território nacional ou do exterior. Há preferência legal na utilização de satélite brasileiro para execução de serviços de telecomunicações, sempre que propiciar condições equivalentes às de terceiros, Somente se admite o emprego de satélite estrangeiro quando, cumulativamente, seu lançamento tiver sido precedido da coordenação prevista em normas internacionais e sua contratação for feita com empresa constituída segundo as leis brasileiras, com sede e administração no País, na condição de representante legal do operador estrangeiro.

---

[42] Satélite *geoestacionário* é o satélite geossíncrono, de órbita circular no plano do equador terrestre, que permanece aproximadamente fixo em relação à Terra.

5. Órgãos reguladores internacionais

União Internacional de Telecomunicações (UIT)

Em 1848, surgiram os primeiros entendimentos internacionais objetivando disciplinar a utilização do telégrafo elétrico e regulamentar as telecomunicações. A primeira convenção de caráter internacional sobre o assunto foi firmada entre a Prússia e a Áustria, em 3 de outubro de 1849, relativa ao "Estabelecimento e utilização de telégrafos eletromagnéticos para o intercâmbio de mensagens do Estado". Tratados semelhantes foram celebrados entre a Prússia e a Saxônia, em 17.10.1849, e entre a Baviera e a Áustria, em 21.1.1850.[43]

Em 1865, o governo da França lançou as bases daquela que viria a ser uma das primeiras organizações internacionais de telecomunicações. Em reunião com mandatários de países europeus para tratar de interesses comuns, vinte e um destes firmaram, em 17 de maio, o primeiro convênio telegráfico entre nações, do qual nasceu a União Telegráfica Internacional. Guillermo J. Cervo registra que essa entidade de cooperação adquiriu tamanha importância, à época, que logo passou a possuir "voluntad propia y distinta a la de los Estados que la crearon",[44] vindo a ocupar-se, por volta de 1885, do estudo e preparação de regras internacionais para a telefonia.

Pela denominada *Convenção Telegráfica Internacional* – lembra-nos Gaspar Vianna[45] – firmada pelo Imperador da França, juntamente com a Suíça, Áustria (Hungria), Grão-Ducado de Baden, Baviera, Bélgica, Dinamarca, Espanha, Grécia, Hanover, Itália, Holanda, Noruega, Portugal, Prússia, Rússia, Saxônia, Suécia, Turquia e Wurtenberg, os circuitos telegráficos poderiam transpor as fronteiras de seus respectivos países e atingir os Estados mais remotos do mundo. É então criada a União Telegráfica Internacional, da qual o Brasil tornou-se membro, pelo Decreto nº 6.701, de 1º de outubro de 1877. A necessidade de ordenar e administrar a

---
[43] In *Que é a UIT?* Publicação periódica da UIT. Genebra, 1974.
[44] In *Derecho de las Telecommunicaciones*. Buenos Aires. Depalma, 1996, p. 84.
[45] In ob. cit., p. 169.

utilização das freqüências radioelétricas utilizadas pela radiocomunicação e radiodifusão ampliou suas responsabilidades e, em 1932, com o tratado de Madri, passou a denominar-se União Internacional de Telecomunicações (*International Telecommunication Union-ITU*).

Integram a estrutura organizacional da UIT a Conferência de Plenipotenciários, a Conferência Administrativa e o Conselho de Administração. Possui como órgãos permanentes a Secretaria Geral, a Junta Internacional de Registro de Freqüências e, dentre outros, o Comitê Consultivo Internacional de Comunicações Telefônicas – CCIF, criado em 1924, e o Comitê Consultivo Internacional de Comunicações Telegráficas – CCIT, criado em 1925, os quais, com a fusão operada em 1956, passaram a chamar-se União Internacional de Telecomunicações, Setor de Normatização de Telecomunicações – UITT. São também órgãos permanentes o Comitê Consultivo Internacional de Radiocomunicações – CCIR, criado em 1927, que atualmente se denomina União Internacional de Telecomunicações, Setor de Radiocomunicações – UITR, e o Centro para o Desenvolvimento das Telecomunicações. Um de seus órgãos mais importantes é a Junta Internacional de Registro de Freqüências, que mantém arquivo centralizado de todas as freqüências utilizadas no mundo (*International Frequency Registration Board*), como condição para que possam ser internacionalmente protegidas.

A UIT, sediada em Genebra, Suíça, é hoje integrada por cento e sessenta e quatro países-membros, fazendo parte do sistema da ONU, como o órgão responsável pelo estabelecimento de normas e padrões em telecomunicações e radiodifusão, em todo o mundo. São objetivos da UIT implementar a cooperação internacional para o desenvolvimento e utilização racional das telecomunicações, bem como proporcionar assistência técnica, nessa área, aos países em desenvolvimento; favorecer o desenvolvimento dos meios técnicos empregados nos serviços de telecomunicações, a fim de propiciar a sua eficiente exploração e o incremento da sua utilização, ao máximo, pelo público; efetuar a distribuição de freqüências do espectro radioelétrico, registrando essas atribuições; harmonizar os esforços das nações com vistas à consecução desses objetivos.

É a UIT a fonte normativa mais abundante do Direito Internacional de Telecomunicações,[46] pela abrangência das convenções que dela promanam, das quais resultam Regulamentos Administrativos de alcance internacional, como o Regulamento Telegráfico, Regulamento Telefônico, Regulamento de Radiocomunicações, etc., que obrigam a todos os seus membros.

---

[46] Gaspar Vianna, in ob. cit., p. 189.

Organização Internacional de Telecomunicações por Satélite (INTELSAT)

Com o lançamento, pela Rússia, em 4 de outubro de 1957, do *Sputnik I*, o primeiro satélite artificial a permanecer em órbita da Terra e, em 31 de janeiro de 1958, pelos Estados Unidos, do *Explorer I*, inaugurou-se a era dos satélites artificiais. Logo surgiram as telecomunicações via satélite, que passaram a exigir atribuição de faixas de freqüências específicas para a nova técnica de comunicação – as comunicações espaciais – motivando a realização, em Genebra, no ano de 1963, da Primeira Conferência Mundial de Radiocomunicações Espaciais.

Em 20 de agosto de 1964, criou-se um Consórcio Internacional denominado *International Telecommunications Satellite Consortion* – INTELSAT, com a finalidade de planejar, executar e controlar um sistema global de comunicações por satélite, com a abertura à subscrição pública do Acordo INTELSAT, ao qual o Brasil aderiu.[47] Em 20 de agosto de 1971, firmou-se em Washington o convênio (Acordo Definitivo e Acordo Operacional) relativo à Organização Internacional de Telecomunicações por Satélite – "INTELSAT", cujo texto foi aprovado pelo Decreto Legislativo n° 87, de 5 de dezembro de 1972, e promulgado pelo Governo brasileiro em 28 de março de 1964, pelo Decreto n° 74.130. A entidade possui personalidade jurídica e tem como finalidade principal, na condição de proprietária de um segmento espacial, administrar, em bases comerciais, o segmento espacial necessário ao provimento, em todo o mundo e sem discriminação, do serviço público internacional de telecomunicações, incluídos alguns determinados serviços públicos nacionais correlatos. Pelo Decreto n° 2.738, de 20.8.98, o Brasil promulgou a Emenda aos Artigos 6 e 22 do Acordo Operacional da Organização Internacional de Telecomunicações por Satélite – INTELSAT, aprovada pelo XXV Encontro dos Signatários, em Cingapura, em 4 de abril de 1995.[48]

A INTELSAT tem sede em Washington, adotando como línguas oficiais o inglês, o francês e o espanhol, e não pode abster-se de cumprir as deliberações da União Internacional de Telecomunicações.

Organização Internacional de Telecomunicações Marítimas por Satélite (INMARSAT)

Com a finalidade de proporcionar telecomunicações móveis, por satélite, para a comunidade marítima, foi firmado em Londres, em 1976, o

---

[47] Os atos de subscrição do Acordo INTELSAT assinados pelos representantes do Brasil foram aprovados em 3 de dezembro de 1965, pelo Decreto Legislativo n° 97.

[48] A Emenda entrou em vigor internacional em 16 de outubro de 1996. Submetida ao Congresso Nacional, foi aprovada pelo Decreto Legislativo n° 36, de 7.4.98.

convênio constitutivo da Organização Internacional de Telecomunicações Marítimas por Satélite – INMARSAT, cujo segmento espacial acha-se à disposição de todas as nações interessadas, objetivando propiciar telecomunicações móveis em navios e, dentro do possível, também em aviões.

A INMARSAT, da qual o Brasil faz parte, possui um grande número de terminais instalados, empregados na comunicação móvel marítima e comunicação móvel aérea, inclusive na transmissão de dados para uso marítimo e aeronáutico.

Comissão Interamericana de Telecomunicações (CITEL)

Além das organizações internacionais de maior amplitude, existem aquelas de cunho regional, integrantes dos sistemas de cooperação internacional de âmbito regional, como a Organização dos Estados Americanos, a Comunidade Econômica Européia, a Organização da Unidade Africana, etc. A Comissão Interamericana de Telecomunicações – CITEL constituiu-se em 1965, por iniciativa dos países integrantes da Organização dos Estados Americanos – OEA, com o objetivo de promover a unificação de critérios e normas técnicas relativos à exploração dos serviços de telecomunicações, pelos países interessados. Também, visando a promover a assistência técnica segundo os interesses dos Estados-Membros, propugnando pelo aperfeiçoamento e harmonização dos procedimentos administrativos, financeiros e operacionais para o planejamento, instalação, melhoria, manutenção e operação das redes de telecomunicações dos Estados-Membros. Na estrutura da CITEL existem Comitês Consultivos incumbidos dos aspectos técnicos da radiocomunicação, radiodifusão, etc., que, juntamente com o Comitê Diretivo Permanente, implementam as decisões da Assembléia Geral. A primeira conferência interamericana de Telecomunicações realizou-se em Caracas, na Venezuela, de 5 a 11 de setembro de 1971, com a participação de representantes delegados de 20 Estados membros da OEA.

A Comissão Diretora Permanente é o órgão executivo da CITEL, e se compõe de representantes dos Estados-Membros, devendo reunir-se, pelo menos, uma vez ao ano. Os serviços de secretaria da CITEL são proporcionados pela Secretaria Geral da Organização dos Estados Americanos, de acordo com os fundos designados.

6. A Agência Nacional de Telecomunicações (ANATEL)

A Agência Nacional de Telecomunicações – ANATEL foi criada pela Lei n° 9.472/97 como entidade da Administração Pública federal indireta de regime autárquico especial, vinculada ao Ministério das Comunicações, com a função de órgão regulador das telecomunicações no Brasil. A organização e o funcionamento da Agência estão contidos no seu Regimento Interno, aprovado pela Resolução n° 270, de 19.7.01.[49]

---

[49] A ANATEL possui a seguinte estrutura organizacional: PRESIDÊNCIA: Gabinete (Superintendente Executivo) – Procuradoria – Corregedoria – Assessoria Internacional – Assessoria de Relações com os Usuários – Assessoria Técnica – Assessoria Parlamentar e de Comunicação Social. SUPERINTENDÊNCIA DE SERVIÇOS PÚBLICOS: Gerência Geral de Outorga, Acompanhamento e Controle das Obrigações Contratuais (*Gerência de Outorga de Serviços; Gerência de Acompanhamento e Controle de Obrigações Contratuais; Gerência de Acompanhamento da Satisfação dos Usuários*); Gerência Geral de Qualidade (*Gerência de Acompanhamento e Controle da Qualidade dos Serviços; Gerência de Acompanhamento e Controle das Obrigações de Interconexão; Gerência de Defesa do Cumprimento de Obrigações Legais, Regulamentares e Contratuais*); Gerência Geral de Competição (*Gerência de Acompanhamento e Controle de Tarifas e Preços; Gerencia de Planejamento e Acompanhamento da Oferta de Serviços; Gerência de Defesa da Competição*); SUPERINTENDÊNCIA DE SERVIÇOS PRIVADOS: Gerência Geral de Satélites e Serviços Globais (*Gerência de Regulamentação; Gerência de Autorização; Gerência de Acompanhamento*); Gerência Geral de Comunicações Pessoais Terrestres (*Gerência de Regulamentação; Gerência de Autorização e Acompanhamento; Gerência de Regime Legal da Concorrência e do Consumidor*); Gerência Geral de Serviços Privados de Telecomunicações (*Gerência de Regulamentação; Gerência de Autorização; Gerência de Acompanhamento*). SUPERINTENDÊNCIA DE SERVIÇOS DE COMUNICAÇÃO DE MASSA: Gerência Geral de Administração de Planos e Autorização de Uso de Radiofreqüências (*Gerência de Regulamentação Técnica e Administração de Planos; Gerência de Autorização de Uso de Radiofreqüência e Licenciamento de Estações*); Gerência Geral de Regulamentação, Outorga e Licenciamento de Serviços por Assinatura (*Gerência de Regulamentação e Planejamento Tecno-Econômico; Gerência de Licitações, Outorga e Licenciamento*); Gerência Geral de Regime Legal e Controle de Serviços por Assinatura (*Gerência de Controle da Prestação e da Qualidade dos Serviços; Gerência de Regime Legal das Empresas e do Consumidor*). SUPERINTENDÊNCIA DE RADIOFREQÜÊNCIA E FISCALIZAÇÃO: Gerência Geral de Certificação e Engenharia do Espectro (*Gerência de Certificação; Gerência de Engenharia do Espectro*); Gerência Geral de Fiscalização (*Gerência de Controle do Espectro; Gerência de Fiscalização e Supervisão Regional;Unidades Regionais*). SUPERINTENDÊNCIA DE UNIVERSALIZAÇÃO: Gerência Geral de Planejamento e Contratação de Obrigações (*Gerência de Planejamento; Gerência de Contratação de Obrigações*); Gerência Geral de Acompanhamento e Controle (*Gerência de Acompanhamento Econômico; Gerência de Controle de Obrigações*). SUPERINTENDÊNCIA DE ADMINISTRAÇÃO GERAL: Gerência Geral de Planejamento, Orçamento e Finanças (*Gerência de Planejamento e Orçamento; Gerência de Execução Orçamentária e Financeira; Gerência de Arrecadação*); Gerência

Concebida como uma autarquia de regime especial, a ANATEL possui independência decisória administrativa final sobre os assuntos de sua competência, autonomia de gestão quanto aos procedimentos de aquisição, outorgas e administração de recursos humanos, e autonomia orçamentária e financeira. Tem a sua sede no Distrito Federal, possuindo unidades regionais que cobrem todo o País. Com personalidade jurídica de Direito Público, patrimônio próprio e atribuições específicas, não age por delegação, mas por direito próprio e com autoridade pública, na medida do *jus imperii* que lhe foi outorgado pela lei de criação. Sendo um ente autônomo, não está subordinada hierarquicamente à entidade estatal a que pertence, mas apenas vinculada. "Há mera vinculação à entidade-matriz, que, por isso, passa a exercer um controle legal, expresso no poder de correção finalística do serviço autárquico".[50] Seus dirigentes, nomeados pelo chefe do Poder Executivo, com prévia aprovação do Poder Legislativo, atuam não como meros agentes administrativos mas, como refere Marcos Juruena Villela Souto, "com poder regulador de implementação de *políticas*",[51] diríamos, como implementadores (não formuladores) de *políticas públicas*. Exemplos de autarquias especiais são o Banco Central do Brasil (Lei 4.595/64) e a Comissão Nacional de Energia Nuclear (Lei 4.118/62), dentre outros.

Competências

A delegação de função normativa à ANATEL decorre menos da lei que a criou e mais do fato de ter sido prevista na Constituição Federal (art. 21, XI) como "órgão regulador". Aliás, somente a ANATEL e a ANP[52] foram previstas na Constituição. Compete-lhe regular as telecomunicações no País, expedindo normas disciplinadoras da prestação e fruição dos serviços, no regime público, com os correspondentes atos de outorga e extinção do direito de sua exploração, bem como as regras disciplinadoras das atividades de telecomunicações no regime privado, e as respectivas autorizações.[53] Quando se tratarem de serviços explorados em regime de conces-

---

Geral de Administração (*Gerência de Serviços de Infra-estrutura; Gerência de Materiais e Contratos*); Gerência Geral de Gestão da Informação (*Gerência de Estruturação da Informação; Biblioteca; Gerência de Redes*); Gerência Geral de Talentos e Desenvolvimento Organizacional (*Gerência de Desenvolvimento de Talentos; Gerência de Administração de Recursos Humanos; Gerência de Desenvolvimento Organizacional*).

[50] Hely Lopes Meirelles, *Direito Administrativo Brasileiro*. São Paulo, Malheiros, 1996, p. 310.

[51] *Direito Administrativo Regulatório*. Rio de Janeiro, Lumen Juris, 2002, p. 237.

[52] A Agência Nacional do Petróleo (ANP) está prevista na CF, como órgão regulador, no art. 177, § 2°, III.

[53] A Lei n° 9.472, de 16.7.97, que dispõe sobre a organização dos serviços de telecomunicações e a criação e funcionamento do órgão regulador, preceitua, no art. 22, que compete ao Conselho Diretor "editar normas sobre matérias de competência da Agência". O Regulamento da ANATEL, aprovado pelo Decreto n° 2.338, de 07.10.97, por sua vez, estabelece, no art. 17, que "no exercício de seu poder normativo relativamente às telecomunicações caberá à Agência disciplinar, entre outros aspectos, a outorga, a prestação, a comercialização e o uso dos serviços, a implantação e o funcionamento das redes, a utilização dos recursos de órbita e espectro de radiofreqüências, (...)"

são e permissão, competem-lhe a expedição da outorga e a celebração e o gerenciamento dos contratos correspondentes, excluída da sua jurisdição a outorga dos serviços de radiodifusão sonora e de sons e imagens (rádio e televisão), que permanecem no âmbito de competência do Poder Executivo, cabendo-lhe, entretanto, elaborar e manter os respectivos planos de distribuições de canais.

Lembre-se, neste passo, que a própria Constituição excluiu da categoria de serviço de telecomunicações os serviços de radiodifusão sonora (rádio) e de sons e imagens (televisão), como se vê dos incisos XI e XII do artigo 21, embora tecnicamente ambos constituam serviços compreendidos no gênero telecomunicação. A dicotomia decorre do *lobby* encetado fortemente pelo setor de rádio/televisão quando das discussões parlamentares da Emenda Constitucional n° 8, que não aceitava submeter-se a um "órgão regulador", exigindo continuar vinculado diretamente ao Ministério das Comunicações, ao Poder Executivo da União.[54]

A ANATEL tem poderes para implementar a política nacional de telecomunicações; propor ao Presidente da República a declaração de utilidade pública, para fins de desapropriação ou instituição de servidão administrativa, dos bens necessários à implantação ou manutenção do serviço no regime público; para administrar o espectro de radiofreqüências e o uso de satélites de telecomunicações; para controlar, acompanhar e proceder à revisão de tarifas dos serviços prestados no regime público, podendo fixá-las nas condições previstas na lei, e homologar reajustes; editar atos de outorga e extinção do direito de uso de radiofreqüência e de órbita, fiscalizando e aplicando sanções; expedir regras sobre prestação de serviços no regime privado, e as respectivas autorizações, fiscalizando e aplicando sanções; para expedir ou reconhecer a certificação de produtos; deliberar, na esfera administrativa, quanto à interpretação da legislação de telecomunicações, e prover a respeito dos casos omissos; compor, administrativamente, os conflitos de interesses entre as operadoras; reprimir infrações aos direitos dos usuários; arrecadar e aplicar suas receitas; adquirir, administrar e alienar seus bens; decidir, em último grau, sobre as matérias de sua alçada, admitindo recurso ao Conselho Diretor; enfim, poderes para regular, efetivamente, as telecomunicações brasileiras, inclusive na interação com administrações dos países do MERCOSUL.[55]

Há na doutrina alguma controvérsia sobre possuir a ANATEL prerrogativas para emitir normas acerca das matérias de sua competência, levando

---

[54] Consultem-se os jornais da época em que se discutiu o tema no Congresso Nacional.

[55] A atribuição de *realizar busca e apreensão de bens no âmbito de sua competência* (Lei n° 9.472/97, art. 19, XV, e Decreto n° 2.338/97, art. 16, XVI), foi cassada pelo Supremo Tribunal Federal (STF), julgando ação direta de inconstitucionalidade, por entender que implicava transgressão do inciso LIV do art. 5° da Constituição Federal, segundo o qual ninguém pode ser privado da liberdade ou de seus bens sem o devido processo legal e decisão da Justiça.

em conta que o exercício da função reguladora tanto se dá através de normas gerais e abstratas quanto por normas concretas e individualizadas.[56] O problema estaria em reconhecer-se a possibilidade do regulamento autônomo[57] nessa atuação, para o qual não há espaço no Direito brasileiro, mas a respeito do qual a jurista Leila Cuéllar demonstra ser possível estabelecer uma teoria, "levando-se em conta a existência de certas limitações ao exercício do poder regulamentar".[58] Abra-se um parêntese para dizer que nossas agências reguladoras foram criadas sob inspiração do que sucede no direito norte-americano, onde, como ressalta Maria Sylvia Zanella Di Pietro, excluídos os três poderes do Estado todas as demais autoridades públicas constituem agências.[59]

Marçal Justen Filho, ao analisar as competências das nossas agências reguladoras[60] – sua *Autonomia Funcional* – enfatiza que o princípio da legalidade, "tal como configurado constitucionalmente no Brasil, exige que a imposição de deveres ou direitos e a criação de situações jurídicas faça-se mediante norma produzida legislativamente. As agências reguladoras dependem de lei para sua instituição, mas também para seu funcionamento. Os poderes a ela atribuídos deverão estar previstos em lei. A atuação normativa que lhes pode reservar é aquela de complementar as normas legislativas, desenvolvendo os princípios, o espírito e o conteúdo das normas

---

[56] Marçal Justen Filho, *O Direito das Agências Reguladoras Independentes*. São Paulo, Dialética, 2002, p. 482/483. "É necessário determinar a natureza desses poderes reconhecidos às agências, inclusive para estabelecer limites à sua atuação. O entendimento de que as agências se enquadram no âmbito da Administração Pública é insuficiente para propiciar uma solução mais precisa e unânime sobre a natureza de sua atuação. Reconhecida a existência de uma atividade administrativa (numa acepção muito ampla), remanesce a controvérsia acerca da margem de autonomia de suas decisões quer em face da lei como quanto à orientação política fixada pelo Governo. Questiona-se a possibilidade de as autoridades independentes produzirem normas abstratas. Também existem algumas divergências acerca da extensão das atribuições a elas atribuíveis no tocante à concretização das normas para o caso concreto."

[57] Regulamentos *autônomos* ou independentes são aqueles que independem de lei prévia para existirem. Não possuem a função de facilitar a compreensão e execução das leis. O regulamento autônomo, também dito independente, inova na ordem jurídica, porque estabelece noprmas sobre matérias não disciplinadas em lei. Diversamente do que ocorre no direito norte-americano, onde as leis se limitam a emitir conceitos indeterminados, parâmetros, *standards*, a ordem jurídica de nosso país não acolhe esse modelo regulamentar, que implicaria transgredir o princípio da legalidade. "Ninguém será obrigado a fazer ou deixar de fazer alguma coisa senão em virtude de lei".

[58] *As Agências Reguladoras e seu Poder Normativo*. São Paulo, Dialética, 2001, p. 145 – "Tendo em vista a evolução social, econômica, cultural, tecnológica e jurídica, inclusive com alteração do papel desempenhado pelo Estado, é necessária a revisão de enfoques tradicionais acerca da Constituição e dos princípios constitucionais. Desse modo, no novo modelo de Estado, em que se dá ênfase para a função reguladora, é imprescindível que sejam adaptados os instrumentos úteis e adequados para o exercício do papel regulador pelo Estado."

[59] *Parcerias na Administração Pública*. São Paulo, Atlas, 2002, p. 143. Discorrendo sobre o modelo norte-americano Maria Sylvia nos informa, com Eloísa Carbonelli e Rosa Comella Dorda, que "o direito administrativo norte-americano é o direito das agências", e teve acentuado crescimento na década de 30, quando as reformas idealizadas pelo governo de Roosevelt produziram "ampla intervenção do Poder Público na ordem econômica e social", e se implementaram mediante a criação de agências independentes, "às quais foram sendo delegadas competências regulatórias".

[60] *O Direito da Agências Reguladoras Independentes*. Op. cit., p. 481 a 558.

legais." Para o jurista, a competência normativa abstrata das agências deve ser enquadrada como "manifestação de discricionariedade", portanto, subordinada e dependente de lei. Para Marcos Juruena Villela Souto,[61] enquanto a função legislativa envolve decisões de natureza política acerca do atendimento do interesse público pelo setor privado, criando direitos e obrigações, a regulação envolve a implementação desse conjunto de decisões, "tendo, por essência, a execução da vontade da lei pela autoridade estatal", com atuação neutra e despolitizada. A política regulatória deve ter fundamento em lei, que deve fixar os parâmetros para o exercício da atividade regulatória, sendo esta compatível com cada uma das funções da Administração Pública, sem violação ao princípio democrático nem ao princípio da legalidade. Enquanto a norma regulamentar objetiva o detalhamento da lei, a norma regulatória explicita conceitos jurídicos indeterminados, implícitos na lei – leciona o jurista. No magistério de Diogo de Figueiredo Moreira Neto, o poder normativo das agências reguladoras traduz uma variedade de delegação denominada deslegalização, em que o que se pretende "é atender a necessidade de uma normatividade essencialmente técnica com um mínimo de influência político-administrativa do Estado". O tipo de competência normativa derivada que exercem essas agências "se baseia no exercício da *discricionariedade técnica*, que difere da discricionariedade político-administrativa tradicional pela *vinculação* que necessita ter a motivos científicos e tecnológicos que tornam a escolha tecnicamente a mais adequada e, por vezes, a única adequada".[62]

Maria Sylvia Zanella Di Pietro, para quem o aspecto mais controvertido das nossas agências diz respeito aos limites de sua função reguladora, é conclusiva no sentido de que esta função "só tem validade constitucional para as agências previstas na Constituição".[63] E mesmo assim, essa competência limita-se aos chamados *regulamentos administrativos ou de organização*, originários do direito alemão, os quais contêm normas sobre a organização administrativa ou sobre "as relações entre os particulares que estejam em situação de submissão especial ao Estado, decorrente de um título especial, como um contrato, uma concessão de serviço público, a outorga de auxílios ou subvenções, a nomeação de servidor público, a convocação para o serviço militar, a internação em hospital público, etc." Trata-se de regulamentos que, na concepção da jurista, "podem ser baixados com maior liberdade", porque não dizem respeito à liberdade e aos direitos dos particulares sem qualquer título jurídico concedido por parte da Administração. A discricionariedade pode ser maior "porque a situação de sujeição do cidadão é especial, presa a um título jurídico emitido pela própria

---

[61] *Direito Administrativo Regulatório*. Rio de Janeiro, Lúmen Júris, 2002, p. 373, 384/385.
[62] *Mutações do Direito Administrativo*. Rio de Janeiro, Renovar, 2001, p. 182.
[63] Ob. cit., p. 158.

Administração", que diz respeito "à própria organização administrativa ou forma de prestação do serviço", observados os parâmetros e princípios estabelecidos em lei.

De qualquer forma, o que resulta pacífico é que a atividade regulatória praticada pela ANATEL, para não ofender o princípio da reserva legal deverá circunscrever-se nos limites previstos na Lei Geral de Telecomunicações, fora de cujo parâmetro não terá legitimidade.

Conselho Diretor

O Conselho Diretor, composto de cinco membros, obrigatoriamente brasileiros, é o órgão máximo da ANATEL. É quem exerce as competências previstas na lei e no Regulamento da Agência, com decisões tomadas por maioria absoluta. São instrumentos deliberativos exclusivos do Conselho Diretor a Resolução, a Súmula e o Aresto.[64] Seus conselheiros são nomeados pelo Presidente da República, após aprovação dos nomes pelo Senado Federal (CF, art. 52, III, f), para um mandato de cinco anos, vedada a recondução, bem como o exercício de qualquer outra atividade profissional, empresarial, sindical ou de direção político-partidária. Dentre os integrantes do Conselho Diretor um será nomeado presidente da ANATEL, nos termos do Regulamento da Agência.

A representação judicial da Agência, com prerrogativas processuais de Fazenda Pública, é exercida por sua Procuradoria.

Conselho Consultivo

A ANATEL também possui um Conselho Consultivo, cujos membros não são remunerados e têm mandato de três anos, vedada a recondução. É o órgão de participação da sociedade na Agência, daí ser constituído de representantes indicados pelo Senado Federal, pela Câmara dos Deputados, pelo Poder Executivo, por entidade de classe das prestadoras de serviços de telecomunicações e por entidades representativas da sociedade. O Conselho Consultivo é competente para opinar previamente sobre o plano geral de outorgas e o plano geral de metas para universalização de serviços prestados no regime público, e demais políticas governamentais de telecomunicações, aconselhar sobre a instituição ou eliminação da prestação de um serviço no regime público, apreciar os relatórios anuais do Conselho Diretor. O presidente do Conselho é eleito por seus membros, para mandato de um ano.

---

[64] *Resolução*: expressa decisão quanto ao provimento normativo que regula a implementação da política de telecomunicações brasileira, a prestação dos serviços de telecomunicações e o funcionamento da Agência; *Súmula*: expressa interpretação da legislação de telecomunicações, com efeito vinculativo; *Aresto*: expressa decisão sobre matéria contenciosa.

Procedimentos Administrativos

A ANATEL, segundo os artigos 38 da Lei n° 9.472/97 e 63 do Decreto n° 2.338/97, tem suas atividades subordinadas à observância dos princípios da legalidade, celeridade, finalidade, razoabilidade, proporcionalidade, impessoalidade, igualdade, devido processo legal, publicidade e moralidade, o que lhe submete aos princípios constitucionais da Administração Pública. No cumprimento de suas finalidades, desenvolve procedimentos administrativos na conformidade dos padrões éticos de probidade, decoro e boa-fé. Está obrigada à divulgação oficial dos atos administrativos, ressalvadas as hipóteses legais de sigilo; a atuar com adequação entre meios e fins; a motivar suas decisões,[65] interpretando as normas de seu mister conforme o atendimento do fim público a que se destinam.

Audiência Pública, Consulta Pública e Chamamento Público

Dentre os seus procedimentos administrativos destacam-se a *audiência pública*, a *consulta pública* e o *chamamento público*. A audiência pública destina-se a debater ou apresentar, oralmente, matéria de interesse geral, sendo seu objeto e seus procedimentos definidos no instrumento convocatório. Essas audiências são divulgadas com pelo menos cinco dias de antecedência, pelo Diário Oficial da União e pela Biblioteca da Agência, realizando-se sem necessidade de inscrição prévia, sendo facultado o oferecimento de documentos ou arrazoados. A consulta pública tem por finalidade submeter minuta de ato normativo a comentários e sugestões do público em geral, bem como documento ou assunto de interesse relevante. Formaliza-se por publicação no Diário Oficial da União, com prazo não inferior a dez dias. Os comentários e sugestões são consolidados em documento a ser enviado à autoridade competente, com as razões para sua adoção, sendo arquivado na Biblioteca da Agência, à disposição dos interessados. O chamamento público, por sua vez, é o procedimento destinado a verificar a situação de inexigibilidade de licitação e a apurar o número de interessados na exploração de serviço ou uso de radiofreqüência. É também publicado no Diário Oficial da União, com prazo não inferior a dez dias para manifestação dos interessados.

Procedimento Normativo

Os atos normativos da ANATEL são expedidos por Resoluções do seu Conselho Diretor e são precedidos ordinariamente de consulta pública.

---

[65] Os atos administrativos da ANATEL devem ter a indicação dos fatos e dos fundamentos jurídicos que os justifiquem, especialmente quando neguem, limitem ou afetem direitos ou interesses, imponham encargos ou sanções, decidam procedimentos de licitação, anulem, revoguem, suspendam ou convalidem outros atos administrativos.

Essas resoluções devem observar requisitos formais[66] específicos, e salvo disposição em contrário entram em vigor na data em que são publicados no Diário Oficial da União.

Mediação e Arbitragem

Quando dois ou mais interessados pretenderem da ANATEL a solução de pendências, será instaurado um procedimento específico de *mediação*, sob prévia notificação quanto à data, hora, local e o objeto da mesma, a qual vinculará as partes perante o órgão regulador. Havendo conflito de interesses entre operadoras, será procedida a *arbitragem*, procedimento este que também pode ser requerido pelas operadoras para solucionar seus eventuais conflitos desde que sob o compromisso prévio de aceitar como vinculante a decisão que vier a ser proferida.

PADO – Procedimento para Apuração de Descumprimento de Obrigações

As atividades de instrução processual destinadas a averiguar o descumprimento de obrigações por parte das operadoras, objetivando a tomada de decisão pela autoridade competente, realizam-se de ofício ou a requerimento de terceiros, no denominado PADO – *Procedimento para Apuração de Descumprimento de Obrigações*. O PADO compreende a expedição de documento específico, denominado *Ato de Instauração*, apontando os fatos em que se baseia, as normas definidoras da infração e a sanção aplicável, e concede prazo de quinze dias para o interessado oferecer defesa e apresentar as provas que julgar cabíveis. A instrução dos autos tem que ser concluída em noventa dias, prorrogáveis por igual período. Completada a instrução, a Agência tem trinta dias para proferir decisão final, por ato ou despacho, da qual cabe pedido de reconsideração e/ou interposição de recurso. Após transcorridos os prazos recursais o ato ou despacho de aplicação de sanção é publicado no Diário Oficial da União.

Quando o descumprimento de obrigações for constatado em fiscalização direta, o procedimento inicia-se com a emissão do *Auto de Infração*, que valerá como o Ato de Instauração, e do qual obrigatoriamente deverá constar o local, a data e a hora da lavratura; o nome, o endereço e a qualificação do autuado; a descrição do fato ou do ato constitutivo da infração;

---

[66] I – serão numeradas seqüencialmente, sem renovação anual; II – não conterão matéria estranha a seu objeto principal, ou que não lhe seja conexa; III – os textos serão precedidos de ementa enunciativa do seu objeto e terão o artigo como unidade básica de apresentação, divisão ou agrupamento do assunto tratado; IV – os artigos serão agrupados em títulos, capítulos ou seções e se desdobrarão em parágrafos, incisos (algarismos romanos) ou parágrafos e incisos; os parágrafos em incisos (algarismos romanos); e os incisos em alíneas (letras minúsculas); V – a Resolução deverá declarar expressamente a revogação das normas que com ela conflitarem, se for o caso (art. 51 da Resolução 270/01).

o dispositivo legal, regulamentar, contratual ou do termo de permissão ou autorização infringido; o prazo para defesa e o local para sua apresentação; a identificação do agente autuante, sua assinatura, a indicação do seu cargo ou função e o número de sua matrícula; a assinatura do autuado ou a certificação da sua recusa em assinar (Resolução 270/01, art. 78). Salvo para as partes e seus procuradores, o PADO será sigiloso até o seu encerramento, não configurando quebra do sigilo a divulgação da sua instauração. O Procedimento de que resulte sanção poderá ser revisto, a qualquer tempo, a pedido ou de ofício, quando fatos novos ou circunstâncias relevantes possam justificar a inadequação da sanção aplicada.

Recurso

Das decisões da ANATEL, quando não proferidas pelo Conselho Diretor, cabe recurso, dirigido à autoridade que proferiu a decisão recorrida, que o encaminhará à autoridade hierarquicamente superior, se não a rever em cinco dias. Ao Presidente do Conselho Diretor cabe decidir sobre o pedido de efeito suspensivo nos recursos de competência desse Conselho. Os recursos contra atos do Presidente, dos Conselheiros e dos Superintendentes serão dirigidos ao Conselho Diretor, sendo de dez dias o prazo para a interposição de recurso administrativo, contado do recebimento da notificação da decisão proferida ou de sua publicação no Diário Oficial da União. O recurso administrativo tramitará no máximo por três instâncias administrativas: Gerência Geral, Superintendência e Conselho Diretor, sendo este último a instância máxima nas matérias submetidas à alçada da Agência. A autoridade atribuirá efeito suspensivo ao recurso, se relevantes os seus fundamentos e da execução do ato recorrido puder resultar ineficácia da decisão. Quando a lei não fixar prazo diferente, o recurso deverá ser decidido no prazo de trinta e cinco dias, podendo ser prorrogado por igual período, ante justificativa explícita.[67]

A decisão que negar ou der provimento ao recurso será publicada, em forma de despacho, no Diário Oficial da União, no prazo de até nove dias (art. 90).

Das decisões proferidas pelo Conselho Diretor cabe pedido de *reconsideração*, devidamente fundamentado, competindo ao seu presidente decidir sobre a concessão de efeito suspensivo, quando requerido.

---

[67] Conforme o Regimento Interno da ANATEL, a tramitação do recurso observará as seguintes regras: I – o recurso não será conhecido quando interposto fora do prazo ou por quem não seja legitimado ou, ainda, após exaurida a esfera administrativa; II – requerida a concessão de efeito suspensivo, a autoridade competente a apreciará em quinze dias úteis, contados a partir da data da protocolização; III – após a juntada da petição aos autos, havendo outros interessados, serão estes intimados, com prazo comum de sete dias úteis, contados a partir do recebimento da última intimação, para oferecimento de contra-razões; IV – decorrido o prazo para apresentação de contra-razões, os autos serão submetidos à Procuradoria pela autoridade que proferiu a decisão, acompanhado de informe fundamentando a não revisão da decisão. Da decisão prevista no inciso II, dar-se-á publicidade em quatro dias úteis. Da decisão prevista no inciso II, não caberá recurso na esfera administrativa.

Reclamação e Denúncia

Qualquer pessoa que tiver seu direito violado ou tiver conhecimento de violação de direito envolvendo matéria de competência da ANATEL, poderá reclamar ou denunciar o fato à Agência, verbalmente, por meio eletrônico, por intermédio da Central de Atendimento ao Usuário ou por correspondência convencional. Uma vez apresentada a denúncia, será instaurado procedimento para averiguação, devendo o denunciado ser notificado a apresentar defesa, no prazo de cinco dias úteis. Não havendo indícios ou comprovação dos fatos denunciados, os autos serão arquivados. Do contrário, será instaurado o PADO, não figurando o denunciante como parte no procedimento.

Sanções administrativas

Com base nos critérios fixados no Regulamento aprovado pela Resolução n° 344, de 18.7.03, a ANATEL aplica sanções administrativas por infrações às leis, regulamentos e normas de telecomunicações, bem como em conseqüência da inobservância de deveres decorrentes dos contratos de concessão ou dos atos e termos de permissão e de autorização de serviço, ou de uso de radiofreqüência, observados os princípios constitucionais e legais. Para os efeitos do *Regulamento de Sanções*, os serviços e meios de telecomunicações estão classificados em grupos, conforme a modalidade de serviço; a abrangência dos interesses a que atendem; o número de usuários do serviço; e o regime jurídico de sua prestação. Os infratores estão sujeitos às sanções de advertência, multa, suspensão temporária, caducidade, declaração de inidoneidade e cassação (no caso de Serviço de TV a Cabo, regido pela Lei n° 8.977, de 6.1.95). A apuração da infração à ordem econômica segue procedimento próprio, com decisão final do Conselho Administrativo de Defesa Econômica – CADE.

Na aplicação das sanções são considerados, dentre outros fatores, a natureza e a gravidade da infração, os danos resultantes para o serviço e para os usuários, a vantagem auferida, a participação do infrator no mercado e sua situação econômico-financeira. As infrações serão classificadas como leves quando decorrerem de condutas involuntárias ou escusáveis do infrator e da qual não se beneficie; médias, quando decorrerem de conduta inescusável, mas que não traga para o infrator qualquer benefício ou proveito, nem afete número significativo de usuários; graves, quando a ANATEL constatar a) ter o infrator agido de má-fé; b) decorrer da infração benefício direto ou indireto para o infrator; c) ser o infrator reincidente; d) ser significativo o número de usuários atingidos. Na aplicação de suspensão temporária, o prazo não deve ser superior a trinta dias, podendo haver intercalação das suspensões no caso de sanções sucessivas que ultrapassem o esse limite.

Parâmetros e critérios para a aplicação de Multas

A multa pode ser imposta isoladamente ou em conjunto com outra sanção, não podendo ser superior a R$ 50.000.000,00 (cinqüenta milhões de reais) para cada infração cometida, sujeita, entretanto, aos seguintes acréscimos: I – até 5%, quando o dano resultante ou a vantagem auferida da infração atingir até 10% dos usuários do serviço; II – até 10%, quando o dano resultante ou a vantagem auferida da infração atingir acima de 10% dos usuários do serviço; III – até 35%, no caso de reincidência específica; IV – até 5%, quando houver antecedentes; e V – até 5%, em outras situações. Poderá ser reduzida em até 10% se houverem circunstâncias atenuantes.

O não-pagamento da multa no prazo fixado implica acréscimo (multa) moratório de 0,33% (trinta e três centésimos por cento) por dia de atraso, até o limite de 10% (dez por cento), e juros correspondentes à taxa referencial do Sistema Especial de Liquidação e Custódia (SELIC) para títulos federais, acumulada mensalmente. Findo o prazo e não sendo comprovado o pagamento, prevê o Regulamento de Sanções que o débito seja inscrito no Cadastro Informativo de Créditos não Quitados do Setor Público Federal – CADIN e na Dívida Ativa, na forma da Lei. Os valores das multas podem ser reajustados anualmente, por ato do Conselho Diretor da ANATEL, segundo a variação do IGP-DI ou do índice que vier a substituí-lo.

Disciplina própria de contratações

À ANATEL foi atribuída pela LGT uma disciplina própria de licitações, diversa da estabelecida na Lei 8.666, de 21.6.93. Salvo para a contratação de obras e serviços de engenharia, que por esta devem ser licitadas, as contratações destinadas à aquisição de bens ou serviços comuns observarão modalidades próprias – a *consulta* e o *pregão*. As licitações relativas a concessão, permissão e autorização dos serviços de telecomunicações, autorização de uso de radiofreqüências e de exploração de satélite, são disciplinadas por Regulamento específico, o *Regulamento de Contratações da Agência Nacional de Telecomunicações,* aprovado pela Resolução n° 5, de 15.01.98. As licitações para contratação de obras e serviços de engenharia, bem como as destinadas a locações imobiliárias e alienações em geral, estão sujeitas aos procedimentos previstos na legislação geral para a Administração Pública. O julgamento da consulta e do pregão observará os princípios da vinculação ao instrumento convocatório, da comparação objetiva e do justo preço, resolvendo-se o empate por sorteio.

7. Serviço de telecomunicações no regime público

As telecomunicações como serviço estatal

Os serviços de telecomunicações são serviços da União, cabendo a esta organizar a sua exploração, por intermédio da ANATEL, que regula e disciplina sua execução, comercialização e uso, a implantação e o funcionamento das redes, a utilização dos recursos de órbita e o espectro de radiofreqüências.

Sabe-se que são políticos, e não jurídicos, os critérios utilizados para a categorização dos serviços públicos. Saber quando e porque uma atividade é considerada serviço público – ensina Odete Medauar – remete ao plano da concepção política dominante. "É o plano da escolha política, que pode estar fixada na Constituição do país, na lei e na tradição",[68] sob critérios que devem obedecer apenas aos limites da razoabilidade.[69] Historicamente, têm-se considerado os serviços de telecomunicações como serviço público, na medida em que satisfazem necessidades coletivas de comunicação. O art. 21, XI, da Constituição Federal, ao cometer à União a prestação direta ou indireta dos "serviços de telecomunicações", refletiu esse entendimento. A evolução tecnológica fez verificar, entretanto, que existem atividades e serviços de telecomunicações que não possuem *natureza* de serviço estatal, permitindo caracterizar a indicação constitucional como uma referência genérica. A Lei n° 9.472/97, enfrentando essa realidade, admitiu atribuir regime de direito público apenas a uma parte dos "serviços de telecomunicações", considerando uma outra parte, a maior, como atividades privadas, sujeitas ao regime do direito privado. Com efeito, no parágrafo único do art. 63, define como serviço de telecomunicação prestado no regime público aquele executado mediante concessão ou permissão, com atribuição à sua prestadora de obrigações de universalização e de continuidade; adiante, no art. 64, prescreve que comportarão prestação no regime público as modalidades de serviço de interesse coletivo cuja existência, universalização e

---
[68] *Direito Administrativo Moderno*. São Paulo, Revista dos Tribunais, 2001, p. 369.
[69] Carlos Ari Sundfeld, Marcio Cammarosano e Rosolea Miranda Folgosi, in *Estudo para a nova lei geral de telecomunicações*. Curitiba, Zênite, ILC, Suplemento Especial, n° 1, abril, 1997.

continuidade a própria União comprometa-se a assegurar, incluindo, neste caso, o *serviço telefônico fixo comutado*, de qualquer âmbito, destinado ao uso do público em geral, dispondo, no art. 65, que cada modalidade de serviço destina-se à prestação exclusivamente no regime público, exclusivamente no regime privado, ou, concomitantemente nos regimes público ou privado.

Obrigações de Universalização e de Continuidade

Obrigação de *universalização* é a que objetiva possibilitar o acesso de qualquer pessoa aos serviços de telecomunicações, independentemente de sua localização geográfica ou condição socioeconômica, bem como a que decorre da utilização das telecomunicações em serviços essenciais de interesse público (art. 79, § 1°). É da essência do cometimento administrativo referente ao serviço público o dever de expandi-lo, em proveito de toda a sociedade.[70] Trata-se de obrigação administrativa decorrente do *vinculum juris* criado entre a Administração e o indivíduo, cujas raízes mais profundas provêm do princípio constitucional da igualdade jurídica, que domina o conteúdo da legalidade.[71] Daí que a universalização, à luz da LGT, nada mais é que o direito de toda pessoa ou instituição, independentemente de sua localização e condições socioeconômicas, de acessar o serviço, quando destinado ao uso do público em geral e explorado no regime juspublicista. Os deveres de universalização são objeto de metas periódicas, conforme plano específico elaborado pela ANATEL e aprovado pelo Presidente da República.

Em 15.5.98, pelo Decreto n° 2.592, foi aprovado o primeiro Plano Geral de Metas para a Universalização de Serviço Telefônico Fixo Comutado Prestado no Regime Público, que dentre outros atribuiu às operadoras de telefonia fixa o encargo de, a partir de 31.12.03, nas localidades onde houver STFC com acessos individuais, instalar telefones de uso público na distância máxima de 300 metros, de qualquer ponto dentro dos limites da localidade.[72]

---

[70] Para Guillermo J. Cervio, "...la idea básica del servicio universal es ofrecer a todos los usuarios un conjunto mínimo de servicios e infraestructuras de telecomunicaciones comunes" (in *Derecho de las telecomunicaciones*, Buenos Aires, Depalma, 1996, p. 80).

[71] "A igualdade jurídica recria e saneia as diferenças que a desigualdade natural oferece e que poderia comprometer a convivência numa sociedade política", doutrina Carmen Lúcia Antunes Rocha, para quem "o princípio da igualdade objetiva não discriminar, não distinguir onde razões de Justiça concebidas e acatadas pela ordem de Direito não existam." (*Princípios Constitucionais da Administração Pública*, Belo Horizonte, Del Rey, 1994, p. 152/153).

[72] Entende-se por localidade toda a parcela circunscrita do território nacional que possua um aglomerado permanente de habitantes, caracterizada por um conjunto de edificações, permanentes e adjacentes, formando uma área continuamente construída com arruamentos reconhecíveis, ou dispostos ao longo de uma via de comunicação, tais como Capital Federal, Capital Estadual, Cidade, Vila, Aglomerado Rural e Aldeia (Dec. n° 2.592/98, art. 3°, III).

Obrigação de *continuidade*, por sua vez, diz respeito à permanência do serviço. Visa a possibilitar aos usuários a fruição ininterrupta do serviço, sem paralisações injustificadas, tendo o serviço permanentemente à disposição, em condições adequadas de uso (art. 79, § 2°). Contém deveres que decorrem do princípio de continuidade do serviço público. "Para que o interesse coletivo esteja perfeitamente atendido – doutrina Diogo de Figueiredo Moreira Neto – o serviço deve ser permanente, mantido a qualquer transe; nenhum problema, nenhum interesse individual ou consideração conjuntural justifica sua paralisação, pois a comunidade conta com eles".[73] Na lição de Caio Tácito, o princípio da continuidade do serviço público atribui à concessionária/permissionária "o dever de prosseguir na exploração, mesmo se for ruinosa", incumbindo à Administração, correlatamente, "partilhar das cargas extraordinárias, restaurando a economia abalada e a eficácia da execução do contrato".[74] A propósito, em comentários ao *princípio da permanência do serviço público*, Diógenes Gasparini adverte para a cautela que a Administração deve ter quando elevar um determinado serviço à categoria de serviço público, precisamente porque, "se ninguém se interessar pela sua prestação, esta caberá à Administração Pública".[75] Nem mesmo em face da greve nos serviços públicos, quando essenciais, o princípio deixa de ter aplicação, conforme Lei 7.783, de 28.06.89.

Resumidamente, os serviços prestados no regime público exigem prévia outorga, mediante concessão, por prazo certo e limitado, após certame licitatório. Com relação a eles, impõem-se obrigações de universalização e continuidade, admite-se a aquisição de bens por desapropriação (art. 100), prevê-se a reversão (art. 102, parágrafo único), as tarifas são controladas (arts. 103 a 109), podendo haver intervenção na concessionária (art. 110).

O serviço adequado

Os serviços de telecomunicações devem adequar-se ao pleno atendimento das necessidades dos usuários, satisfazendo as condições de regularidade, continuidade (quando prestado como serviço público), eficiência, segurança, atualidade, generalidade, cortesia na sua prestação e modicidade de tarifas. A sua qualidade, por exemplo, deve ser aferida com observância dos seguintes parâmetros: *Regularidade e continuidade*: prestação contínua nas condições previstas no contrato (ressalvada a interrupção em situação de emergência ou, após prévio aviso, por razões de ordem técnica ou de segurança de pessoas e bens, ou diante de inadimplemento do usuário); *eficiência*: oferta em padrões qualitativa e quantitativamente satisfatórios;

---
[73] *Curso de Direito Administrativo*. 7ª ed. São Paulo, Forense, p. 368.
[74] *Direito Administrativo*. São Paulo, Saraiva, 1975, p. 209.
[75] Idem, p. 232.

segurança: adoção de medidas eficazes para conservação e manutenção das instalações utilizadas na sua prestação e para prevenção de acidentes; *atualidade*: modernização das técnicas, equipamentos e instalações, inclusive melhoria e expansão; *generalidade*: universalidade na prestação do serviço, de modo a dele poderem dispor todos os usuários, sem discriminação; *cortesia*: disponibilidade de informações aos usuários, adequada atenção às suas necessidades e polidez no atendimento. O serviço adequado pode ser exigido, como tal, em prestação jurisdicional, eis que a *adequação* referida na LGT lhe é essencial. Importa lembrar, a propósito, que o Código de Proteção e Defesa do Consumidor, no artigo 22, dispõe que os órgãos públicos, por si ou por suas empresas, concessionárias, permissionárias ou sob qualquer outra forma de empreendimento, são obrigados a fornecer serviços *adequados, eficientes, seguros* e, quanto aos essenciais, *contínuos*, e serão compelidos a cumprir essas obrigações e a reparar os danos causados em decorrência do descumprimento.

Concessão de serviço de telecomunicações

Concessão é a delegação da prestação de serviço público, realizada pela entidade estatal, em cuja competência o mesmo se encontre, mediante contrato administrativo, bilateral e oneroso, precedido de licitação, a pessoa jurídica ou a consórcio, por prazo determinado e à conta e risco da concessionária, em consonância com os princípios regedores da Administração Pública. Tratando-se de serviço de telecomunicações, concessão é a delegação de sua prestação, mediante contrato, por prazo determinado, no regime público, sujeitando-se a concessionária aos riscos empresariais, remunerando-se pela cobrança de tarifas dos usuários ou por outras receitas alternativas e respondendo diretamente pelas suas obrigações e pelos prejuízos que eventualmente causar. Não tem caráter de exclusividade. Carmen Lúcia Antunes Rocha, analisando a concessão sob o prisma da Lei 8.987/95,[76] destaca como principais características a de ser *intuitu personae*, temporária, onerosa, fundar-se no princípio da boa-fé, caracterizando-se também pela comutatividade, além de não mais possuir, como regra, exclusividade. É um acordo administrativo, com vantagens e encargos recíprocos, cujo contrato está sujeito à prévia licitação[77] – art. 14 da Lei nº 8.987/95.

O regime jurídico da concessão e da permissão está contido, basicamente, na Lei 8.987, de 13.02.95, com as alterações da Lei 9.648, de 27.5.98, que determinou a sua republicação atualizada. A Lei 9.074, de 7.7.95, com

---

[76] *Concessão e Permissão de Serviço Público no Direito Brasileiro*. São Paulo, Saraiva, 1996, p. 42-48.
[77] Hely Lopes Meirelles, in ob. cit., p. 341.

as alterações da Lei 9.648/98, estabelece as normas para outorga e prorrogações das concessões e permissões de serviços públicos.

As concessões, permissões e autorizações de serviço de telecomunicações são outorgadas mediante licitação. As áreas de prestação levam em conta o ambiente de competição baseado no princípio do maior benefício ao usuário e ao interesse social e econômico do País.

Cada modalidade de serviço é objeto de concessão distinta, que somente pode ser outorgada a empresa constituída segundo as leis brasileiras, com sede e administração no País,[78] criada para explorar exclusivamente os serviços objeto da concessão. É dizer, cada modalidade de serviço terá concessionária exclusiva, que não poderá explorar senão a modalidade de serviço para a qual foi criada. A participação na licitação está condicionada ao compromisso de atender esse requisito, como condição para a celebração do contrato. Sempre que a disputa for considerada inviável (apenas um pode realizar o serviço) ou desnecessária (se admite a sua exploração por todos os interessados que atendam às condições requeridas), a licitação será inexigível, compreendendo o procedimento para verificação da inexigibilidade um chamamento público para apurar o número de interessados.

O contrato de concessão de serviços de telecomunicações

O contrato de concessão de serviços de telecomunicações deve prever, obrigatoriamente, conforme a Lei n° 9.472/97, objeto, área e prazo da concessão; modo, forma e condições da prestação do serviço; regras, critérios, indicadores, fórmulas e parâmetros definidores da implantação, expansão, alteração e modernização do serviço, bem como de sua qualidade; deveres relativos à universalização e à continuidade do serviço; o valor devido pela outorga, a forma e as condições de pagamento; as condições de prorrogação ou renovação, incluindo os critérios para fixação do valor; as tarifas a serem cobradas dos usuários e os critérios para seu reajuste e revisão; as possíveis receitas alternativas, complementares ou acessórias, bem como as provenientes de projetos associados; os direitos, as garantias e as obrigações dos usuários, da Agência e da concessionária; a forma da prestação de contas e da fiscalização; os bens reversíveis, se houver; as condições gerais para interconexão; as sanções; a obrigação de manter durante o contrato as condições de habilitação exigidas na licitação; o foro e o modo para a solução

---

[78] Os primeiros contratos de concessão para o STFC sob a égide da Lei 9472/97 contêm cláusula do seguinte teor: "Cláusula 17.3. – A Concessionária e seus controladores se obrigam a assegurar, durante o prazo da concessão e sua prorrogação, a efetiva existência, em território nacional, dos centros de deliberação e implementação das decisões estratégicas, gerenciais e técnicas envolvidas no cumprimento do presente contrato, inclusive fazendo refletir tal obrigação na composição e nos procedimentos decisórios de seus órgãos de administração. Parágrafo único – A Concessionária deverá inserir, no seu estatuto, até 31 de dezembro de 1998, disposições que garantam o cumprimento do disposto no *caput* desta cláusula."

extrajudicial das divergências contratuais. Os modelos de contratos de prestação do Serviço Telefônico Fixo Comutado (STFC), nas modalidades Local, Longa Distância Nacional e Longa Distância Internacional, foram aprovados pela Resolução n° 26, de 27.5.98 (DOU de 29.5.98) da ANATEL, constituindo-se no documento padrão para a finalidade.

Como contrato administrativo, o contrato de concessão de serviço de telecomunicações só terá eficácia uma vez publicado no Diário Oficial da União. Está submetido aos princípios do serviço público na concessão, e aos desta, especificamente: *Princípio da atividade normatizada*, pelo qual as partes ficam obrigadas à observância das normas legais e regulamentares do serviço concedido; *princípio da alteração unilateral das normas de organização do serviço*, pelo qual o poder concedente conserva a prerrogativa de alterá-lo, para atendimento do interesse público; *princípio da obrigatoriedade da prestação do serviço*, pelo qual a concessionária fica obrigada a prestá-lo como se o Estado fosse, sob pena de extinção da concessão; *princípio da continuidade do serviço público* (Lei 8.987/95, art. 6°, § 1°), pelo qual a sua disponibilidade deve ser permanente, somente interrompida diante da inadimplência do usuário; *princípio da generalidade na organização e distribuição do serviço*, segundo o qual deve ser garantido acesso isonômico à sua fruição; *princípio da autoridade pública,* pelo qual a concessionária passa a praticar atos de autoridade, com presunção de legitimidade (desde que praticados nos limites da lei); *princípio da eficiência e qualidade na prestação do serviço*, pelo qual o serviço prestado deve satisfazer as necessidades dos usuários; *princípio da responsabilidade objetiva* (CF, art. 37, § 6°), pelo qual, independentemente de dolo ou culpa, a concessionária responde pelos prejuízos que causar aos usuários dos serviços e terceiros; *princípio da inaplicabilidade da cláusula da exceção do contrato não cumprido.* A exceção diz respeito à regra de que, pela inadimplência de uma das partes contratantes, pode a outra suspender o cumprimento das suas obrigações contratuais. Na concessão de serviço público, essa exceção não se aplica. Mesmo que o poder concedente descumpra as suas obrigações, a concessionária não pode paralisar os serviços, devendo buscar junto ao Poder Judiciário a recomposição dos seus direitos. *Princípio da razoabilidade da remuneração da concessionária*, pelo qual não pode ser insuficiente de modo a pôr em risco a continuidade e a qualidade dos serviços, nem excessiva, que deles as pessoas não possam usufruir; *princípio do devido processo legal para alteração das normas regulamentares do serviço* (CF, art. 5°, LV), segundo o qual o poder concedente, para alterar as normas regulamentares do serviço concedido, deve respeitar os interesses econômicos da concessionária, ensejando o contraditório e a ampla defesa; *princípio do equilíbrio econômico-financeiro da concessão*, segundo o qual, quando fatos imprevisíveis e alheios à vontade das partes subvertem a ordem econômica da concessão, onerando, excessivamente, a concessionária, deve ser restabelecido o equilíbrio econômico-financeiro do contrato; *princípio da extinção da concessão*, por razões de interesse público, segundo o qual, em face da supremacia do interesse público sobre o do particular, havendo razões de interesse público supervenientes à contratação o poder concedente pode extinguir a concessão, antes de findo o prazo contratado (subsistirá, no caso, o dever de indenizar, pelo restante do prazo).[79]

Terceirização de atividades

A LGT, no art. 94, autoriza a concessionária a empregar, na execução dos serviços, equipamentos e infra-estrutura que não lhe pertençam, a contratar com terceiros o desenvolvimento de atividades inerentes, acessórias ou complementares aos serviços, bem como a implementação de projetos associados. É-lhe permitido, portanto, terceirizar atividades não exclusivamente acessórias nem exclusivamente complementares, mas inerentes, ou seja, ligadas ao modo íntimo e necessário[80] do serviço que prestam, independente de constituírem atividade-meio ou atividade-fim.

O prazo máximo da concessão será de 20 anos, podendo ser prorrogado ou renovado, uma única vez, por igual período, desde que cumpridas as condições da concessão e manifestado o interesse.

Extinção da concessão

A concessão de serviços de telecomunicações extingue-se pelo *advento do termo contratual,* pela *encampação, caducidade, rescisão* e *anulação*, quando serão devolvidos à União os direitos e deveres relativos à prestação do serviço. É o que prevê a Lei 8.987/95.

Sendo a concessão um instituto que decorre da necessidade de satisfazer o interesse público, o poder concedente mantém consigo, durante a sua vigência, o poder-dever de inspeção e fiscalização, de alteração unilateral das cláusulas regulamentares, bem como o de extingui-la, antes de findo o prazo, se o interesse público o exigir. Ocorrerá a extinção pelo *advento do termo contratual*, quando termina o prazo dentro do qual foi delegada a prestação do serviço, seja por desinteresse em prorrogar ou renovar a concessão, seja porque, findo o prazo e tendo disputado novo período, o interessado não obteve nova adjudicação. *Encampação* é a retomada coativa do serviço, pelo poder concedente, durante o prazo da sua vigência, por razões de interesse público. Denomina-se, também, resgate. Resulta de ato de império do Poder Público, em relação ao qual resta à

---

[79] Benedicto Porto Neto, in ob. cit., p. 81/100.
[80] LAROUSSE – Dicionário da Língua Portuguesa. São Paulo: Ática, 2001.

concessionária apenas o direito de pleitear indenização pelos prejuízos que a medida lhe causar. *Caducidade* é a rescisão *decretada* pela ANATEL, por inadimplência da concessionária, comprovada em processo administrativo regular. A caducidade, segundo a LGT, será decretada nas hipótese de cisão, fusão, transformação, incorporação, redução do capital ou transferência do controle societário da concessionária, sem prévia aprovação da Agência, ou casos de dissolução ou falência. Também nas hipóteses de transferência irregular do contrato; de não-cumprimento do compromisso de transferir a outrem o serviço de mesma modalidade que esteja explorando na mesma região, localidade ou área, e em que a intervenção seria cabível, mas sua decretação inconveniente, inócua, injustamente benéfica à concessionária ou desnecessária (art. 114). *Rescisão* é o desfazimento do contrato, durante a sua execução, por acordo (distrato bilateral), por ato unilateral da Administração em virtude de inadimplência da concessionária ou por decisão judicial. No distrato, há convenção das partes quanto ao modo de devolução do serviço; na rescisão unilateral, como sempre resulta de infração regulamentar ou contratual do concessionário, o Poder Público recupera imediatamente o serviço concedido e, posteriormente, cobra a indenização que lhe seja devida na rescisão judicial. A Justiça decreta a extinção do contrato por culpa de quem a tiver e condena o inadimplente à indenização cabível, fazendo retornar o serviço ao concedente.

A *anulação* será decretada pela ANATEL no caso de irregularidade grave, insanável, do contrato de concessão. Doutrinariamente, consiste na invalidação do contrato por ilegalidade na concessão ou na formalização do ajuste. Enquanto a rescisão pressupõe contrato válido, na anulação tem-se um contrato ilegal, celebrado contrariamente à lei, pelo que, uma vez decretada, retroage ao início da concessão, produz efeitos *ex tunc* e não gera, em princípio, obrigação de indenizar.

Bens reversíveis

A extinção da concessão transmite, automaticamente, à União, a posse dos bens reversíveis, razão pela qual toda oneração ou substituição desses bens depende de prévia aprovação da ANATEL. Reversão é a passagem ao poder concedente dos bens do concessionário, necessários ao exercício do serviço público, uma vez extinta a concessão.[81] A retomada do serviço concedido pode ocorrer por circunstâncias e atos diferentes, produzindo conseqüências distintas entre as partes. Com o término da concessão, dá-se a reversão do serviço ao poder concedente. Essa reversão abrange os bens, de qualquer natureza, vinculados à prestação do serviço, que a concessionária deve entregar, sem pagamento, ao poder concedente. Os bens não

---

[81] Celso Antonio Bandeira de Mello, in ob. cit., p. 342.

utilizados no objeto da concessão e aqueles desvinculados do serviço e sem emprego na sua execução, por não lhe serem acessórios, constituem patrimônio privado da concessionária, que deles poderá dispor livremente, ao final do contrato.[82]

Bens reversíveis, portanto, são os que devem acompanhar o serviço quando este retorna ao poder concedente. Por presumir-se que na exploração dos serviços públicos o lucro da concessionária vá além da renda do capital investido, é regra a reversão gratuita. Entretanto, cláusulas devem prever e determinar quais bens reverterão ao concedente, e em que condições, porque nem sempre a presunção é verdadeira. Como meio de evitar que nos últimos anos do prazo da concessão a prestação do serviço se deteriore, a Lei n° 8.987/95 prevê que a reversão no advento do termo contratual far-se-á com a indenização das parcelas dos investimentos vinculados a bens reversíveis, ainda não amortizados ou depreciados, que tenham sido realizados com o objetivo de garantir a continuidade e atualidade do serviço concedido (art. 36). A LGT, por sua vez, prevê idêntico regime para o caso de a reversão ocorrer antes de expirado o prazo contratual.

A intervenção nas concessionárias

Está implícito no poder de fiscalização o direito de intervir para regularizar a prestação do serviço. Essa intervenção poderá ser decretada por ato da ANATEL, nos casos de paralisação injustificada dos serviços; inadequação ou insuficiência dos serviços prestados, não resolvidas em prazo razoável; desequilíbrio econômico-financeiro decorrente de má administração, que coloque em risco a continuidade dos serviços; prática reiterada de infrações; inobservância reiterada de atendimento das metas de universalização; recusa injustificada de interconexão; infração à ordem econômica. A intervenção será precedida de processo administrativo instaurado pela ANATEL, no qual deverá ser assegurada a ampla defesa da concessionária, e sua decretação não afetará o curso regular dos negócios da concessionária, nem o seu normal funcionamento. Produzirá, entretanto, de imediato, o afastamento dos seus administradores.

Poderá haver intervenção cautelar, hipótese em que o procedimento será instaurado na data da intervenção, devendo ser concluído em até 180 dias (art. 111, § 2°). A intervenção poderá ser exercida por um colegiado ou por uma empresa cuja remuneração será paga com recursos da concessionária. O interventor prestará contas e responderá pelos atos que praticar, dependendo de prévia autorização da Agência para os de alienação e disposição do patrimônio da concessionária (art. 111, §§ 5° e 6°).

---

[82] Hely Lopes Meirelles, in ob. cit., p. 351.

Permissão de serviços de telecomunicações

Permissão de serviço de telecomunicações é o ato administrativo pelo qual se atribui a alguém o dever de prestá-lo, no regime público e em caráter transitório, até que seja normalizada a situação excepcional que a tenha ensejado. A outorga de permissão ocorre diante de situação excepcional que compromete o funcionamento do serviço e não pode ser atendida de forma conveniente ou em prazo adequado mediante intervenção na concessionária ou outorga de nova concessão. São atributos da permissão, que também é deferida *intuitu personae*, não admitindo substituição do permissionário ou o traspasse do serviço sem o consentimento do permitente, a unilateralidade, a discricionariedade e a precariedade.

O Termo de Permissão

Também a outorga da permissão deve ser precedida de procedimento licitatório, nos termos regulados pela ANATEL, salvo casos de inexigibilidade. Formaliza-se por Termo de Permissão, que, dentre outras especificações, deverá conter o objeto e a área da permissão, os prazos mínimo e máximo de vigência estimados; modo, forma e condições da prestação do serviço; as tarifas a serem cobradas dos usuários, critérios para seu reajuste e revisão e as possíveis fontes de receitas alternativas; direitos, garantias e obrigações dos usuários, do permitente e do permissionário; sanções; as condições gerais de interconexão; os bens reversíveis, se houver, bem como as hipóteses de extinção, tudo conforme a regulamentação aplicável.

A permissão extingue-se pelo decurso do prazo máximo de vigência, salvo se persistir a situação excepcional que a motivou, por revogação, caducidade e anulação. Por revogação, quando não mais convir ao interesse público a sua existência. Funda-se no poder discricionário da Administração de rever os seus próprios atos. A sua revogação deverá basear-se em razões de conveniência e oportunidade relevantes e supervenientes, tendo por fundamento motivos que digam respeito a fatos ocorridos após a outorga. O ato revocatório não poderá fixar prazo inferior a sessenta dias para o permissionário devolver o serviço (LGT, art. 123, § 2°).

8. Serviços de telecomunicações no regime privado

A Lei n° 9.472/97 optou por ampliar o campo das atividades e serviços de telecomunicações sem natureza de serviço estatal, criando um novo modelo de organização com vistas a permitir competitividade na sua exploração e prestação. Nessa ampliação, inovou, radicalmente, ao *flexibilizar*[83] a concepção "formalista" do serviço público e prever, como vimos no capítulo anterior, que os serviços de telecomunicações pudessem ser explorados nos regimes público e privado, concomitantemente, um mesmo serviço inclusive.

Isso se deu ante a mudança radical dos pressupostos socioeconômicos, políticos e culturais sobre os quais o serviço público surgiu e se desenvolveu.[84] Na sua concepção clássica, o serviço público representa uma atividade material prestada pela Administração que diz respeito a necessidades coletivas cuja satisfação deve ser concretizada sob regime prevalente de direito público. Com o surgimento de novas formas de implementação dos interesses públicos e de atendimento das necessidades coletivas, esse conceito está sendo modificado, permitindo conceber os serviços públicos como atividades pelas quais o Estado promova a satisfação de interesses públicos sob regime jurídico próprio a elas aplicável, ainda que não necessariamente de direito público.[85] A constatação de que o interesse público pertence ao corpo social, à sociedade, não mais constituindo conceitualmente um monopólio da Administração, permite aceitar que também possa ser implementado por particulares. E esta é uma realidade nova, que, sem dúvida, influenciando um certo afastamento – "flexibilização" – da concepção formalista do serviço público dá base ao entendimento de que serviços reservados ao Estado também podem ser submetidos, ainda que parcialmente, ao regime de direito privado.

---

[83] Floriano Azevedo Marques Neto. *Direito das Telecomunicações e Anatel* (Palestra proferida em 24.9.1999 no Curso de Aprofundamento sobre o Novo Direito Administrativo Econômico, promovido pela SBDP)

[84] Dinorá Adelaide Musetti Grotti (Palestra proferida em Curso de Aprofundamento sobre o Novo Direito Administrativo Econômico), in *Direito Administrativo Econômico*. São Paulo, Malheiros, 2000, p. 43.

[85] Diogo de Figueiredo Moreira Neto. *Mutações do Direito Administrativo*. Rio de Janeiro, Renovar, 2001, p. 126.

Serviços privados de telecomunicações, pois, são aqueles caracterizados como de livre exploração, que apenas se sujeitam aos condicionamentos necessários para evitar que a sua exploração pelos particulares possa acarretar prejuízos ao interesse coletivo. São serviços prestados mediante autorização, daí também se denominarem serviços autorizados. Tanto podem ser de interesse restrito, como o serviço de radiotáxi, quanto de interesse coletivo, como o Serviço Móvel Celular (SMC) ou o Serviço Móvel Pessoal (SMP). O que lhes categoriza como serviços privados é o fato de não estar previsto para eles o regime jurídico público no Plano Geral de Outorgas, instituído pelo Decreto n° 2.534, de 2.4.98, editado com base no art. 18, II, c/c art. 84 da LGT.

Autorização de serviço de telecomunicações

Autorização, aqui, é o ato administrativo vinculado que faculta a exploração da modalidade de serviço, quando preenchidas as condições objetivas e subjetivas necessárias. Por ato administrativo vinculado entenda-se aquele que decorre de um poder que não é discricionário, mas vinculado à norma jurídica que lhe determina o modo de ser. É ato que não promana da liberdade de agir (nos limites da lei) própria da discricionariedade, mas da impossibilidade de outro comportamento por parte da Administração. Somente poderá haver autorização para exploração de serviço de telecomunicações, portanto, para os que forem prestados no regime jurídico privado, em conformidade com a lei. Nos casos restantes, que independem de autorização, o interessado apenas deverá comunicar à ANATEL o início de suas atividades (LGT, art. 132, §§ 2° e 3°).

Obtenção da autorização

A autorização somente se dará quando houver disponibilidade da radiofreqüência necessária, projeto técnico compatível, atendimento das condições subjetivas previstas. Se o serviço for de interesse coletivo, a interessada deverá estar constituída segundo as leis brasileiras, com sede e administração no País, não podendo estar proibida de licitar e contratar com o Poder Público, nem ter sido declarada inidônea ou punida com a decretação da caducidade de concessão, permissão ou autorização de serviço de telecomunicações, ou caducidade de direito de uso de radiofreqüência. Deverá dispor de qualificação técnica, capacidade econômico-financeira, regularidade fiscal e estar em situação regular com a Seguridade Social, além de não ser, na mesma região, localidade ou área, encarregada de prestar a mesma modalidade de serviço.

As autorizações estão limitadas exclusivamente à impossibilidade técnica e ao excesso prejudicial de competidores. Extinguem-se por *cassa-*

ção, quando retirada em virtude da perda das condições indispensáveis à sua expedição; por *caducidade*, quando retirada em virtude da prática de infrações graves, de sua transferência irregular ou do descumprimento reiterado de compromissos assumidos com a ANATEL; por *decaimento*, que vem a ser a perda do direito de exploração do serviço, decretada em ato administrativo, se normas legais supervenientes venham a vedar o tipo de atividade objeto da autorização, ou a suprimir a exploração, no regime privado, por efetiva incompatibilidade com o interesse público; por *renúncia*, quando o prestador manifestar o desinteresse pela autorização e, por último, por *anulação*, quando tornada inválida e ineficaz pelo reconhecimento da existência de vício insanável.

Disciplina da exploração no regime privado

A exploração de serviço no regime privado é baseada nos princípios constitucionais da atividade econômica, e sua disciplina busca viabilizar o cumprimento das leis relativas às telecomunicações, à ordem econômica e aos direitos do consumidor. Compreende uma atividade circunscrita à ordem constitucional definidora do modelo econômico-político-social adotado, especialmente às normas de prevenção e repressão às infrações contra a ordem econômica e a livre concorrência contidas na Lei nº 8.884, de 11.6.94, e as contidas no Código de Proteção e Defesa do Consumidor – Lei nº 8.078, de 11.9.90. A atuação do Conselho Administrativo de Defesa Econômica (CADE) tem especial importância na prestação de serviços de telecomunicações por ser a instância sancionadora para as infrações que configurem abusos do poder econômico ou prejudiquem a livre concorrência.

Prevê a Constituição, no art. 170, que a ordem econômica, fundada na valorização do trabalho humano e na livre iniciativa, a todos assegura o livre exercício de qualquer atividade econômica, independentemente de autorização de órgãos públicos, salvo nos casos previstos em lei. A exploração e prestação de serviços de telecomunicações no regime privado assim devem ser entendidas, realizando-se de modo a não prejudicar a livre iniciativa, a livre concorrência, nem dominar mercado relevante, nem aumentar lucros arbitrariamente, ou, de forma abusiva, exercer posição dominante.[86]

Ao impor condicionamentos administrativos ao direito de exploração/prestação das diversas modalidades de serviço, no regime privado, sejam limites, encargos ou sujeições, a lei prevê exigência de mínima intervenção na vida privada (Lei n 9.472/97, art. 128), porque os serviços de telecomunicações assim categorizados são explorados em regime de liberdade (CF, art. 174).

---

[86] Lei nº 8.884, de 11.6.94, art. 20, incisos I, II, III e IV.

9. As tarifas dos serviços de telecomunicações

Pela prestação dos serviços de telecomunicações, que são de fruição facultativa, as operadoras remuneram-se por preços e tarifas, cujo *quantum* deve observar o princípio da razoabilidade, de modo a não ser insuficiente ao ponto de comprometer a continuidade e a qualidade da prestação nem excessivo ao ponto de inviabilizar a fruição dos serviços. A prestadora pode cobrar tarifas inferiores às fixadas, desde que baseada em critério objetivo que favoreça, indistintamente, a todos os usuários, sendo admitidos descontos somente quando extensíveis a todos os que se enquadram nas condições para sua fruição, que devem ser precisas e isonômicas.

O preço dos serviços explorados no regime privado – SMP, por exemplo – é livre, reprimindo-se as práticas prejudiciais à competição e o abuso do poder econômico, nos termos da lei, cumprindo lembrar, por ora, o inciso X do art. 39 do Código de Proteção e Defesa do Consumidor (Lei nº 8.078, de 11.9.90), que proíbe elevar, sem justa causa, preço de produto ou serviços. Outrossim, prevê a regulamentação que as prestadoras devem dar ampla publicidade de suas tabelas de preços, para que usuários e interessados tenham conhecimento.

Cada modalidade de serviço possui uma *estrutura tarifária*, cujos itens ou elementos de composição são estabelecidos pela ANATEL. Tanto a fixação quanto o reajuste e a revisão das tarifas podem basear-se em valor que corresponda à média ponderada dos valores dos itens tarifários, sendo proibidos, em princípio, os subsídios entre modalidades de serviços e segmentos de usuários, os subsídios cruzados. O ganho econômico que não decorra diretamente da eficiência empresarial (diminuição de tributos, de encargos legais, novas regras sobre os serviços) deve ser repassado aos usuários.

Razoabilidade das tarifas

O regime de liberdade tarifária não legitima a prática de preços que não contemplem a realidade socioeconômica do País e a capacidade contributiva da população. Os valores não podem estar dissociados do exclusivamente indispensável ao custeio do serviço e à justa remuneração do capital investido. Seria irrazoável que se pudessem cobrar tarifas distanciadas dos seus pressupostos de existência. Por isso, os valores tarifários devem guardar conformidade com o fato que lhes justifica, correspondendo-lhes na proporção exata. Enquanto o imposto traduz captação de riqueza, simplesmente, para o tesouro público, a tarifa, que é preço público, há que corresponder aos custos que está a remunerar, e apenas isso, sendo despropositada e ilegítima a cobrança de valores que extrapolam esse critério. No caso do Serviço Telefônico Fixo Comutado, isso é válido tanto para as tarifas do Plano Básico de Serviço quanto para aquelas dos Planos Alternativos, embora os contratos de concessão digam ser de livre proposição da concessionária a estrutura de tarifas e os valores para os Planos Alternativos, que podem ter critérios de tarifação diferentes. Tanto os serviços básicos quanto os alternativos, de interesse coletivo, submetem-se, obrigatoriamente, ao princípio da razoabilidade, uma vez que a disciplina jurídica destes últimos pressupõe *cumprimento da função social do serviço de interesse coletivo, bem como dos encargos dela decorrentes* (Lei 9.472/97, art. 127, VIII).

As tarifas na telefonia fixa (STFC)

A tarifação do STFC é determinada por cálculos que levam em consideração o tempo de duração da chamada e a distância geodésica expressa em quilômetros entre as localidades envolvidas. Para tanto, foram concebidos *degraus tarifários*, que vêm a ser os intervalos de distâncias geodésicas entre as localidades centro de área de tarifação, para os quais são determinados níveis tarifários específicos (Degrau 1: até 50km; Degrau 2: superior a 50km e até 100km; Degrau 3: superior a 100km e até 300km; Degrau 4: superior a 300km). Para compreensão do sistema de tarifação de âmbito nacional, vejamos algumas definições. *Localidade* é o espaço geográfico do território nacional, habitado, independentemente de divisões político-geográficas e do respectivo nível de concentração popular, situado em determinada área de prestação do STFC; *Área local* é a área geográfica que circunscreve uma ou mais localidades com urbanização contínua, fixada em função de critérios técnicos, independente de divisão político-geográfica; *Área de Tarifação* é o conjunto de áreas locais, agrupadas para efeito de tarifação do STFC, em torno de um ponto geograficamente determinado (localidade considerada Centro de Área de Tarifação, por concentrar mais tráfego) em função do fluxo de tráfego e do código de numeração de telefonia. Somente é permitido à prestadora criar uma área de tarifação mediante o desdobramento ou a fusão de áreas de tarifação preexistentes. As áreas de tarifação possuem um código de identificação de três dígitos (051, 055, etc.) e, como vimos, englobam um conjunto de áreas locais. Na tarifação área-a-área, as tarifas são calculadas em função da distância geodésica entre os centros das áreas envolvidos, correspondendo a um determinado degrau tarifário. *Chamada intra-área* é aquela em que as localidades de origem e destino pertencem a uma mesma área de tarifação, correspondendo a outro determinado degrau tarifário. *Chamada interárea* é aquela em que as localidades de origem e destino estão situadas em áreas de tarifação distintas, de outro degrau tarifário. A cada degrau se atribui um valor específico, sendo o minuto a unidade de tempo de tarifação das chamadas intra e interáreas.

Área de Tarifa Básica (ATB), por sua vez, é a parte da Área Local delimitada pela operadora, de acordo com critérios estabelecidos pela ANATEL e por esta homologados, dentro da qual o serviço é prestado ao assinante, em contrapartida às tarifas ou preços do Plano de Serviço de sua escolha. (art. 3º, I).

Critérios tarifários envolvendo usuários do SMP[87]

Em regra, a operadora de origem da chamada é a proprietária da receita. Nas chamadas nacionais envolvendo STFC e SMP em mesma área de tarifação ou contida na área de registro do SMP, a propriedade da receita é da operadora de origem da chamada, que será a entidade devedora para fins de remuneração de rede. Se a chamada for a cobrar no destino, a proprietária da receita será a operadora de destino, a quem caberá cobrar o usuário. Nas demais chamadas envolvendo o SMP e STFC, a propriedade da receita é da operadora de longa distância que for selecionada pelo usuário de origem, sendo esta a entidade devedora para fins de remuneração de rede. Nas chamadas a cobrar, o usuário de destino é o responsável pelo pagamento da conta, nos valores da prestadora de STFC selecionada pelo usuário de origem. Segundo a Resolução 320/02, que fixa os critérios tarifários quando as ligações envolvem usuários do Serviço Móvel Pessoal, as operadoras de STFC podem cobrar valores de comunicação (VC) diferentes para essas chamadas quando envolverem usuários do SMP de prestadoras distintas, em razão da tarifa de uso de rede por elas cobrada (VU-M). Nessas chamadas telefônicas, os Planos Básicos do STFC somente poderão faturar chamadas com duração superior a 3 segundos. Quando se tratarem de chamadas a cobrar, somente as superiores a 6 segundos.

Revisão das tarifas

É possível a revisão das tarifas tanto em favor da concessionária (serviço em regime público) quanto dos usuários, segundo a regulamentação, diante de uma das seguintes situações específicas: I – modificação unilateral do contrato imposta pela ANATEL, que importe variação expressiva de

---
[87] Serviço Móvel Pessoal (sucedâneo do Serviço Móvel Celular – SMC)

custos ou de receitas, justificando-se a elevação ou redução das tarifas para evitar o enriquecimento imotivado; II – alteração na ordem tributária que implique alteração dos custos operacionais ou administrativos da concessionária, aumentando ou reduzindo sua lucratividade potencial; III – ocorrências supervenientes à assinatura do contrato de concessão decorrentes de *fato do príncipe* ou fato da Administração, que resultem, comprovadamente, em alteração dos custos da concessionária; IV – alteração legislativa de caráter específico que tenha impacto direto nas receitas da concessionária, de modo a afetar a continuidade ou a qualidade do serviço prestado; V – alteração legislativa que beneficie a concessionária, inclusive a que concede ou suprime isenção, redução, desconto ou qualquer outro privilégio tributário ou tarifário. Desejando a concessionária pleitear revisão ou reajuste de tarifas, deverá apresentar relatório técnico que demonstre o impacto da ocorrência na sua formação ou na estimativa de receitas.

10. Fundo de fiscalização das telecomunicações (FISTEL)

A concessão, permissão ou autorização para a exploração de serviços de telecomunicações e de uso de radiofreqüência, para qualquer serviço, dar-se-á, sempre, a título oneroso. O produto dessa arrecadação constituirá receita do Fundo de Fiscalização das Telecomunicações – FISTEL, que foi criado pela Lei nº 5.070, de 7 de junho de 1966, e agora, por força do art. 50 da Lei nº 9.472/97, passou à administração exclusiva da Agência Nacional de Telecomunicações – ANATEL.

O FISTEL foi criado como fundo de natureza contábil, destinado a prover recursos para cobrir as despesas feitas pelo Governo Federal na execução da fiscalização dos serviços de telecomunicações, desenvolver os meios e aperfeiçoar a técnica necessária a essa execução. Foi regulamentado, inicialmente, pelo Decreto nº 60.430, de 11.3.67, alterado pelo Decreto nº 92.202, de 24.12.85.

Fontes de receita

Conforme a Lei nº 5.070/66, o FISTEL é constituído das dotações consignadas no Orçamento Geral da União, créditos especiais, transferências e repasses que lhe forem conferidos; produto de operações de crédito e rendimentos de operações financeiras; pagamentos pela outorga, multas e indenizações; receitas pelo exercício da atividade ordenadora da exploração no regime privado (autorizações, multas e indenizações); outorga do direito de uso de radiofreqüências, suas multas e indenizações; taxas de fiscalização; recursos provenientes de convênios, acordos e contratos; doações, legados, subvenções; o produto dos emolumentos, preços ou multas; os valores apurados na venda ou locação de bens; quantias recebidas pela aprovação de laudos de ensaio de produtos e prestação de serviços técnicos por órgãos da Agência, e outras rendas eventuais.

Taxa de Fiscalização de Instalação e de Funcionamento

As taxas de fiscalização são a de *instalação* e a de *funcionamento*. *Taxa de Fiscalização de Instalação* é aquela devida pelas concessionárias, permissionárias e autorizadas de serviços de telecomunicações e de uso de radiofreqüências, no momento da emissão do certificado de licença para o funcionamento das estações. *Taxa de Fiscalização do Funcionamento* é aquela devida, anualmente, pela fiscalização do funcionamento das estações.

A Taxa de Fiscalização do Funcionamento será paga anualmente, até o dia 31 de março, e seus valores serão os correspondentes a 50% dos fixados para a Taxa de Fiscalização de Instalação.[88]

São isentos do pagamento das taxas do FISTEL, a ANATEL, as Forças Armadas, a Polícia Federal, as Polícias Militares, a Polícia Rodoviária Federal, as Polícias Civis e os Corpos de Bombeiros Militares. O não-pagamento da taxa de fiscalização do funcionamento, no prazo de sessenta dias após a notificação da Agência, implicará caducidade da concessão, permissão ou autorização, sem que caiba ao interessado direito a qualquer indenização, diz a lei.

---

[88] A Lei nº 9.691, de 22.7.98, alterou a tabela de valores da Taxa de Fiscalização de Instalação, por estação, objeto do Anexo III da Lei nº 9.472/97, bem como a data de vencimento da Taxa de Fiscalização de Funcionamento relativa ao exercício de 1998, determinando, em conseqüência da redução dos valores, a devolução aos contribuintes da diferença entre os valores pagos com base na tabela anterior e os contidos na lei.

11. Fundo de universalização (FUST)

A Lei nº 9.472/97, no art. 81, inciso II, previu a constituição de um fundo de custeio ao cumprimento das obrigações de universalização por parte das operadoras. Trata-se do Fundo de Universalização dos Serviços de Telecomunicações – FUST, criado pela Lei nº 9.998, de 17 de agosto de 2000, cuja disciplina de arrecadação e operacionalização de aplicação está contida nos Regulamentos aprovado pelas Resoluções da ANATEL nº 247, de 14.12.00, e nº 269, de 9.7.01.

Instituída com a finalidade de proporcionar recursos para custear o cumprimento das metas de universalização, naquela parte que não possa ser recuperada com a exploração eficiente do serviço, ou não seja de responsabilidade da concessionária, a contribuição para o FUST é devida por todas as prestadoras de serviços. Suas receitas são constituídas: pelas dotações designadas na lei orçamentária anual da União e seus créditos adicionais; por 50% das receitas do FISTEL (referentes às letras c, d, e, e j do art. 2º da Lei nº 5.070/66); pelo preço cobrado pela ANATEL pelas transferências de concessões, permissões, autorizações, ou de uso de radiofreqüência; pela contribuição das prestadoras de serviços de telecomunicações de 1% sobre a receita operacional bruta (preços e tarifas) decorrente da prestação dos serviços, nos regimes público e privado, excluindo-se da base de cálculo os valores do Imposto sobre Operações relativas à Circulação de Mercadorias e sobre Prestações de Serviços de Transporte Interestadual e Intermunicipal e de Comunicações (ICMS), o Programa de Integração Social (PIS) e a Contribuição para o Financiamento da Seguridade Social (COFINS); por doações, e outras que lhe vierem a ser destinadas.

Os recursos do FUST não podem ser destinados à cobertura de custos com universalização de serviços que, contratualmente, a própria operadora deva suportar, ou às que estiverem inadimplentes com as contribuições. Também não podem ser utilizados em pleitos de incentivos fiscais, financiamentos e outros fundos governamentais. Os planos de metas de universalização que queiram utilizar recursos do FUST deverão contemplar, dentre outros, os seguintes objetivos: I – atendimento a localidades com menos de cem habitantes; II – complementação de metas estabelecidas no

Plano Geral de Metas para as Universalizações voltadas para o atendimento de comunidades de baixo poder aquisitivo; III – implantação de acessos individuais para prestação do serviço telefônico, em condições favorecidas, a estabelecimentos de ensino, bibliotecas e instituições de saúde; IV – implantação de acessos para utilização de serviços de redes digitais de informação destinadas ao acesso público, inclusive da Internet, em condições favorecidas, a instituições de saúde; V – implantação de acessos para utilização de serviços de redes digitais de informação destinadas ao acesso público, inclusive da Internet, em condições favorecidas, a estabelecimentos de ensino e bibliotecas, incluindo os equipamentos terminais para operação pelos usuários; VI – redução das contas de serviços de telecomunicações de estabelecimentos de ensino e bibliotecas, referentes à utilização de serviços de redes digitais de informação destinadas ao acesso do público, inclusive da Internet, de forma a beneficiar, em percentuais maiores, os estabelecimentos freqüentados por população carente, de acordo com a regulamentação do Poder Executivo; VII – instalação de redes de alta velocidade destinadas ao intercâmbio de sinais e à implantação de serviços de teleconferência entre estabelecimentos de ensino e bibliotecas; VIII – atendimento a áreas remotas e de fronteira de interesse estratégico; IX – implantação de acessos individuais para órgãos de segurança pública; X – implantação de serviços de telecomunicações em unidades do serviço público, civis ou militares, situadas em pontos remotos do território nacional; XI – fornecimento de acessos individuais e equipamentos de interface a instituições de assistência a deficientes; XII – fornecimento de acessos individuais e equipamentos de interface a deficientes carentes; e XIII – implantação da telefonia rural.

As prestadoras de serviços devem encaminhar à ANATEL, mensalmente, prestação de contas referente ao valor da contribuição devida, com demonstração da receita operacional bruta obtida no mês civil de referência e a indicação dos valores incidentes relativos ao ICMS, ao PIS e à COFINS. A arrecadação da contribuição faz-se mediante boleto emitido pela ANATEL, para pagamento até o décimo dia do mês subseqüente ao em que houver sido auferida a receita operacional bruta, sob pena de multa de 2% e juros de 1% por mês de atraso. A inadimplência sujeita a operadora à inscrição no CADIN[89] e, do débito, na Dívida Ativa. Como à ANATEL cabe exercer a gestão do recolhimento da contribuição, as operadoras deverão manter à disposição da Agência, pelo prazo mínimo de 5 anos, todas as informações necessárias ao exercício dessa gestão, inclusive para a elaboração anual, pela Agência, da proposta orçamentária do FUST, que levará em conta as metas periódicas para a progressiva universalização dos serviços de telecomunicações.

---

[89] Cadastro Informativo de Créditos não-quitados do Setor Público Federal (CADIN).

12. Serviço Telefônico Fixo Comutado (STFC)

Conceito

Serviço Telefônico Fixo Comutado (STFC) é o serviço convencional de telefonia. Aquele prestado mediante instalações fixas. O Decreto nº 52.026, de 20.5.63, que aprovou o Regulamento Geral para execução da Lei nº 4.117, de 27.8.62, conceituava como Serviço Telefônico Público o serviço de telefonia comutado, destinado à intercomunicação de voz entre seus usuários. Com a Norma nº 05/79 – *Da Prestação do Serviço Telefônico Público* –, aprovada pela Portaria nº 663, de 18.7.79, do Ministério das Comunicações, o Serviço Telefônico Público foi definido como modalidade de serviço de telecomunicações destinada à intercomunicação, através da transmissão da voz ou, em certos casos, de outros sons, por processos de telefonia, abertos à correspondência pública e destinados à utilização do público em geral. A partir da Lei nº 9.472/97, passou a denominar-se *Serviço Telefônico Fixo Comutado* (STFC), definido como o serviço de telecomunicações que, por meio da transmissão da voz e de outros sinais, destina-se à comunicação entre pontos fixos determinados, utilizando processos de telefonia. Foi submetido a um disciplinamento jurídico deveras inovador, eis que passível de ser explorado e prestado não só no regime jurídico público, mediante concessão ou permissão, mas, também, no regime privado, sob autorização. Sobre esta hipótese a doutrina diverge, sendo de destacar criteriosa análise da professora Raquel Dias da Silveira, para quem os serviços de telefonia fixa, "ou serão prestados no regime público, quando forem objeto de concessão ou permissão, ou serão prestados no regime parcialmente público, quando objeto de autorização." O regime de direito privado aplicado à telefonia fixa, na opinião da mestre em Direito Administrativo pela UFMG seria derrogado, "ora mais, ora menos, por normas de Direito Público", sendo um exemplo a imposição de metas de qualidade às autorizatárias, para cujo descumprimento é admitida a caducidade da autorização.[90]

---
[90] *Regime Jurídico dos Serviços de Telefonia Fixa*, Belo Horizonte, Fórum, 2003, p. 123/124.

O STFC tem a sua disciplina no respectivo Regulamento, aprovado pela ANATEL através da Resolução n° 85, de 30.12.98, estando submetido ao Plano Geral de Outorgas (Decreto n° 2.534, de 2.4.98); Plano Geral de Metas de Universalização (Decreto n° 2.592, de 15.5.98); Plano Geral de Metas de Qualidade (Resolução n° 30, de 29.6.98); Regulamento dos Serviços de Telecomunicações (Resolução n° 73, de 25.11.98), e ao Regulamento de Numeração (Resolução n° 83, de 30.12.98). Importante ressaltar, desde já, que em telefonia, o que se tem é a comunicação à distância pela voz, "voz viva", como refere o direito argentino ao definir o seu serviço telefônico básico.[91]

Breve histórico da telefonia no Brasil

Consta que a instalação do primeiro telefone no Brasil ocorreu em 1877, por ordem de D. Pedro II, posicionando-nos como um dos primeiros países do mundo a contar com o serviço, vinte anos após a inauguração no País da primeira linha de telégrafo elétrico. O Imperador "se maravilhara com a exibição da nova descoberta" – escreve Gaspar Vianna[92] – ao participar de exposição realizada em 1876, na Filadélfia, Estados Unidos da América, e assim que retornou ao Brasil ordenou que a firma *Western and Brazilian Telegraph Company* instalasse linhas telefônicas no palácio da Quinta da Boa Vista.

A primeira concessão de serviço telefônico

Em 6 de setembro de 1879, o Imperador D. Pedro II assinou aquele que foi "o primeiro ato jurídico relacionado com a telefonia", concedendo a Frederico Allen Gower "o privilégio, por dez anos, de introduzir no Império o *telephonocronometro* por ele inventado." Em seguida, com o Decreto n° 7.539, de 15.11.1879, surgiu a primeira concessão para que um particular (Charles Paul Mackie) explorasse linhas telefônicas nas cidades do Rio de Janeiro e Niterói, mediante emprego de cabo submarino. Segundo o decreto, cada usuário poderia dispor de quantos aparelhos quisesse, que lhes seriam fornecidos gratuitamente, cabendo ao *concessionário* cobrar uma taxa mensal ou anual, conforme a tarifa que o Governo Imperial viesse a fixar. Logo esse particular constituiu, em Nova Iorque, em 13 de outubro de 1880, a *Telephone Company of Brazil*, vindo a postular concessão para prestar serviços na Corte, o que obteve com o Decreto n° 8.065, de 17.4.1891, que lhe autorizou "construir e fazer trabalhar linhas telephonicas na cidade do Rio de Janeiro e seus suburbios e na cidade de Nictheroy, no Imperio do Brazil, que serão postas em communicação com a dita capital

---

[91] Decreto 62/90 – p. 8.1, Anexo I.
[92] Gaspar Vianna, in *Direito de Telecomunicações*. Rio de Janeiro, Editora Rio, 1976, p. 106.

por um cabo submarino..." Parece ter sido esta a primeira empresa a explorar comercialmente, entre nós, o serviço de telefonia. À época (1881), parecer do Conselho de Estado aprovado por Sua Majestade o Imperador, estabeleceu: "...achando-se as linhas telefônicas em iguais condições às linhas telegráficas, pertencem, como estas, ao domínio exclusivo do Estado, e cabe, portanto, ao Governo o direito de as conceder, ainda que para uso particular das localidades".[93]

Ao tempo do Império, os serviços de telefonia eram explorados pela iniciativa privada, predominantemente. Foi em 11 de março de 1882 que se fixaram as bases para a "concessão de linhas telefônicas", através do Decreto n° 8.452-A, pelo qual o Governo Imperial estabeleceu condições uniformizadoras para a prestação do serviço, através de concessionários, cuja exploração veio a ser efetivamente disciplinada em 21.4.1883, com o Decreto 8.935, que aprovou o "Regulamento para a concessão e colocação de linhas telefônicas".

Sob as Constituições de 1891, 1934 e 1946, os serviços de telefonia foram explorados pela União, Estados e Municípios, diretamente ou mediante concessão. Diversamente do que ocorrera durante o Império, em que a outorga para instalação de linhas telefônicas era centralizada, com o advento da nossa primeira Constituição republicana foi reconhecido aos Estados o direito de estabelecerem linhas telegráficas. Com a Carta de 1946, os serviços interestaduais e nacionais passaram à competência da União, sendo aqueles por ela não abrangidos passíveis de exploração pelos Municípios e particulares. Nessa época, falava-se em "comunicação por eletricidade", o que dizia respeito tanto à telegrafia quanto à telefonia.[94] Em 1962 foi promulgada a Lei n° 4.117, de 27 de agosto, que instituiu o Código Brasileiro de Telecomunicações, ainda vigente, em parte, e autorizou a criação da EMBRATEL.

A federalização dos serviços

A Constituição de 1967 foi que qualificou como serviço público federal, em todas as suas modalidades e alcances, os serviços de telecomunicações (art. 8°, XV, *a*), atribuindo à competência privativa da União a sua exploração, diretamente ou mediante concessão, regime que a Emenda Constitucional n° 1, de 1969, manteve. Em virtude disso, à época, passaram à órbita da União cerca de 900 empresas privadas e entidades estatais que exploravam serviços de telecomunicações, criando-se, em 1967, com o Decreto-Lei n° 200, de 25.2.67, o Ministério das Comunicações. Em 1972 foi criada a TELEBRÁS,[95] com a finalidade de promover, através de subsidiá-

---
[93] Diário Oficial da União de 11 de maio de 1881.
[94] Mario Bernardo Sesta, in Parecer PGE n° 8.448, de 20.8.90.
[95] Lei n° 5.792, de 11.7.72.

rias e associadas, "a exploração de serviços públicos de telecomunicações no Brasil e no Exterior".

A Constituição vigente, no art. 21 – com as alterações trazidas pela EC n° 8, de 15.8.95 – mantém, na órbita da União, a competência para explorar, diretamente ou mediante autorização, concessão ou permissão, os serviços de telecomunicações, nos termos da lei, *que disporá sobre a organização dos serviços, a criação de um órgão regulador e outros aspectos institucionais* (XI), bem como, no art. 22, competência privativa para legislar sobre águas, energia, informática, *telecomunicações e radiodifusão* (IV) e *serviço postal* (V).

Formas de provimento do STFC

O Serviço Telefônico Fixo Comutado é provido de duas formas: em instalações de uso público, a qualquer pessoa, e em instalações de uso privativo, a pessoa determinada, individualizada ou compartilhadamente. As concessionárias do STFC na modalidade Local devem manter telefones de uso público (TUP), permanentes ou temporários, em perfeitas condições de operação, admitindo o cartão indutivo como uma das formas de cobrança. Esses telefones públicos devem garantir acesso gratuito aos serviços de informações de listas telefônicas e a serviços públicos de emergência.[96] A prestação em instalações de uso privativo faz-se mediante contrato padrão de adesão, cabendo ao assinante a responsabilidade pela instalação e funcionamento adequado da Rede Interna,[97] da qual farão parte os equipamentos terminais, inclusive as centrais privadas de comutação telefônica (CPCT).

A fruição do STFC também pode dar-se por meio de *acesso fixo sem fio*, quando a operadora adotar o sistema, o que ocorre quando o serviço é acessado por meio de terminal do tipo portátil, que é fornecido em comodato ao assinante. Os terminais portáteis não permitem conexão com outros equipamentos terminais e possuem sua mobilidade restrita à área geográfica correspondente ao imóvel indicado pelo assinante como ponto fixo para prestação do serviço.

Áreas de prestação e características do serviço

O STFC é prestado em uma determinada área geográfica, tanto na modalidade de serviço *local* quanto na de serviço de *longa distância nacional* e *longa distância internacional*. Modalidade local é a destinada à comunicação entre pontos fixos determinados, situados em uma mesma Área

---

[96] Resolução n° 85, de 30.12.98 – ANATEL.
[97] Segmento da rede de telecomunicações que se inicia nas dependências do imóvel indicado pelo assinante parta a disponibilidade do STFC, e se estende até o ponto de terminação da rede, exclusive.

Local.[98] Longa Distância Nacional é a modalidade destinada à comunicação entre pontos fixos determinados, situados em áreas locais distintas, no território nacional. Longa Distância Internacional, por sua vez, é a modalidade destinada à comunicação entre um ponto fixo situado no território nacional, e outro no exterior. A delimitação da área local faz-se independentemente da divisão político-geográfica, obedecendo ao critério que leva em consideração o interesse econômico, a continuidade urbana, a engenharia das Redes de Telecomunicações e as localidades envolvidas. As operadoras podem propor revisão da configuração dessas Áreas Locais, contanto que a proposta se fundamente no mesmo critério.

Dentro da Área Local, há uma parte em que a operadora é obrigada a prestar o serviço, sob condições gerais comuns, denominada *Área de Tarifa Básica* (ATB).[99] *A Área de Tarifa Básica deve conter, pelo menos, 95% da demanda prevista para a respectiva Área Local, considerando-se os assinantes existentes, e a previsão, com base em estudos mercadológicos, do número de prováveis assinantes que nela surgirão.*[100] Na parte restante da área de atuação da operadora não compreendida na Área de Tarifa Básica, a prestação do serviço se fará mediante condições especiais, ajustadas entre o interessado e a Prestadora. É o caso daquela área periférica onde não há rede telefônica pública, mas o serviço pode ser prestado desde que o interessado forneça meios adicionais necessários, dispondo a regulamentação que os assinantes localizados a até 100 metros dos limites da Área de Tarifa Básica devem ser atendidos, como se nela estivessem incluídos. *Usuário* é qualquer pessoa que utiliza o STFC, independentemente de contrato de prestação de serviço ou inscrição junto à Prestadora, enquanto *Assinante* é a que firma contrato com a Prestadora para fruição do serviço em instalações de uso individualizado.

O STFC é prestado por meio de redes que, por razões técnicas, possuem pontos de terminação, chamados de *Pontos de Terminação de Rede* (PTR), que consiste naquele ponto de conexão física da rede externa[101] com a rede interna, que permite o acesso individualizado ao serviço. A rede externa se estende do PTR, inclusive, ao Distribuidor Geral[102] de uma Estação Telefônica. O limite da rede externa é o PTR, que lhe pertence. Já a

---

[98] *Área Local* é a área geográfica contínua de prestação de serviços, definida pela ANATEL, segundo critérios técnicos e econômicos, onde o STFC é prestado na modalidade local.

[99] A ATB é a parte da Área Local, delimitada pela Concessionária, de acordo com os critérios estabelecidos pela Agência, e por esta homologada, dentro da qual o serviço é prestado ao assinante em contrapartida a tarifas ou preços do Plano de Serviço de sua escolha.

[100] Resolução nº 85, art. 43, § 1º, I e II.

[101] *Rede Externa*, por sua vez, é a parte das redes e sistemas públicos de telecomunicações, externos às dependências do imóvel indicado pelo assinante, que liga cada Ponto de Terminação de Rede a uma estação de STFC.

[102] Distribuidor Geral – DG: é o distribuidor ao qual se ligam as linhas externas à Estação Telefônica e às Centrais de Comutação.

Rede Interna do Assinante é aquele segmento que se inicia no seu imóvel e vai até o PTR. Quando o imóvel indicado corresponder à edificação em condomínio, o PTR será aquele a partir do qual se dá acesso às unidades autônomas ou às edificações do mesmo condomínio, respectivamente.

Regime jurídico da prestação

O STFC, quanto à abrangência, é classificado como serviço de interesse coletivo, destinado ao uso do público em geral, e pode ser prestado em regime público, sob concessão ou permissão, ou no regime privado (talvez fosse melhor dizer *parcialmente público*), mediante autorização. Para tanto, as prestadoras têm direito à implantação, expansão e operação dos troncos, redes e centrais de comutação necessários à sua execução, bem como à exploração industrial dos meios de telecomunicações a eles vinculados. É prestado a qualquer pessoa (natural ou jurídica), em instalações de uso coletivo, a grupo de pessoas de forma compartilhada, e a pessoa determinada, em caráter individualizado, em instalações de uso privativo. As instalações em hotéis, hospitais, escolas e demais estabelecimentos de ocupação coletiva podem ter uso facultado à respectiva coletividade. A prestadora é obrigada a assegurar a *continuidade* do serviço e a prestá-lo conforme índices de *confiabilidade, qualidade, eficiência* e *cortesia*. Segundo o Regulamento, as prestadoras, no regime público e/ou privado são obrigadas a cumprir, por sua conta e risco, as metas previstas no Plano Geral de Metas de Qualidade, podendo virem a ser punidas pelo descumprimento das mesmas.

É prerrogativa da ANATEL declarar extinta a concessão, permissão ou autorização, aplicar sanções à prestadora, deliberar previamente sobre Planos Alternativos de serviço praticados em regime público, coibir preços abusivos e condutas anticompetitivas, dentre outras. A utilização do serviço implica a adesão do usuário às disposições que regulam a sua prestação. Quanto ao assinante, uma vez contratado o serviço, não pode pretender modificar as condições de sua prestação.

Instalação e manutenção dos equipamentos

É obrigação da prestadora a instalação e manutenção da rede externa e de todos os equipamentos e materiais necessários à operação do STFC. A ela cabe prover PTR, que deve ser localizado na zona lindeira do imóvel indicado pelo assinante. Os equipamentos terminais (telefones, CPCT) devem ser adquiridos e instalados pelo assinante, que responde pelo uso indevido das instalações, sendo-lhe proibido empregar procedimentos que prejudiquem a expedição e o recebimento de chamadas. Os equipamentos devem obedecer às normas técnicas em vigor, ser compatíveis com as tecnologias empregadas no STFC e obrigatoriamente certificados pela ANATEL. A operadora poderá interromper a prestação do serviço diante da possibilidade das instalações do assinante causarem danos à rede externa.

Acesso gratuito para chamadas de emergência e centrais de atendimento dos usuários

O Regulamento do STFC determina às prestadoras concederem gratuidade para chamadas destinadas a serviços públicos de emergência, definidos na regulamentação específica (policiamento, bombeiros, remoção de doentes, resgate a vítimas de sinistros, defesa civil), cujos códigos de acesso devem ser uniformes em todo o País. Outra obrigação é a de tornar disponível, durante o prazo da prestação do serviço, central de informações e de atendimento ao usuário (*Call Center*), capacitada para receber e processar solicitações, queixas e reclamações, conforme previsto no Plano Geral de Metas de Qualidade.

O STFC em regiões fronteiriças

A prestação do STFC entre localidades situadas em regiões fronteiriças ou limítrofes observa condições especiais. *Regiões fronteiriças*, para fins regulamentares, são aquelas compreendidas entre localidades situadas no Brasil e em países que com ele fazem fronteira, distantes entre si até 50 km, em distância geodésica, e definidas como tais em acordos firmados entre as respectivas prestadoras de serviço. *Regiões Limítrofes* são aquelas compreendidas entre localidades pertencentes a regiões distintas, conforme definição do Plano Geral de Outorgas, distantes entre si até 50 quilômetros, em distância geodésica, e definidas em acordo firmado entre as concessionárias nessas regiões. No que diz respeito às Regiões Fronteiriças, os acordos operacionais deverão harmonizar-se com as regulamentações específicas de cada país, inclusive para o estabelecimento de critérios diferenciados de tarifação, se for o caso. Por existirem nessas áreas organismos governamentais de fronteira (imigração, aduana, segurança fronteiriça, etc.) que têm necessidade permanente de comunicação, acordo específico regula a interligação desses órgãos, respeitadas as características próprias de cada país.

O Contrato de Prestação de Serviço

Contrato de Prestação de Serviço Telefônico Fixo Comutado – *Contrato de Assinatura* – é o contrato padrão de adesão, celebrado entre a prestadora de STFC e pessoa física ou jurídica, que tem por objeto tornar disponível o serviço, em endereço indicado pelo assinante, mediante o pagamento de tarifas ou preços.[103] Difere do Contrato de Prestação de Serviço

Temporário, como o nome indica, pela eventualidade deste, cujo prazo de prestação é de 120 dias, no máximo, contados do início da utilização. O contrato de prestação de STFC é contrato de adesão, em que uma das partes não possui liberdade de discutir os seus termos, mas aceitar ou recusar, apenas, as condições em que é proposto, o que permite que uma eventual dubiedade em suas cláusulas seja interpretada em favor da parte que adere. Na comercialização do serviço telefônico, a publicidade (modalidades, descontos, vantagens técnicas, etc.) caracteriza fase pré-contratual que gera direitos ao consumidor, por estar submetida ao *princípio da transparência* e ao *princípio da boa-fé objetiva*, conformadora dos padrões de conduta socialmente determinados e reconhecidos.[104] O *contrato de assinatura* sujeita-se à Lei n° 8.078, de 11.9.90 (Código de Proteção e Defesa do Consumidor). Somente poderá conter cláusula resolutória com alternativa de escolha ao consumidor do serviço. É contrato bilateral, comutativo, de execução continuada, dele devendo constar a reprodução do Regulamento do Serviço Telefônico Fixo Comutado.[105] Celebrado por prazo indeterminado, pode o assinante denunciá-lo imotivadamente, a qualquer tempo. A prestadora, contudo, só o rescinde nas hipóteses regulamentares.

Os contratos de prestação de STFC nas modalidades Longa Distância Nacional e Longa Distância Internacional serão considerados celebrados com a respectiva prestadora, por adesão, quando da habilitação do assinante junto à Prestadora de STFC na modalidade Local. Portanto, para longa distância nacional e internacional, a contratação é automática e decorrente.[106]

Classe de assinatura

Classe de assinatura é a classificação em razão da destinação do serviço, conforme previsto na regulamentação. Presentemente, as assinaturas classificam-se em *Residencial – R*, quando correspondente a instalações de uso estritamente doméstico; *Não-Residencial – NR*, quando correspondente à instalação de uso não estritamente doméstico (como um telefone instalado na residência de uma costureira, que dele se utilize também para as tratativas de seu atelier) e *Tronco-T*, quando correspondente a instalações para

---

[103] Resolução n° 85/98, art. 48.

[104] Renata Mandelbaum: "Para buscar-se e estabelecer-se com efetividade o equilíbrio contratual, inseriu-se nos ordenamentos os princípios da boa-fé e da justiça contratual. Ao falarmos no princípio geral da boa-fé, mister se faz precisar o termo, estamos nos reportando à boa-fé objetiva, a que relaciona-se às regras de conduta e não à boa-fé subjetiva embasada na crença do indivíduo", in *Contratos de Adesão e Contratos de Consumo*, São Paulo, RT, 1996, p. 244.

[105] O Conselho Diretor da ANATEL aprovou, pelo Ato n° 2.372, de 9.2.99, o Extrato do Regulamento do STFC, determinando que as prestadoras o divulguem, obrigatoriamente, na Lista Telefônica Obrigatória e Gratuita (D.O.U. de 11.2.99, p. 41).

[106] Resolução n° 85/98, art. 48, § 4°.

utilização em centrais privadas de comutação telefônica CPCT. Dependendo de disponibilidades técnicas e atendidas as disposições regulamentares, é possível a alteração de classe.

Mudança de endereço das instalações

Após a ativação do terminal, o assinante pode solicitar a mudança do endereço da instalação, dentro da mesma localidade, condicionada ao pagamento de tarifa ou preço devido, se existente. Se o terminal contar com a facilidade da *Portabilidade do Código de Acesso*, que consiste na possibilidade de conservá-lo quando da mudança de endereço ou de prestadora, o assinante manterá o número do seu telefone, o que também deverá ocorrer se o novo endereço puder ser atendido pela mesma central de comutação (Resolução 85/98, art.81). A portabilidade do código de acesso traduz uma facilidade que exige reserva de números e complexos condicionamentos técnicos a onerarem a sua disponibilidade, daí estarem as operadoras autorizadas a cobrar pelo direito à portabilidade. Embora prevista, todavia, a portabilidade ainda não se acha regulamentada de modo a tornar-se exigível.

Segundo o Plano Geral de Metas de Qualidade para o STFC (Resolução nº 30, de 29.6.98), o atendimento às solicitações de mudança de endereço de usuários residenciais deve dar-se em 3 dias úteis, contados de sua solicitação, em 97% após 31.12.2003 e em 98% após 31.12.2005. Em nenhum caso, entretanto, o atendimento deverá se dar em mais de 10 dias úteis, contados da solicitação. As solicitações de usuários não-residenciais deverão ser atendidas em 24 horas, contadas da solicitação, nos mesmos percentuais e data-limite mencionados. Em nenhum caso essas solicitações deverão ser atendidas em mais de 72 horas.

O código de acesso e sua substituição

O número da linha telefônica (código de acesso) expressa a sua identificação na prestação do serviço. Constitui um bem público, administrado pela ANATEL. Para alterá-lo, a prestadora deve dar ampla e prévia publicidade a todos os usuários, através do *serviço de auxílio à lista* (que se obtém discando para o 102) ou de adendo à Lista Telefônica Obrigatória e Gratuita, devendo, ainda, permitir o sistema de interceptação de chamadas, imediatamente após a execução da sua alteração, pelo prazo mínimo de 60 dias para usuários residenciais, 90 dias para usuários não-residenciais e 120 dias para usuários de serviços de utilidade pública.[107] O Código de Acesso somente poderá ser alterado pela prestadora uma vez a cada três anos, salvo casos excepcionais devidamente justificados perante a ANATEL. Como se

---

[107] Resolução nº 30/98, art. 27 – Plano Geral de Metas de Qualidade para o STFC.

trata de um número que também serve para indicar atividades e negócios de seus titulares, com anúncios publicitários específicos, a mudança unilateral, pela prestadora exige comprovados motivos de ordem técnico-operacional, prevendo a Resolução nº 30/98 que, em caso de alteração, o novo código de acesso que caberá ao usuário deverá ser de seu pleno conhecimento pelo menos 90 dias antes da alteração.

Habilitação do serviço

A tomada de assinatura do STFC está condicionada ao pagamento de uma tarifa ou preço de Habilitação, que consiste no valor pago pelo assinante, no início da prestação do serviço, possibilitando a fruição imediata e plena do mesmo, em instalação de uso privativo. Esse valor, que pode ser diferenciado tanto por localidade quanto por classe de assinatura, somente poderá ser exigido quando se der a conexão das instalações do assinante à rede externa, através do respectivo PTR. Em nenhuma outra circunstância, uma vez que diz respeito à real disponibilização do serviço.

Plano básico e plano alternativo de serviço

Para a prestação de seus serviços, as operadoras elaboram planos de serviço específicos, segundo a disciplina estabelecida nos Regulamentos. Plano de Serviço é o conjunto de regras que disciplinam a prestação do serviço telefônico. Plano Básico é aquele homologado pela ANATEL, de oferta obrigatória e não-discriminatória a todos os interessados, cujos valores são estabelecidos nos contratos ou termos de concessão, permissão ou autorização. A estrutura de tarifas do Plano Básico do STFC, em regime público, é definida em norma regulamentar específica. Plano Alternativo é aquele opcional ao Plano Básico, que prevê serviços diferenciados do básico, cujos valores e estrutura são elaborados pela operadora em função de características técnicas ou de custos específicos, provenientes do atendimento aos distintos segmentos de usuários.

O Plano Básico de Serviço deve compreender, no mínimo, a contratação de assinaturas; a habilitação de terminais de uso residencial e não-residencial; a habilitação de troncos para utilização em CPCTs; o acesso contínuo e bidirecional à comunicação local, de longa distância nacional e de longa distância internacional; o acesso contínuo a central de informações; o acesso contínuo a central de processamento de solicitações ou reclamações; o acesso contínuo e bidirecional gratuito para chamadas de emergência e outros de utilidade pública; o recebimento anual e gratuito de lista telefônica. Para a oferta de planos alternativos deve ser assegurada aos usuários a sua opção por plano, com acesso não-discriminatório e mediante ampla informação sobre os mesmos, em especial suas respectivas tarifas.

Os planos de serviço só podem ser comercializados depois de decorridos dois dias da publicidade do seu lançamento. Seus valores podem ser reajustados em prazos não inferiores a 12 meses, com base na variação do Índice Geral de Preços da Disponibilidade Interna (IGP-DI), ou outro índice que venha a substituí-lo. É proibida – prática abusiva – a oferta do STFC condicionada ao consumo casado de outro serviço, bem como induzir ao consumo de facilidades ou oferecer vantagens em virtude da fruição de serviços adicionais.

Cobrança dos serviços e contestação de débitos

O Plano Básico de Serviço Local, de oferta obrigatória, que será único para toda a área geográfica de prestação do STFC, contém os valores máximos para cada item da estrutura tarifária definida para a prestação do serviço. Esses valores são cobrados na data da apuração do faturamento ou no ato da prestação do serviço, quando em telefones públicos (fichas, cartões magnéticos). O serviço prestado em instalações particulares é cobrado mediante conta, emitida periodicamente, que deverá corresponder a serviços efetivamente prestados. Os documentos de cobrança devem ser apresentados ao assinante, por código de acesso, com periodicidade mínima de 30 dias, entregues com o mínimo de 5 dias de antecedência ao seu vencimento (art. 53), por meio que garanta a sua confidencialidade. A conta deve corresponder a 30 dias de prestação do serviço (as partes podem acordar emissão de conta com periodicidade superior), devendo discriminar, detalhada e explicativamente, todo e qualquer registro relacionado à prestação do serviço, no período (art. 54), tais como o código de acesso; o valor da assinatura mensal; o plano de serviço de opção do assinante; a quantidade de pulsos registrados no período e o seu valor correspondente, para chamadas multimedidas; quantidade e valor das chamadas para serviços especiais tarifados; o número de destino, data, hora, valor e duração das chamadas de longa distância nacional e internacional, por prestadora, no caso de faturamento conjunto dessas modalidades; o valor e o tempo correspondente relativos aos itens VC-1, e o número de destino, data, hora e valor e duração dos itens VC-2 e VC-3, para chamadas destinadas ao serviço móvel, por provedor deste serviço; quantidade e valor devidos por serviço de valor adicionado, discriminando-os por serviço ou provedor; quantidade e valor das facilidades e comodidades opcionais utilizadas, discriminando-as; quantidade e valor de serviços eventuais; descontos concedidos; os impostos e contribuições incidentes; eventuais encargos incidentes sobre o débito.

Também podem ser cobrados na conta telefônica aqueles serviços adicionais[108] que o assinante tenha contratado. A prestadora de STFC, na modalidade Local, é obrigada a faturar, separadamente, os serviços executados por prestadoras de Longa Distância Nacional e Longa Distância Internacional, e os serviços que não sejam STFC. Havendo acordo de cobrança conjunta, esses valores podem vir na conta emitida pela operadora local, mas, faturados separadamente, de modo a permitir ao assinante o pagamento individualizado de cada serviço e prestadora. Com isso, havendo inadimplência do assinante com relação ao valor referente ao serviço de longa distância internacional, de outra operadora, somente deverá haver suspensão do serviço por falta de pagamento na modalidade de serviço e prestadora correspondentes à inadimplência. Por isso, os documentos de cobrança devem ser confeccionados de forma a permitir o pagamento separadamente. A conta do STFC local e longa distância nacional deve ser apresentada ao assinante no prazo máximo de 90 dias, e as de longa distância internacional, no prazo máximo de 150 dias, contados da efetiva prestação do serviço. Conta apresentada fora desses prazos só poderá ser cobrada mediante negociação entre a prestadora e o assinante-consumidor (Resolução 85/98, art. 61, parágrafo único), o que, por conseqüência, veda a aplicação automática da suspensão do serviço.

Contestação de débitos
O assinante tem o direito de questionar os débitos lançados na conta, não se obrigando ao pagamento dos valores que considere indevidos, salvo depois que a prestadora comprovar a prestação dos serviços objeto do questionamento.[109] Essa contestação de débitos, que diz respeito a contas pagas, deverá ser feita dentro do prazo de até 120 dias, pelo próprio assinante ou por seu representante legal, por escrito ou verbalmente ou por qualquer meio de comunicação à distância. A contestação deve ser processada, numerada, e informado o assinante para acompanhar o encaminhamento da solução. Outra oportunidade de contestação de débito é quando da notificação da prestadora sobre a possibilidade de suspensão parcial do serviço, por inadimplência. Recebida a notificação, o assinante terá 5 dias úteis para contestar o valor objeto da inadimplência.[110]

Os valores cobrados indevidamente deverão ser devolvidos em até 30 dias após a contestação, preferencialmente em documento de cobrança de

---

[108] Serviços adicionais são serviços de opção do assinante, tais como *Atendimento Simultâneo*, que permite o atendimento a duas ligações, simultaneamente, com alternância entre uma e outra; *Siga-me*, que possibilita transferir as chamadas destinadas a um telefone, para outro, indicado pelo assinante; *Consulta/Conferência*, que permite, durante uma ligação, consultar outra pessoa, mantendo-a conversação entre três pessoas.
[109] Resolução ANATEL n° 85/98, art. 62.
[110] Resolução ANATEL n° 85/98, art. 67, § 4°.

prestação de serviços (art. 65), acrescidos dos mesmos encargos aplicados aos valores pagos em atraso.

Direitos e deveres dos usuários

São direitos dos usuários[111] a fruição do STFC com padrões de qualidade, regularidade, pontualidade e eficiência; o acesso ao serviço, em suas várias modalidades, em qualquer parte do território nacional; a liberdade de escolha de sua prestadora de serviço; o tratamento não-discriminatório quanto às condições de acesso e fruição do serviço; a obtenção de informações adequadas quanto às condições de prestação do serviço; a inviolabilidade e o segredo da sua comunicação, respeitadas as exceções legais; o conhecimento prévio das alterações nas condições de prestação do serviço; a suspensão ou interrupção do serviço, quando solicitar; a não-suspensão do serviço sem sua solicitação, ressalvada a hipótese de débito ou por descumprimento de deveres legais; ao prévio conhecimento das condições de suspensão do serviço; obter, gratuitamente, mediante solicitação, a não-divulgação do seu código de acesso em Relação de Assinantes ou para o terminal chamado; a substituição do código de acesso; ter restabelecida, conforme o Plano Geral de Metas de Qualidade, a integridade dos direitos relativos à prestação dos serviços, a partir da purgação da mora, ou de acordo celebrado com a prestadora, com a imediata exclusão de informação de inadimplência sobre ele anotada; não ser obrigado ou induzido a consumir serviços ou a adquirir bens ou equipamentos que não sejam de seu interesse, bem como não ser compelido a se submeter a condição para recebimento do serviço, nos termos da regulamentação; ter bloqueado, temporária ou permanentemente, parcial ou totalmente, o acesso a comodidades ou utilidades oferecidas, bem como aos serviços de valor adicionado; a interceptação, pela prestadora do STFC na modalidade Local, sem ônus, das chamadas dirigidas ao antigo código de acesso, e a informação de seu novo código, quando da alteração por prestadoras, observados os prazos previstos no Plano Geral de Metas de Qualidade (60 dias para usuários residenciais, 90 dias para usuários não-residenciais, 120 dias para usuários de serviços de utilidade pública).

Em contrapartida, os usuários devem utilizar adequadamente os serviços, equipamentos e redes, preservar os bens afetados, pagar pela fruição, providenciar local adequado à correta instalação e funcionamento dos equipamentos da prestadora, somente conectando à rede externa terminais que obedeçam aos padrões e características técnicas estabelecidas em regulamento (certificados pela ANATEL).

---
[111] Resolução ANATEL nº 85/98, art. 12.

Direitos e deveres da prestadora

A regulamentação do STFC assegura à prestadora o direito de explorar o serviço sob uma estratégia empresarial com definição própria para os respectivos investimentos. Tem ela o direito de solicitar a instauração de arbitragem; de suspender a prestação do serviço para o usuário inadimplente; de interconectar seu serviço ou sistemas às redes de outras prestadoras; de obter, de outras prestadoras, informações de seu interesse, inclusive quanto às questões de faturamento, ressalvado o direito à confidencialidade, nos termos do art. 64 do Decreto n° 2.338, de 7.10.97; de solicitar revisão de tarifas. Sem prejuízo de outros, são deveres das operadoras prestar o serviço com absoluta observância da regulamentação editada pela ANATEL; implantar todos os equipamentos e instalações necessárias à prestação, continuidade, modernização, ampliação e universalização (quando for o caso) do serviço; manter os terminais de uso público, permanentes ou temporários, em perfeitas condições de operação e funcionamento; submeter à aprovação da ANATEL sua minuta-padrão de contrato de prestação de serviços, e suas alterações e aditamentos; no caso de prestação de outros serviços, manter registros contábeis separados por serviço, tendo em dia o inventário dos bens e componentes do ativo imobilizado reversível; submeter à aprovação prévia da ANATEL os acordos operacionais ou contratos de prestação de serviços, de associação ou de parceria, que pretenda firmar com entidades estrangeiras; divulgar, diretamente ou através de terceiros, o código de acesso de seus assinantes e dos demais assinantes de prestadoras do STFC, em regime público e privado, na área em que executa o serviço, com exclusão daqueles que requereram, expressamente, a omissão dos seus dados pessoais; fornecer, em prazo e a preços razoáveis e de forma não discriminatória, a relação de seus assinantes, a quem quiser divulgá-la (será gratuito o fornecimento da listagem da prestadora em regime privado, à concessionária ou permissionária do STFC local); respeitar, rigorosamente, o dever de sigilo e confidencialidade das telecomunicações, observadas as prescrições legais e contratuais; submeter à prévia aprovação da ANATEL a cisão, fusão, transformação, incorporação, bem como a transferência de controle ou alteração no capital social; dar ampla divulgação dos seus preços, tarifas e descontos; etc.

Interrupção excepcional do serviço

A operadora não pode interromper o serviço, sob pena de violação da obrigação de continuidade. Podem haver interrupções circunstanciais, decorrentes de situação de emergência, motivada por *razões de ordem técnica*, ou de *segurança das instalações*, mediante comunicação aos usuários afetados.[112]

---

[112] Situação de emergência é a imprevisível, decorrente de força maior ou caso fortuito, que acarreta a interrupção da prestação do serviço sem que a prestadora possa prevenir sua ocorrência. Razões de ordem técnica são aquelas que, embora previsíveis, acarretam, obrigatoriamente, a interrupção do

Efetivada a interrupção, por qualquer motivo, a prestadora deverá notificar ao público em geral e ao assinante, com informação dos motivos e providências adotadas para o restabelecimento dos serviços, e a existência de meios alternativos para minimizar as conseqüências (art. 26). As interrupções que afetem número superior a 10% do total de acessos de localidade, setor ou região, devem ser comunicadas à ANATEL. Quando previsível, a interrupção deve ser comunicada aos assinantes afetados, com antecedência mínima de 15 dias, devendo ser oferecido crédito ao prejudicado, proporcional à tarifa de assinatura, considerando-se todo o período da interrupção. O desconto deve ser efetuado no próximo documento de cobrança de prestação de serviço.

Suspensão do STFC por falta de pagamento

O não-pagamento da conta no vencimento autoriza a suspensão do STFC, sob uma regra básica: não haverá suspensão do serviço local em virtude de inadimplemento do serviço de longa distância, nacional ou internacional, bem como diante do não-pagamento de prestação de serviços de valor adicionado, comodidades, utilidades ou outras atividades não diretamente relacionadas com o STFC. A regra decorre da diversidade de prestadoras, em diferentes regimes de prestação. É possível a suspensão do serviço, após transcorridos 30 dias de inadimplência.[113] Para tanto, a prestadora deve notificar ao assinante, em até 15 dias após o vencimento do primeiro documento de cobrança, de periodicidade regular, com débito, do seu direito de contestação no prazo de 5 dias úteis, e da possibilidade de suspensão parcial do serviço, por inadimplência (art. 67, § 4º). Transcorridos 30 dias de inadimplência, pode a prestadora suspender parcialmente o serviço, com o bloqueio das chamadas originadas, ou seja, o assinante permanece recebendo chamadas sem poder ligar. Após um período mínimo de 30 dias dessa suspensão parcial (portanto, após 60 dias de inadimplência), poderá a prestadora efetivar a suspensão total do serviço, inabilitando-o a originar e receber chamadas. Para tanto, deverá informar ao assinante, com antecedência mínima de 15 dias. É dizer, o telefone só poderá ser inteiramente desativado, mediante prévio e específico aviso, com antecedência de 15 dias. Prevê a regulamentação que após 30 dias de suspensão total do provimento do serviço (após 90 dias de inadimplência), em determinada modalidade do STFC (local, longa distância nacional ou longa distância

---

serviço, como condição para a reparação, modificação, modernização ou manutenção dos equipamentos, meios e redes da prestadora. Razões de segurança das instalações, por sua vez, são aquelas que, previsíveis ou não, exigem, entre outras providências, a interrupção dos serviços, visando a impedir danos ou prejuízos aos meios, equipamentos e redes de telecomunicações, mesmo de terceiros.

[113] A inadimplência caracteriza-se pelo não pagamento de débito objeto de documento de cobrança de periodicidade regular, de prestação de serviço, sem contestação pelo Assinante (art. 67, § 1º).

internacional), por inadimplência, a prestadora poderá rescindir o contrato de prestação de serviço e incluir o registro de débito em sistemas de proteção ao crédito.

Pago o débito, antes de rescindido o contrato, o serviço deve ser restabelecido em até 24 horas após a declaração ou comprovação do pagamento pelo assinante, ou do recebimento, pela prestadora, da comprovação via sistema bancário. As quitações posteriores à rescisão do contrato, entretanto, apenas habilitarão o interessado a pleitear novo atendimento junto à prestadora.

Nas contas telefônicas mensais, deve ser destacada a existência de débitos vencidos, com a indicação dos respectivos valores e a informação de que o não-pagamento poderá implicar a suspensão total do serviço. A contestação dos débitos por parte do assinante, obviamente, suspende a fluência dos prazos sancionais.

Metas de qualidade para o STFC

Visando a alcançar níveis mundiais de excelência na prestação do serviço a ANATEL instituiu o Plano Geral de Metas de Qualidade para o STFC, a ser cumprido por todas as operadoras (regime público e privado). É previsto, por exemplo, que o encaminhamento das ligações deve ser feito por meio de sinais audíveis, facilmente identificáveis e nacionalmente padronizados, permitindo ao usuário saber o que se passa com a chamada que fez. Para os fins do Plano Geral de Metas de Qualidade vigente, considera-se como Período de Maior Movimento (PMM), no período matutino, o horário das 9:00h às 11:00h, no período vespertino, das 14:00h às 16:00h e no período noturno, das 20:00h às 22:00h. Há Metas de Qualidade do Serviço; Metas de Atendimento às Solicitações de Reparo; às Solicitações de Mudança de Endereço (após 2005, em localidades com serviço local, a mudança deve ocorrer em até 3 dias úteis em 98% dos casos); de Atendimento por Telefone ao Usuário; de Informação do Código de Acesso; de Atendimento à Correspondência do Usuário; de Atendimento Pessoal; de Emissão de Contas, e assim por diante. O desatendimento dessas metas implica punição às prestadoras, que são fiscalizadas através do acompanhamento de indicadores específicos, bem como pela realização de auditorias e pesquisas junto aos usuários.

Sobre as Metas de Emissão de Contas, por exemplo, prevê o Plano que elas deverão ser impressas de maneira clara, inteligível, inviolável, ordenada e dentro de padrão uniforme em toda a área de prestação do STFC, estipulando que, em cada 1.000 contas, a quantidade com reclamação de erro a partir de 31.12.2003 não deverá ser superior a 2 contas.

Plano Geral de Outorgas de STFC prestado em regime público – Decreto n° 2.534/98

A LGT prevê que as concessões não terão caráter de exclusividade, devendo obedecer ao *Plano Geral de Outorgas*, com determinação de áreas de exploração, número de prestadoras, prazos de vigência das concessões, prazos para admissão de novas prestadoras, que serão definidos considerando-se o ambiente de competição, o princípio do maior benefício ao usuário e o interesse social e econômico do País. O Plano Geral de Outorgas de serviços de telecomunicações prestados em regime público constitui regulamentação complementar à Lei Geral de Telecomunicações, em especial ao seu art. 84, e tem por escopo definir, relativamente a determinado serviço, um modelo de divisão do País, com vistas ao estabelecimento da competição e livre concorrência, segundo os interesses nacionais.[114] Em 2.4.98 foi aprovado pelo Presidente da República, através do Decreto n° 2.534, (D.O.U. de 3.4.98) o Plano Geral de Outorgas do STFC prestado em regime público, segundo o qual todos os demais serviços de telecomunicações, que não o STFC, serão explorados em regime de direito privado, como serviços privados.

---

[114] Para fins de prestação do STFC o Decreto n° 2.534/98 dividiu o País em quatro Regiões, a saber: REGIÃO I: áreas geográficas correspondentes ao território dos Estados do Rio de Janeiro, Minas Gerais, Espírito Santo, Bahia, Sergipe, Alagoas, Pernambuco, Paraíba, Rio Grande do Norte, Ceará, Piauí, Maranhão, Pará, Amapá, Amazonas e Roraima; REGIÃO II: áreas geográficas do Distrito Federal e dos Estados do Rio Grande do Sul, Santa Catarina, Paraná, Mato Grosso do Sul, Mato Grosso, Goiás, Tocantins, Rondônia e Acre; REGIÃO III: área geográfica correspondente ao território do Estado de São Paulo; REGIÃO IV: Nacional (Longa Distância Nacional e Longa Distância Internacional).

13. Listas telefônicas

Conceito

Lista telefônica é um conceito genérico, aplicado comumente à relação de assinantes do serviço telefônico prestado por determinada operadora. Essa relação, entretanto, para fins regulatórios, comporta definições diversas. A LGT prevê como livre a qualquer interessado a divulgação, por qualquer meio, de listas de assinantes do Serviço Telefônico Fixo Comutado destinado ao uso do público em geral (STFC), sendo as operadoras obrigadas a fornecer, em prazos e a preços razoáveis e de forma não discriminatória, a relação de seus assinantes a quem queira divulgá-la, bem como ao fornecimento de listas telefônicas aos assinantes dos serviços, diretamente ou por meio de terceiros (Lei 9.472/97, art. 213). O fornecimento dessa relação, pelas prestadoras de STFC na modalidade local, é disciplinado pela Resolução ANATEL nº 345, de 18.7.03.

Divulgação da relação de assinantes

A relação de assinantes que as operadoras de STFC devem fornecer aos interessados em divulgar listas deve conter somente as informações necessárias e suficientes para a elaboração da *lista de assinantes*, vedada a inclusão de dados de quem tenha requerido a não-divulgação do seu código de acesso. A operadora é responsável por garantir o respeito à privacidade do assinante na utilização de dados pessoais constantes de seu cadastro, inclusive por terceiros, cumprindo-lhe reparar os danos decorrentes da inobservância dessa regra. A utilização da relação fornecida pela prestadora deverá se dar sem discriminação, isto é, sem exclusão de nomes, salvo quando a lista que for editada disser respeito a um ou mais grupos de pessoas, identificados pela realização de uma certa atividade, como, por exemplo, lista de odontólogos, lista de farmácias, etc.

Quando a divulgadora utilizar a relação de assinantes para edição de Lista Telefônica Obrigatória e Gratuita (LTOG), o acordo para fornecimento da relação deverá dispor sobre a vedação do uso da marca, nome comercial, expressões ou logotipo da divulgadora, de qualquer tipo de publicidade por meio de figurações não-padronizadas, encartes, ou na própria capa de tomo da LTOG, não cabendo qualquer tipo de destaque ou divulgação da empresa contratada. Uma cópia desse acordo deverá ser arquivada junto à ANATEL, em até 10 dias após a sua assinatura, para consulta do público em geral.

Lista Telefônica Obrigatória e Gratuita (LTOG)

O Regulamento sobre Divulgação de Listas de Assinantes e de Edição e Distribuição de Lista Telefônica Obrigatória Gratuita, aprovado pela Resolução n° 66, de 09.11.98, fixa as condições para a divulgação de listas, bem como a edição e distribuição da lista telefônica obrigatória e gratuita. *Listagem de assinantes* é definida como a relação (o cadastro) de nomes, endereços e códigos de acesso de assinantes do serviço telefônico, de determinada localidade. *Lista de assinantes,* por sua vez, como a forma de divulgação dos assinantes do STFC, contendo, inclusive, elementos da listagem de assinantes. *Lista Telefônica Obrigatória e Gratuita (LTOG)* é a edição periódica que contém, no mínimo, a listagem de assinantes de todas as prestadoras do serviço telefônico de determinada área geográfica, distribuída gratuitamente aos respectivos assinantes, com o fim específico de divulgar os correspondentes códigos de acesso. A LTOG deve ser fornecida anualmente e renovada até o final do primeiro trimestre de cada ano, contendo informações atualizadas de 31 de dezembro do ano imediatamente anterior. Deve conter as listagens de todas as operadoras de STFC da área geográfica de prestação do serviço, respeitados os casos de código de acesso não figurante, observando, em suas dimensões, os seguintes limites: largura de 205mm a 235mm; comprimento de 280mm a 310mm.

Figurações padronizadas

A figuração padronizada consiste na reprodução de dados do assinante que o identificam para fins de utilização do serviço, incluindo nome, endereço e código de acesso. Trata-se da figuração sem destaque ou realce visual específico. Figuram na LTOG, sem qualquer ônus, sob a forma de figuração padronizada, os assinantes residenciais, não-residenciais e de linha tronco para *Central Privada de Comutação Telefônica* (CPCT). Na figuração padronizada, para o assinante residencial, o nome do assinante deve figurar com as iniciais e o primeiro nome da figuração em letras maiúsculas e as demais em letras minúsculas; para o assinante não-residencial e de linha tronco para CPCT, o nome do assinante com o primeiro nome da figuração e as iniciais em letras maiúsculas, e as demais em letras minúsculas. Na hipótese de CPCT com DDR (Discagem Direta a Ramal), o assinante (não o usuário de ramal) terá direito à quantidade de figurações dos ramais correspondentes à sua estrutura organizacional, sob a forma de títulos e subtítulos, desde que forneça à prestadora os elementos necessários (Regulamento, art. 18, § 5°).

Compete ao assinante ou usuário indicado o fornecimento do nome para a figuração padronizada. Tanto na ordem direta quanto na inversa, o nome de pessoa física conterá duas palavras por extenso, sendo as demais abreviadas pela letra inicial. O assinante indicará quais as palavras que serão abreviadas, excetuando-se a que inicia a figuração, que não poderá ser abreviada. Exemplo: Nome: José Santos Ferreira; Figuração: FERREIRA, José S.

Relação de telefones de uso público

A prestadora também está obrigada a editar e fornecer, gratuitamente, a todos os interessados, como parte integrante da LTOG, um tomo exclusivo contendo a relação de Postos de Serviços (PS) e Telefones de Uso Público (TUP) instalados nas localidades da área de abrangência da LTOG. A relação de TUPs compreenderá aqueles instalados em vias públicas, em instituições de ensino ou saúde, em aeroportos, estádios e terminais rodoviários urbanos e interurbanos, e outros endereços, incluindo os instalados pela operadora de STFC na modalidade de longa distância nacional, em localidades não atendidas pelo STFC na modalidade local.

Tiragem e distribuição da LTOG

A tiragem deverá considerar a quantidade de listas para a distribuição local e fornecimento às prestadoras do serviço de outras áreas geográficas, bem como necessidades para o uso próprio e a imediata expansão do serviço. O quantitativo para distribuição local deverá prever um exemplar para cada código de acesso de assinante residencial, observando-se que, havendo mais de um código de acesso em determinado endereço, é facultado ao assinante solicitar o fornecimento gratuito de mais exemplares, até o limite de três; um exemplar para cada código de acesso de assinante não-residencial e um exemplar para cada assinante de linha tronco para CPCT, observando-se que, quando se tratar de hotéis, o assinante deve receber um exemplar para cada ramal de CPCT. É direito do assinante receber os seus exemplares no respectivo endereço das instalações, conforme os dados cadastrais da prestadora.[115]

LTOG Comum

Objetivando otimizar recursos de tiragem e distribuição, as prestadoras de uma mesma área geográfica podem confeccionar, mediante acordo,

---
[115] Resolução ANATEL n° 66/98.

Lista Telefônica Obrigatória e Gratuita Comum, ou seja, listas que contenham as listagens de assinantes de todas as prestadoras, contanto que as datas e dados dos cadastros editoriais estejam compatibilizados para a edição. Na edição e distribuição desta lista, entretanto, não poderão existir elementos discriminatórios de qualquer natureza, seja em relação às prestadoras ou aos assinantes do serviço.

Como a ausência de divulgação dos códigos de acesso dificulta extremamente a comunicação telefônica, é do interesse público a distribuição de listas de assinantes pelas operadoras de STFC.

14. Comunicação móvel

Tecnologias da comunicação sem fio

O primeiro sistema de telefonia móvel surgiu nos Estados Unidos, em 1946. Eram telefones instalados em automóveis, para cujo funcionamento as prestadoras operavam um transmissor e um receptor para a área inteira, o que fazia com que toda a área abrangida pelo transmissor compartilhava os mesmos canais. Poucas chamadas simultâneas podiam ser feitas, e havia muita estática e interrupções.[116] Por essas dificuldades, o serviço móvel especializado de rádio, que começara por volta de 1920, em carros da polícia, de bombeiros e de radiotáxi, era mais disseminado. Foi na década de 1970, com o desenvolvimento da técnica celular, que a telefonia móvel explodiu em todo o mundo.[117] De um transceptor grande e pesado, instalado no automóvel, passou-se ao telefone portátil, que continha todas as funções executadas nos equipamentos do veículo e podia ser guardado no bolso. De início, utilizou-se a tecnologia analógica, mais conhecida, e posteriormente a digital.

A comunicação móvel possui, basicamente, dois padrões digitais de processamento, TDMA e CDMA. O TDMA (*Time-Division Multiple Acess*), acesso múltiplo por divisão de tempo, baseia-se na técnica em que um mesmo canal é utilizado por vários usuários, um de cada vez. Cada canal TDMA é usado por três assinantes. O sinal digitalizado de cada assinante é comprimido e transmitido pelo mesmo canal, um de cada vez. Esse padrão, portanto, aumenta em três vezes a capacidade do sistema AMPS (*Advanced Mobile Phone System*), o sistema analógico de telefonia celular adotado nos Estados Unidos e em mais de 50 países. Os sistemas celulares digitais TDMA em operação no Brasil, o D-AMPS (Digital AMPS), utilizam o padrão IS-136, em que três canais compartilham uma portadora de largura de 30kHz, com uma taxa de transmissão de 48,6 kpbs. O sistema digital

---

[116] Annabel Z. Dodd, The Essential Guide To Telecommunications (O Guia essencial para Telecomunicações), Rio de Janeiro, Ed. Campus, 2000, p. 348.

[117] Ovídio Cesar Machado Barradas. *Você e as Telecomunicações*. Rio de Janeiro, Ed. Interciência, 1995, p. 175.

TDMA europeu, denominado GSM (*Global System for Mobile Communications*), também presente em nosso país, utiliza 8 canais em portadoras de 200 kHz de largura, transmitindo a uma taxa de 271 kbps.[118] O GSM, na verdade, é o TDMA digital, desenvolvido na França e Alemanha ante a necessidade de unificação dos sistemas pela grande mobilidade de veículos e pessoas entre os países europeus.[119]

O Padrão CDMA (*Code Division Multiple Acess*), acesso múltiplo por divisão de código, permite que todos os telefones móveis e todas as estações rádio-base transmitam os seus sinais ao mesmo tempo, e nas mesmas freqüências portadoras, misturados, superpostos, exigindo no lado do receptor um código binário exclusivo, que é aplicado a cada um dos bits gerados pelo usuário a fim de *desmisturá-lo* e identificar a comunicação. É a tecnologia do espalhamento espectral (*spread spectrum*) aplicada à telefonia, desenvolvida pelos militares norte-americanos para comunicações sigilosas entre aviões militares, controle de mísseis e satélites.

O padrão CDMA encontra-se em fase de instalação maciça em todo o mundo, possuindo a vantagem de ampliar de seis a dezoito vezes a capacidade dos atuais sistemas analógicos AMPS; garantir a mais alta qualidade de voz, eliminando linhas cruzadas; reduzir o impacto de ruídos; consumir menos miliwatts; possuir maior cobertura, pelo sinal em espectro espalhado, que permite oferecer serviço de voz, transmissão de dados e fax móvel simultaneamente.[120]

Roaming

Cada vez que um assinante de serviços móveis se desloca com a respectiva estação móvel para fora de sua área de cobertura, isto é, para fora da área em que está registrada a sua estação móvel – áreas 051, 053, 054, 055 – passa a utilizar-se do serviço de *roaming*, que consiste na transferência (automática ou programada) de uma área para outra, a fim de que o aparelho funcione. Define-se o *roaming* como a facilidade que permite a uma estação móvel visitante acessar ou ser acessada pelo Serviço Móvel Celular, em um sistema visitado. Existem três tipos de *roaming*: o interno, o nacional e o internacional, este último estabelecido mediante convênios internacionais como os existentes entre as operadoras de Brasil, Argentina, Uruguai e Paraguai.

O sistema de *Roaming* automático brasileiro foi montado com base no protocolo de comunicação IS-41 *(Cellular Radio Telecommunications In-*

---

[118] Helio Waldman e Michel Daoud Yacoub, in *Telecomunicações, princípios e tendências*. São Paulo, Ed. Érica, 1997, p. 56.
[119] Ovidio Cesar Machado Barradas, ob. cit., p. 177.
[120] Revista Nacional de Telecomunicações – RNT, n° 208A, Dezembro/96.

tersystems Operation) Protocolo de Sinalização Intersistemas especificado pela EIA-TIA (*Eletronic Industries Association-Telecommunications Industries Association*), firmado com o objetivo de permitir o *roaming* automático e o *handoff* intersistema, para assinantes do SMC. *Handoff* intersistemas é a facilidade que possibilita que um assinante que esteja em conversação dentro de uma área atendida por uma Central de Comutação e Controle (CCC)[121] possa migrar para uma área atendida por outra CCC, sem que sua conversação seja interrompida. A criação, utilização e manutenção da rede de sinalização para o *roaming* nacional automático decorrem de convênio firmado em 25.3.98, por prestadoras do SMC integrantes do então denominado Sistema TELEBRÁS, que estabeleceu as obrigações e responsabilidades de cada operadora, tendo em conta as disposições da Súmula n° 1, de 15.01.98, da ANATEL. Paralelamente, firmou-se o Acordo para Uso do *Roaming* Nacional Automático, que contém a regulamentação básica da utilização de serviços móveis pelos assinantes de uma operadora quando em visita à área de operação de outra, tendo a infra-estrutura brasileira de *roaming* iniciado com quatro pontos de Transferência de Sinalização (PTS): em Fortaleza, em Brasília, em São Paulo e em Florianópolis.[122]

Com a Resolução MERCOSUL/GMC n° 19/2001, ao aprovar as "Disposições Gerais para *Roaming* Internacional entre as Prestadoras de Serviço Móvel Celular no Âmbito do MERCOSUL", e o "Manual de Procedimentos de Coordenação de Radiofreqüências na Faixa de 800 MHz do Serviço Móvel Celular", estabeleceu-se, no que se refere ao encaminhamento das chamadas, que as originadas na estação móvel visitante[123] deverão receber o mesmo tratamento dispensado às originadas pela estação móvel pertencente à área de registro[124] visitada. Também, que as prestadoras de serviço móvel sejam responsáveis por informar aos usuários que solicitam o serviço

---

[121] Central de Comutação e Controle (CCC) é um sistema automático que controla as Estações Rádio-Base dos telefones celulares. Constitui um conjunto de equipamentos destinado a controlar o sistema que executa o serviço móvel celular e a interconectar esse sistema à rede pública de telecomunicações ou a qualquer outra rede de telecomunicações, conforme a regulamentação vigente.

[122] Cada PTS funciona como uma central telefônica, com *software* específico, mantendo um banco de dados referente à origem do assinante, isto é, a que área de cobertura ele pertence. Quando, por exemplo, um assinante de Porto Alegre desembarca em São Paulo, seu telefone celular envia à CCC de São Paulo o seu número de série, que contém um código que informa ser originalmente de Porto Alegre. A central de São Paulo registra no seu VLR (*visitor location register*) que a estação móvel é de Porto Alegre e, entrando num dos PTS da rede de *Roaming*, envia mensagem à CCC de Porto Alegre para informar que aquele assinante está em São Paulo. A CCC de Porto Alegre, então, registra o fato no seu HLR (*home location register*). Se alguém de Porto Alegre ligar para esse assinante que está em São Paulo, o HLR de Porto Alegre enviará mensagem de sinalização pelo *backbone* de *roaming* automático nacional a São Paulo, fazendo com que a CCC desta cidade, com as informações recebidas, procure o telefone celular que foi chamado e, encontrando-o, complete a ligação.

[123] Estação Móvel Visitante é a que se encontra em área de registro distinta daquela a que pertence.

[124] Área de Registro é a área de localização na qual uma estação móvel é registrada por ocasião de sua habilitação no Serviço Móvel Celular. É parte integrante do contrato de tomada de assinatura do SMC e referência para o cálculo do valor das chamadas destinadas ao assinante.

de *roaming* internacional, as condições do mesmo, esclarecendo sobre as tarifas que serão devidas, os procedimentos operacionais e o número do Serviço de Atendimento do Cliente do Prestador Visitado, sendo a operadora do país de origem com a qual o usuário possui contratado o Serviço Móvel Celular a responsável por qualquer reclamação do usuário visitante relativo ao serviço de *roaming* internacional.

Segundo o Manual de Procedimentos (Anexo II da Resolução Mercosul/GMC 19/01), as áreas de cobertura das estações rádio-base devem limitar-se ao máximo à respectiva área de prestação do serviço,[125] minimizando a penetração do sinal em território de países vizinhos. Qualquer interferência prejudicial deve ser evitada, bem como a implantação de estações rádio-base com antenas omnidirecionais, a fim de se confinar ao máximo o sinal dentro da área de serviço[126] da operadora.

Remuneração pelo uso de redes

Também na telefonia móvel temos a remuneração pelo uso de redes alheias. Uma ligação originada em uma estação móvel da VIVO para um telefone fixo da TELEMAR, por exemplo, implica utilização das redes de ambas, que por isso são remuneradas. Para tanto, as prestadoras de serviços de interesse coletivo (STFC, SMC/SMP) estão obrigadas a fornecer às suas congêneres os dados cadastrais de todos os seus assinantes e usuários, bem como prestar serviços de faturamento, cobrança e arrecadação às operadoras com as quais possuam acordo para fruição de tráfego.[127]

Chamada inter-redes é a chamada de âmbito nacional ou internacional, entre usuários do SMC e do STFC, envolvendo o uso de redes de mais de uma entidade, que permite às operadoras cobrar Tarifas de Uso, que se denominarão, conforme o caso, Tarifa de Uso de Rede Local, Tarifa de Uso de Rede Interurbana, Tarifa de Uso de Rede Móvel.[128] A remuneração pelo uso de redes obedece a três princípios básicos: a) a remuneração à operadora

---

[125] Área de Prestação, para os fins da Resolução Mercosul/GMC 19/01, é a área geográfica delimitada pela Administração Nacional do Estado-Parte, na qual a Prestadora do Serviço Móvel Celular deve explorar o serviço, observando a regulamentação pertinente.

[126] Área de Serviço, para os fins da Resolução Mercosul/GMC 19/01, é o conjunto de áreas de cobertura em que a estação móvel tem acesso ao Serviço Móvel Celular e na qual uma estação móvel pode ser acessada, sem conhecimento prévio de sua exata localização, inclusive por um usuário da Rede Telefônica Pública (RTP) fixa.

[127] Resolução ANATEL n° 73/98, art. 27, incluído pela Resolução n° 343, de 17.7.03.

[128] Por *Rede Local* entende-se o conjunto de instalações, centros de comutação e meios de telecomunicações e transmissão da prestadora de STFC, suporte à prestação do STFC dessa entidade, em áreas locais (área local é o espaço geográfico fixado, por critérios técnicos, pela prestadora de STFC). *Rede Interurbana* é o conjunto de instalações, centros de comutação e meios de telecomunicação e transmissão, da prestadora de STFC e da Empresa Exploradora de Troncos Interestaduais e Internacionais (EMBRATEL e INTELIG), suporte à prestação do STFC dessas entidades, através da interligação das Redes Locais entre si. *Rede Móvel*, por sua vez, constitui o mesmo conjunto de instalações e meios, da prestadora de SMC, ou de SMP, suporte à prestação do respectivo serviço.

cuja rede foi usada na realização de uma chamada inter-redes será efetuada pela operadora que emite a fatura do serviço ao assinante ou às operadoras de origem de assinantes visitantes. Nas chamadas inter-redes de âmbito internacional, faturadas ao assinante no exterior, a entidade devedora será a empresa exploradora de troncos interestaduais e internacionais; b) a remuneração somente será exigível em decorrência da chamada inter-redes se esta for passível de faturamento ao assinante ou usuário; c) a remuneração será calculada com base no valor da Tarifa de Uso e no tempo de duração da chamada faturada ao assinante/usuário.[129]

Determinação de valores

A remuneração das redes utilizadas nas chamadas inter-redes é efetuada através da Tarifa de Uso de Rede Local (TU-RL), Tarifa de Uso de Rede Interurbana (TU-RIU) e Tarifa de Uso de Rede Móvel (TU-M), que são associadas, especificamente, a cada entidade envolvida na chamada inter-redes, na forma que segue: a) operadora de STFC = TU-RL e TU-RIU; b) operadora de SMC/SMP = TU-M; empresa exploradora de troncos interestaduais e internacionais = TU-RIU. O valor de cada tarifa específica é estabelecido para cada entidade, por minuto, e somente será exigível pela provedora de meios nas chamadas faturadas. O cálculo obedece aos critérios regulamentares constantes da Norma n° 25/96, aprovada pela Portaria n° 1.538, de 4.11.96, do Ministério das Comunicações, que também orienta sobre os reajustes e revisões.

Processamento e repasse de valores (DETRAF)

O encontro de contas entre as prestadoras de serviços móveis, fixos, de longa distância nacional e internacional, bem como a prestação de contas para prestadora de serviço móvel, por outra prestadora de serviço móvel, fazem-se através do Documento de Declaração de Tráfego e de Prestação de Serviços (DETRAF), que tem periodicidade mensal e é elaborado pela entidade que o emite e destinado à entidade para a qual é elaborado. O DETRAF deve conter, dentre outras informações, o valor devido pelo uso das redes e objeto do acerto de contas, com a discriminação da quantidade de minutos e o valor da TU aplicável; o valor devido à operadora de troncos interestaduais e internacionais – quando for o caso – pela realização de chamadas inter-redes de âmbito internacional, saintes, faturadas pela operadora de SMC/SMP; os valores a receber pela prestação do SMC/SMP a assinante vinculado a outra operadora de SMC/SMP.

[129] Norma n° 24/96, – *Remuneração Pelo Uso das Redes de Serviço Móvel Celular e de Serviço Telefônico Público*, aprovada pela Portaria n° 1537, de 4.11.96, do Ministério das Comunicações.

O intervalo de tempo, base para seleção do tráfego a ser incluído no DETRAF, é resultado de acordo entre as prestadoras, não podendo haver chamada inter-rede que demore mais de 40 (quarenta) dias para ter o seu correspondente DETRAF emitido (Norma n° 26/96, item 5.2.1.1.). Também são fixados nesta Norma os critérios para inserção no DETRAF, pela empresa operadora de longa distância, do tráfego internacional entrante no País.

Critérios para determinação de valor nas chamadas

Os valores das chamadas fixo-móvel são fixados através de Plano de Serviço elaborado e proposto pela operadora de STFC, que leva em conta os custos da interconexão, reajustados e revistos conforme a regulamentação específica.

O usuário do STFC, originário da chamada, é o responsável pelo pagamento da mesma, conforme critérios e valores definidos no Plano de Serviço da respectiva prestadora. São os seguintes os *Tempos Limites* passíveis de atribuição de valores: a) Unidade de Tempo de Tarifação: até 06 (seis) segundos a unidade de tempo de tarifação das chamadas; b) Tempo Inicial de Tarifação: até 30 (trinta) segundos; c) Chamadas Faturáveis: somente são faturadas as chamadas com duração superior a 3 (três) segundos.

Planos de serviço

Do mesmo modo que na telefonia fixa, as operadoras de serviço móvel devem possuir um *Plano de Serviço Básico*, disponível a todos os interessados, cujos valores são estabelecidos no termo de autorização, e tem a sua estrutura definida em norma regulamentar. Paralelamente, podem conceber *Planos Alternativos*, opcionais ao Plano Básico, e como este previamente aprovados pela ANATEL, embora com valores e estrutura elaborados pela operadora em função de características técnicas ou custos específicos. Há, por exemplo, um Plano de Serviço Pré-Pago no Serviço Móvel Celular (SMC), cujos critérios estruturais estão fixados na Norma N° 03/98-ANATEL, aprovada pela Resolução n° 64, de 20.10.98, tendo algumas operadoras concebido opcionais, como o Plano de Serviço Pré-Pago Noite, aprovado pelo Ato n° 9.882/2000 da ANATEL, que se caracteriza por tarifas diferenciadas entre 20h e 8h e é destinado aos clientes que originam chamadas preponderantemente nesse horário. Os valores do Plano de Serviço Básico fixados no contrato ou no termo de autorização são os valores máximos, podendo a operadora praticar preços inferiores desde que de forma equânime e não discriminatória.

14.1. Serviço Móvel Celular (SMC)

Conceito

Serviço Móvel Celular (SMC) é o serviço de telecomunicações móvel terrestre, aberto à correspondência pública, que utiliza sistema de radiocomunicações com técnica celular,[130] interconectado à rede pública de telecomunicações e acessado por meio de estações móveis[131] (terminais portáteis). O SMC, já substituído em quase toso o País pelo Serviço Móvel Pessoal (SMP), seu sucedâneo, foi criado pela Lei n° 9.295, de 19 de julho de 1996, e regulamentado pelo Decreto n° 2.950, de 4 de novembro de 1996. As condições gerais de sua prestação estão contidas na Norma Geral de Telecomunicações NGT n° 20/96 – *Serviço Móvel Celular* –, aprovada pela Portaria n° 1.533, de 4 de novembro de 1996, do Ministério das Comunicações. É de 15 anos o prazo de sua exploração, que pode ser renovado uma vez cumpridas as condições da outorga, e desde que o interesse na renovação seja manifestado 30 meses antes do término desse prazo.

Regime jurídico

O SMC é serviço privado e tem a sua exploração baseada nos princípios constitucionais da atividade econômica, sem deveres de universalização e continuidade, sujeitando-se, basicamente, aos ditames da Lei n° 8.078, de 11.9.90, Código de Proteção e Defesa do Consumidor, e Lei n° 8.884, de 11.6.94, que disciplina a prevenção e repressão às infrações contra a ordem econômica.

Para a prestação dos serviços móveis, o território nacional foi dividido em áreas, denominadas Área de Prestação, nas quais a operadora está autorizada a explorar o serviço. Assim, por exemplo, conforme o subitem 5.2.6 da NGT n° 20/96, com vistas à prestação do SMC, os Estados do Rio de Janeiro e do Espírito Santo compõem a Área 3; o Estado do Rio Grande do Sul, a Área 6.

Código de acesso da estação móvel

O código de acesso atribuído à estação móvel (*telefone móvel*), tal como sucede na telefonia fixa, é gerido pela prestadora, que tem a exclusiva competência de o designar e alterar. O assinante tem o direito de divulgar

---

[130] Técnica *celular* de utilização de radiofreqüências é a que consiste em dividir uma área geográfica em pequenas áreas denominadas células, adjudicando-se a cada uma um grupo de freqüências, de modo que as freqüências utilizadas em uma célula possam ser reutilizadas em outras, separadas espacialmente dentro de uma mesma área de prestação de serviço.
[131] *Estação Móvel* significa a estação de telecomunicações que pode operar quando em movimento ou estacionada em lugar não especificado (telefone móvel).

e fazer uso do número atribuído a sua estação móvel, sem prejuízo de a prestadora poder alterá-lo, mediante prévia comunicação do novo número, com antecedência mínima de 45 dias da sua efetivação.

14.2. Serviço Móvel Pessoal (SMP)

Conceito

Serviço Móvel Pessoal (SMP) é o serviço de telecomunicações móvel terrestre de interesse coletivo que possibilita a comunicação entre estações móveis e de estações móveis para outras estações. Caracteriza-se por possibilitar a comunicação entre estações de uma mesma área de registro[132] do SMP, ou o acesso a redes de telecomunicações de interesse coletivo. É o sucedâneo do Serviço Móvel Celular (SMC), que logo deixará de existir, e representa o nome brasileiro do *Personal Communications Services* (PCS).

O SMP tem a sua disciplina no Regulamento do Serviço Móvel Pessoal, aprovado pela Resolução n° 316 da ANATEL, de 27.9.02, aplicando-se-lhe o Plano Geral de Outorgas – PGO (Decreto n.° 2.534, de 2.4.98); o Regulamento dos Serviços de Telecomunicações (Resolução ANATEL n.° 73, de 25.11.98); a Resolução ANATEL n.° 227, de 26.6.00 (destina faixas de radiofreqüência para implantação de sistemas móveis); o Regulamento Geral de Interconexão (Resolução ANATEL n.° 40, de 23.7.98) e outros regulamentos e normas aplicáveis.

Há operadoras que o prestam desde o início de suas atividades, como a TIM, enquanto outras, como a VIVO, migraram do SMC para o SMP, observando regulamentação específica, tendo a Lei n 9.472/97, com o seu artigo 214, direcionado as operadoras à substituição do SMC pelo SMP, sob pena de não terem suas concessões renovadas, conforme o escopo do modelo regulatório que vem sendo implementado. Com o SMP, mudou a forma de fazer ligações de longa distância nacionais e internacionais, por caber ao usuário, e não mais à sua prestadora, escolher a operadora de longa distância. Outra mudança diz respeito à titularidade das receitas decorrentes das ligações de longa distância (entre áreas de registro e internacionais) que passaram a ser das respectivas operadoras, escolhidas pelo cliente, as quais possuem competência para definir os respectivos valores. Assim, embora as chamadas telefônicas estejam discriminadas em uma mesma conta, que

---

[132] Área de Registro é aquela definida pela Anatel onde a estação móvel é registrada para a prestação do SMP, constituída pela área geográfica contínua que possui o mesmo limite geográfico de uma Área de Tarifação (Área de Tarifação – segundo o Regulamento do SMP – é a área específica, geograficamente contínua, formada por um conjunto de municípios, agrupados segundo critérios sócio-geoeconômicos, e contidos em uma mesma unidade da Federação, utilizada como base para a definição de sistemas de tarifação).

esse relatório lhe seja enviado mensalmente, devendo a prestadora disponibilizá-lo em até 48 horas, o que pode ser feito através da Internet ou de outro meio eletrônico.

Os usuários devem utilizar o SMP respeitando suas limitações tecnológicas, devem utilizar estação móvel que possua certificação expedida ou aceita pela ANATEL e indenizar a prestadora pelos danos a que derem causa por infringência de disposição legal, regulamentar ou contratual.

Direitos e Deveres da Prestadora

As operadoras de SMP, por sua vez, obrigam-se pela prestação de serviço adequado, devendo permitir a fiscalização da ANATEL às suas instalações, equipamentos e registros contábeis. Estão obrigadas a informar os usuários sobre o direito de livre opção aos seus planos de serviço; prover os pontos de interconexão; garantir a possibilidade dos usuários selecionarem a prestadora de STFC de Longa Distância, nas hipóteses regulamentares; dispensar tratamento isonômico quanto a preços e condições de interconexão. Quanto a esta última obrigação, é possível encaminhar reclamação à ANATEL para que esta arbitre, com isonomia, condições comerciais de interconexão entre as operadoras. Também estão obrigadas a manter registros contábeis separados, por serviços, caso explore mais de um, observando, em sua contabilidade, o Plano de Contas Padrão para Serviços de Telecomunicações, editado pela ANATEL. Devem fornecer às demais operadoras as informações cadastrais sobre os seus usuários, com obrigações de sigilo sobre elas. Têm o direito de explorar industrialmente os meios afetos à prestação do serviço; receber tratamento isonômico em matéria de preços, tarifas, condições de interconexão e de uso de rede e acordos para atendimento de Usuários Visitantes; contratar com terceiros o desenvolvimento de atividades inerentes, acessórias ou complementares ao serviço, permanecendo, contudo, integralmente responsável junto à ANATEL, aos Usuários ou a terceiros, pelas obrigações contraídas. Quando contratarem a utilização de recursos da rede de outra operadora, para constituição de sua rede de serviço, esses recursos serão considerados para fins de interconexão como seus.

As interrupções na prestação do serviço, seus motivos e providências adotadas, devem ser comunicadas aos usuários. As interrupções que venham a afetar mais de 10% do total de acessos da localidade devem ser informadas,[133] imediatamente, às demais operadoras que possuam redes

---

[133] A informação de interrupção do serviço deve incluir, no mínimo, segundo o Regulamento do serviço, a descrição objetiva da falha, localização, quantidade de acessos afetados, detalhes da interrupção, diagnóstico e ações corretivas adotadas. Nos casos previsíveis, a interrupção deve ser comunicada aos usuários afetados, com antecedência mínima de 5 dias, sob pena de configurar violação dos direitos do usuário previsto no art. 3º da Lei nº 9.472/97.

deve ser paga de uma única vez, umas pertencem à operadora de serviço móvel local e outras (de longa distância), à operadora de longa distância escolhida pelo cliente.

Regime jurídico – direitos do usuário

O SMP é serviço privado, cuja exploração e direito ao uso das correspondentes radiofreqüências são outorgados por autorização da ANATEL, em regime de liberdade (art. 174 da Constituição). Além dos direitos e deveres que decorrem da Lei n° 8.078, de 11.9.90, como nos demais serviços de interesse coletivo, seus usuários têm direito à liberdade de escolha de sua prestadora; a tratamento não-discriminatório quanto ao acesso e fruição; informação adequada sobre o serviço; inviolabilidade de sua comunicação, salvo hipóteses legais de quebra de sigilo; conhecimento prévio das alterações nas condições de prestação do serviço; suspensão ou interrupção do serviço por até 180 (cento e oitenta) dias; prestação contínua, salvo hipótese de débito ou descumprimento de condições contratuais; privacidade nos documentos de cobrança e na utilização de dados pessoais pela prestadora; resposta eficiente e pronta às reclamações; encaminhamento de representações contra a prestadora junto à ANATEL, entidades governamentais ou órgãos de defesa do consumidor; reparação dos danos causados pela violação de direitos; não-divulgação do seu código de acesso para a estação chamada, quando solicitado, respeitadas restrições técnicas; não-divulgação do nome associado a código de acesso, salvo autorização; substituição do código de acesso, quando tecnicamente viável; portabilidade de código de acesso, conforme disposto na regulamentação (o direito à portabilidade ainda não se acha regulado pela ANATEL); não ser obrigado a consumir serviços ou a adquirir bens ou equipamentos que não sejam de seu interesse; restabelecimento dos serviços com a purgação da mora; bloqueio da utilização de comodidades ou facilidades não previstas no Plano escolhido, e de serviços de valor adicionado; interceptação, por no mínimo 60 dias, das chamadas dirigidas ao antigo código de acesso, quando substituído, a fim de que a prestadora informe o novo código; livre escolha e opção do Plano de Serviço dentre os oferecidos; transferência de titularidade do Contrato de Prestação do SMP.

O usuário tem ainda direito ao recebimento, sem ônus, de relatório detalhado (conta detalhada) dos serviços cobrados, com informação sobre a área de registro de origem e área de registro ou localidade de destino de cada chamada, o código de acesso chamado, a data e horário (hora, minuto e segundo) do início da chamada, a duração da chamada (hora, minuto e segundo) e o seu valor, explicitando os casos de variação horária. Esse relatório pode ser exigido relativamente aos 90 dias imediatamente anteriores ao pedido. No Plano de Serviço Pós-Pago o usuário pode requerer que

interconnectadas, e à ANATEL. É obrigatório proporcionar acesso gratuito de todos os usuários aos serviços públicos de emergência (fixados em regulamentação editada pela ANATEL), utilizando os meios disponíveis para que essas chamadas sejam encaminhadas aos serviços públicos de emergência mais próximos da ERB[134] de origem da chamada.

Prestação do serviço – regras gerais

A prestação do SMP é precedida de adesão do usuário a um dos planos de serviço ofertados pela prestadora, os quais somente poderão ser propostos se houver garantias de imediata ativação[135] da estação móvel e sua utilização. Com essa adesão, considera-se firmado o Contrato, cujo texto deve estar à disposição, para consulta, gratuitamente, por meio da Internet e de outro meio de fácil acesso. Os contratos de prestação de STFC nas modalidades Longa Distância Nacional e Longa Distância Internacional também são celebrados por adesão quando da utilização dos serviços, mediante a seleção da respectiva prestadora pelo usuário.

O Regulamento do SMP determina que, antes do início da prestação do serviço, os usuários devem ser informados sobre o necessário ao seu uso, incluindo o fornecimento de cópia do contrato e respectivo Plano de Serviço.

O contrato pode ser rescindido, a pedido do usuário, a qualquer tempo, observado o prazo de carência estabelecido no Plano de Serviço ao qual está vinculado, devendo a estação móvel ser desativada, sem ônus para o interessado, em até 24 horas da solicitação. Por iniciativa da prestadora, somente ante o descumprimento comprovado, por parte do usuário, das obrigações contratuais ou regulamentares.

Para a celebração do contrato, somente podem ser exigidas garantias civis quando o interessado se encontre inadimplente em relação à prestação do SMP junto à própria prestadora, sendo obrigatório o atendimento ainda que a pessoa se encontre em situação de inadimplência perante terceiros. Aqui, uma regra que impede a celebração de acordo entre prestadoras com o fito de ser negada a prestação do serviço a quem estiver inadimplente com qualquer delas, sendo possível, entretanto, havendo inadimplência perante outras prestadoras, oferecer planos alternativos específicos, inclusive de pagamento antecipado, a fim de possibilitar o atendimento.

Planos de Serviço no SMP

A prestação do SMP é associada a um Plano de Serviço que, obrigatoriamente, deverá conter as facilidades e comodidades adicionais nele in-

---

[134] Estação Rádio Base (ERB), é a estação de radiocomunicação de base do SMP, usada para radiocomunicação com as estações móveis (telefones).
[135] *Ativação* da estação móvel é o procedimento que habilita uma estação móvel associada a um código de acesso a operar na rede de SMP.

cluídas, tais como a Área de Mobilidade;[136] a discriminação individualizada de todos os valores cobrados; as hipóteses, prazos e índices de reajuste desses valores; a variação dos Valores de Comunicação[137] por horário; a forma e os prazos de pagamento pela prestação do serviço, que pode ser antecipada; as condições e valores pela utilização da estação móvel fora da área de mobilidade ou na condição de Usuário Visitante;[138] os requisitos e restrições relativos à estação móvel do usuário; os prazos de carência para mudança de plano pelo usuário, que não podem ser superiores a 12 (doze) meses; e os prazos de carência para extinção ou alteração do plano pela prestadora.

Conforme art. 24, § 1º, do Regulamento do SMP, é proibida a estipulação de qualquer cobrança por chamadas não completadas, não podendo responsabilizar-se o usuário pelo pagamento das chamadas a ele destinadas, salvo aquelas a cobrar, franqueadas, bem como as chamadas que forem recebidas na condição de usuário visitante (Art. 77, § 2º). Salvo solicitação do usuário, é vedado o bloqueio para originação de chamadas de longa distância nacional ou internacional.

A prestadora deve divulgar em pelo menos um jornal diário de grande circulação cada um de seus planos de serviço pelo menos 2 (dois) dias antes da comercialização, dando conhecimento à ANATEL do seu teor em até 5 (cinco) dias úteis após iniciada a comercialização. Todos os planos devem estar disponíveis em página na Internet e outro meio de fácil acesso, aplicando-se o procedimento nas hipóteses de extinção ou alteração dos planos de serviço, bem como de fixação, reajustes ou concessão de descontos nos preços, de facilidades ou de comodidades adicionais. Na hipótese de extinção ou alteração de um plano de serviço, a operadora deve comunicar o fato aos usuários afetados, concedendo-lhes prazo de, no mínimo, seis meses para optarem por outro plano. A ANATEL pode, a qualquer tempo, obrigar a prestadora a alterar os planos de serviço a ela apresentados, para adequá-los ao Regulamento. Na descontinuidade da prestação, não provocada pelo usuário, a operadora deve oferecer-lhe uma reparação proporcional ao período em que se deu a interrupção.

Em conformidade com o art. 39, I, do Código de Defesa do Consumidor, é vedado à prestadora condicionar a oferta do SMP ao consumo casado de qualquer outro serviço ou facilidade, ou oferecer vantagens em virtude da fruição de serviços adicionais ao SMP, ainda que prestados por terceiros.

---

[136] *Área de Mobilidade* é a área geográfica definida no Plano de Serviço, cujos limites não podem ser inferiores ao de uma Área de Registro, que serve de referência para cobrança do Adicional por Chamada – AD. *Adicional por Chamada* é o valor fixo cobrado pela Prestadora de SMP, por chamada recebida ou originada, quando o usuário estiver localizado fora de sua Área de Mobilidade.

[137] *Valor de Comunicação* é o valor devido pelo Usuário, por unidade de tempo, pela realização de comunicação.

[138] *Usuário Visitante* é o usuário que recebe ou origina chamadas fora de sua Área de Registro.

Prazos de carência

Ao usuário deve ser permitido acesso a todos os serviços oferecidos pelas prestadoras de serviço de interesse coletivo, sem discriminação ou restrição. Também a acesso gratuito aos serviços de interesse coletivo que forem de acesso gratuito, salvo quando a gratuidade constituir atributo de plano de serviço específico.

Os planos de serviço podem conter prazos de carência, os quais, para terem validade, devem ser explícitos. Embora a regulamentação do SMP admita o contrário, por constituírem uma restrição de direito esses prazos, a nosso ver, não podem ser presumidos.

A prestadora poderá cobrar do usuário quando este optar por desligar-se do plano antes de expirado o prazo de carência, e somente poderá haver troca de plano, sem ônus para o usuário, depois de expirado este prazo. As mudanças de tecnologia promovidas pela operadora não podem onerar o usuário, competindo àquela, exclusivamente, providenciar a substituição da estação móvel quando restar incompatível com os novos padrões tecnológicos.

Correio de Voz

As prestadoras de SMP estão obrigadas a oferecer aos usuários a possibilidade de reencaminhamento das chamadas para correio de voz, cuja cobrança da chamada reencaminhada somente pode ser iniciada após o sinal de encaminhamento para o correio de voz, constituído de uma mensagem padrão gravada que diz: "*Sua chamada está sendo encaminhada para a caixa de mensagens e estará sujeita à cobrança após o sinal*", e, após, de um sinal audível no final da mensagem. Se o usuário não quiser que sua chamada seja encaminhada para o correio de voz, a operadora é obrigada a conceder um período de, no mínimo, três segundos após o envio do sinal, para que desligue e fique isento de pagamento. Paralelamente a isso, proíbe a regulamentação cobrar pelas mensagens que informam a indisponibilidade ou esgotamento da capacidade de armazenamento da caixa de correio de voz. O tempo máximo para mensagens e sinais da operadora, anteriores à recuperação de cada mensagem armazenada no correio de voz, é de seis segundos, não podendo ser considerado como transferência de chamada o encaminhamento para a caixa de mensagens.

Chamadas a cobrar

No faturamento das chamadas a cobrar,[139] a unidade de tempo de tarifação terá o limite de seis segundos, com um tempo inicial de tarifação de

---

[139] *Chamada a Cobrar*: chamadas que utilizam marcação especial fixada no Regulamento de Numeração nas quais a responsabilidade pelo pagamento do valor da chamada é do usuário de destino da chamada.

trinta segundos, somente podendo ser faturadas aquelas chamadas com duração superior a 6 segundos. A operadora do usuário que recebe a chamada (a cobrar) não pode cobrar valor superior ao que seria devido caso essa chamada tivesse sido originada por ele. Nas Regiões Fronteiriças, entretanto, as prestadoras podem fazer acordos para a realização de chamadas a cobrar, adequando-as aos respectivos regulamentos.

Planos Pós-Pagos

A adesão do usuário a plano de serviço pós-pago formaliza-se em documento que contém o plano de serviço escolhido, a indicação da prestadora de STFC responsável pelo encaminhamento das chamadas que devam ser pagas na condição de usuário visitante,[140] bem como o valor, a forma de medição e os critérios de cobrança dos serviços prestados.

Os documentos de cobrança, que devem permitir o pagamento parcial do débito, devem ser entregues ao usuário pelo menos cinco dias antes do vencimento, ressaltando-se que a operadora deve oferecer, no mínimo, seis possíveis datas para que o usuário efetue os seus pagamentos mensais. É permitido o faturamento conjunto de serviços de interesse coletivo, bem como o pagamento individualizado de cada serviço.

Suspensão do serviço

Quando ocorrer o não-pagamento da conta, o usuário deverá receber aviso formal do seu inadimplemento, após o qual todos os documentos de cobrança o alertarão para a existência de débito vencido, e os prazos para suspensão parcial, suspensão total e cancelamento do serviço. Permanecendo a situação de inadimplência, a prestadora poderá, transcorridos trinta dias desde o referido aviso formal, suspender parcialmente o provimento do serviço, com bloqueio das chamadas originadas e das chamadas terminadas que importem em débito para o usuário, permitindo-lhe, entretanto, durante esse período, originar chamadas aos serviços públicos de emergência. Transcorridos trinta dias desde a suspensão parcial: suspender totalmente o provimento do serviço, inabilitando-o a originar e receber chamadas. Transcorridos trinta dias de suspensão total do provimento do serviço, a prestadora poderá desativar definitivamente a estação móvel do usuário, rescindindo o contrato de prestação do SMP.

Tanto a suspensão parcial quanto a total devem ser precedidas de aviso formal, com quinze dias de antecedência, comunicando ao usuário o direito

---

[140] Regulamento do SMP – Art. 77. A chamada dirigida a Usuário Visitante será tratada como composta por 2 (duas) chamadas distintas para efeito de faturamento. §1º A primeira chamada tem origem no Usuário chamador e destino na Área de Registro do Usuário, cabendo seu pagamento ao chamador. §2º A segunda chamada tem origem na Área de Registro do Usuário e destino no local em que este se encontra, cabendo seu pagamento ao Usuário Visitante.

de receber relatório detalhado de serviços, a possibilidade, forma e prazo para contestação do débito, e a sanção a que estará sujeito na ausência de contestação. Este aviso deverá ser renovado antes de cada nova sanção. Antes da rescisão do contrato, é vedada a inclusão de registro do débito do usuário no SPC ou SERASA. No caso de cobrança conjunta, se o usuário não estiver inadimplente perante a sua prestadora de SMP, as sanções somente atingirão o provimento dos serviços na modalidade e prestadora em que houver inadimplência, dando-se continuidade normal à prestação das outras, prevê a regulamentação.

Uma vez pago o débito e encargos, antes da rescisão do contrato, deve a operadora restabelecer o serviço em até vinte e quatro horas contadas do conhecimento da sua efetivação, sendo assegurado ao usuário o direito de, gratuitamente, requerer informações quanto ao registro da sua inadimplência e a retificação decorrente do pagamento.

Plano básico e planos alternativos

Todas as prestadoras de SMP estão obrigadas a estabelecer um plano básico de serviço, para pagamento após a prestação e mediante faturamento mensal. Esse plano deve ser uniforme para toda a área de prestação[141] e de oferta obrigatória, em condições igualitárias, a todos os interessados, antes de quaisquer outros planos, devendo possuir a ele vinculado o maior número de códigos de acesso comparado com cada um dos demais planos de serviço pós-pagos. Deve caracterizar-se por, no mínimo, possibilitar comunicações telefônicas pela estação móvel do usuário; pela inexistência de prazo de carência para se mudar de plano; prazo de carência de vinte e quatro meses para alteração do plano pela prestadora; unidade de tempo de tarifação limitada a seis segundos; tempo inicial de tarifação limitado a trinta segundos; chamadas faturáveis somente com duração superior a três segundos; discriminação individualizada, na cobrança, dos valores da Habilitação,[142] Assinatura,[143] Valor de Comunicação 1 (VC1),[144] Adicional por Chamada (AD);[145] periodicidade mensal, pelo menos, nas cobranças; ausência de cláusula que estabeleça valor máximo da conta mensal de serviços. O plano básico não pode conter cláusula que inclua tempo de utilização cuja remu-

---

141 *Área de Prestação* é a área geográfica composta por um conjunto de Áreas de Registro, delimitada no Termo de Autorização, na qual a Prestadora de SMP está autorizada a explorar o serviço.
142 *Habilitação*: valor devido pelo usuário em razão da ativação de sua estação móvel.
143 *Assinatura*: valor fixo mensal devido pelo usuário por ter ao seu dispor o SMP nas condições previstas no plano de serviço ao qual, por opção, está vinculado.
144 *Valor de Comunicação 1 – VC1*: valor devido pelo usuário, por unidade de tempo, pela realização de chamada destinada a código de acesso do STFC associado à área geográfica interna à área de registro de origem da chamada.
145 *Adicional por Chamada – AD*: valor fixo cobrado pela prestadora de SMP, por chamada recebida ou originada, quando o usuário estiver localizado fora de sua área de mobilidade.

neração não obedeça a esses critérios e/ou esteja incluída nos valores fixos devidos pelo usuário.

As operadoras podem estabelecer planos pós-pagos alternativos, com estrutura, critérios e valores diferentes do plano básico, que devem ser objeto de opção dos usuários, sem discriminação. Esses planos, repita-se, que são opcionais, podem, a qualquer tempo, deixar de ser comercializados, observando-se quanto aos contratos vigentes, o prazo de carência que foi previsto para a sua extinção. A operadora, desejando extingui-lo, por razões comerciais, deverá comunicar o fato aos usuários afetados, concedendo-lhes um prazo de, no mínimo, seis meses para optarem por outro plano de serviço.

Planos Pré-Pagos

Planos pré-pagos de serviço são aqueles em que o serviço é prestado mediante pagamento antecipado através da inserção de créditos pelo usuário,[146] que passa a poder utilizá-los em suas chamadas. Na ausência de documento expresso, considera-se firmado, por adesão, o contrato de prestação associado a planos pré-pagos, quando da realização da primeira chamada a partir da estação móvel.

É direito do usuário de plano pré-pago utilizar os créditos existentes junto à prestadora do SMP para remunerar a operadora de Longa Distância por ele selecionada, bem como para originar ou receber chamadas fora de sua área de registro, o que obriga as operadoras a pactuarem acordos que prevejam remuneração específica à Prestadora do SMP, pelos custos operacionais decorrentes, cujas condições devem ser estendidas de forma equivalente às demais interessadas.

Plano Pré-Pago de Referência e alternativos

Nenhum plano pré-pago pode ser ofertado sem que a prestadora tenha à disposição, para oferta obrigatória a todos os interessados, um *Plano de Referência de Serviço*, de pagamento antecipado. O plano de referência, que se poderia considerar como um plano pré-pago *básico*, deve possuir, no mínimo, características semelhantes ao plano básico, e possuir a ele vinculado o maior número de códigos de acesso, comparado com cada um dos demais planos pré-pagos e considerando os contratos vigentes. A operadora também está autorizada a ofertar planos pré-pagos alternativos.

---

[146] *Inserção de Créditos* é o procedimento de usuário de Planos Pré-Pagos de Serviço por meio do qual ele demonstra junto à prestadora a aquisição de créditos e passa a poder utilizá-los em suas chamadas.

Créditos – prazo de validade – bloqueios – rescisão

Os créditos utilizados nos planos pré-pagos podem ser oferecidos com qualquer prazo de validade, desde que igual ou superior a 90 dias, sendo vedado à prestadora fazer funcionar ponto de venda de créditos nos quais não os ofereça com validade de 90 dias. Para que o usuário não seja prejudicado em face da possibilidade dos créditos possuírem prazo de validade, estabelece a regulamentação que, sempre que inserir novos créditos a um saldo existente, a prestadora deverá utilizar inicialmente os créditos com menor prazo de validade remanescente. Não dispondo de meios para fazê-lo, a prestadora deverá revalidar a totalidade do saldo de crédito resultante, pelo maior prazo, entre o dos novos créditos inseridos e o restante do crédito anterior. Essa revalidação, entretanto, pode estar dissociada de eventuais promoções específicas dos créditos que a prestadora venha a realizar.

A faculdade de atribuir prazos de validade à utilização dos créditos impõe às operadoras o dever de disponibilizar aos usuários recurso que lhes possibilite a verificação, sem ônus, em tempo real, do crédito existente, bem como do prazo de validade, devendo ser comunicado quando os créditos estiverem na iminência de acabar. Dentro do prazo de validade dos créditos, a originação ou recebimento de chamadas que não impliquem débitos para o usuário não podem ser condicionados à existência de créditos ativos (art. 55).

Esgotado o prazo de validade, o serviço pode ser suspenso parcialmente, com bloqueio para chamadas originadas, bem como para o recebimento de chamadas a cobrar, permitido o recebimento de chamadas que não importem em débitos para o usuário pelo prazo de, no mínimo, 30 dias. É a suspensão parcial. Vencido esse prazo, o serviço poderá ser suspenso totalmente, com o bloqueio para o recebimento de chamadas pelo prazo de, no mínimo, 30 dias. Vencido este último prazo, o contrato de prestação do SMP pode ser rescindido pela prestadora. Enquanto durarem os bloqueios, deve ser permitido ao usuário originar chamada para a prestadora a fim de ativar novos créditos, bem como para acessar os serviços públicos de emergência.[147]

[147] Estabelece a Norma ANATEL 03/98 – *Critérios para elaboração e aplicação de plano de serviço pré-pago no Serviço Móvel Celular*, no item 4.6.1: "O usuário do Plano de Serviço Pré-Pago que: a) ativou o crédito, ou b) terminou o seu crédito, ou c) usou parcialmente o mesmo, terá no mínimo 90 (noventa) dias, contados a partir da ativação do crédito do serviço, para usar os seus créditos remanescentes ou inserir novos créditos. Após esse prazo, o serviço será bloqueado imediatamente para chamadas originadas. A partir desse bloqueio, o usuário do Plano de Serviço Pré-Pago terá mais, no mínimo, 30 (trinta) dias contínuos para receber chamadas, podendo ligar para a prestadora do SMC para ativar novos créditos. Após esses 30 (trinta) dias, o serviço será totalmente bloqueado para originar e receber chamadas, sendo permitido somente ligação para a prestadora do SMC para ativar novos créditos. Após mais, no mínimo, 30 (trinta) dias e completados, no mínimo, 150 (cento e cinqüenta) dias da ativação dos créditos, o serviço será cancelado. 4.6.1.1 Sempre que o usuário de Plano de Serviço Pré-Pago adicionar créditos ao saldo existente, o novo saldo de crédito será revalidado por um novo período de, no mínimo, 90 (noventa) dias". Cumpre esclarecer que há, presentemente, no mercado, modalidades *promocionais* de comercialização de cartão Pré-Pago, com prazos de validade diferentes do estabelecido na mencionada Norma.

O Ministério Público Federal tem questionado judicialmente a legalidade da norma regulamentar que estabelece prazos de validade (90 dias) para os créditos adquiridos no plano de serviço pré-pago,[148] bem como a possibilidade de rescisão unilateral do contrato, pela operadora, após completados, no mínimo, 150 dias da ativação dos créditos, ao argumento de que vem sendo utilizada contra os interesses do consumidor. A ANATEL tem manifestado tratar-se de serviço prestado em regime privado, de fruição opcional, cuja disciplina foi previamente posta e aprovada em consulta pública,[149] sobre o qual está obrigada a observar exigência de mínima intervenção, conforme art. 128 da LGT, sustentando, de outra parte, que esses prazos visam a não comprometer o custo do serviço, uma vez que as prestadoras dimensionam suas redes para determinado tráfego médio por usuário, é dizer, uso médio por usuário. Os prazos mínimos para utilização dos créditos seriam, então, o mecanismo concebido para assegurar a prestação do serviço a baixo custo, garantindo a competição. Correto, a nosso ver, esse entendimento. Até porque a competição hoje existente entre as prestadoras já atua no sentido de alongar esses prazos.

Contestação de débitos

É direito do usuário questionar os débitos lançados contra ele na conta, o que pode ser feito pessoalmente ou por representante legal, verbalmente ou por escrito, por qualquer meio de comunicação à distância, cabendo à prestadora responder esses questionamentos no prazo de até trinta dias da contestação. Contestado o débito, suspende-se a fluência dos prazos previstos para a suspensão do serviço, até que o impugnante seja notificado da decisão da prestadora. Quando contestado parte do débito, essa suspensão estará condicionada ao pagamento da parte incontroversa. Nos planos pós-pagos, a contestação deverá ser feita no prazo de até noventa dias do vencimento da conta impugnada, enquanto nos planos pré-pagos, em trinta dias contados do recebimento do relatório detalhado de serviço previsto no art. 7º.

Todo valor cobrado indevidamente deve ser devolvido em até trinta dias após a contestação da cobrança, acrescido dos mesmos encargos aplicados pela prestadora aos valores pagos com atraso, preferencialmente em documento de cobrança de prestação de serviços ou através de créditos para utilização pelo usuário (art. 63).

Seleção de prestadora de longa distância

Cada vez que o usuário do SMP for originar uma chamada de longa distância, deverá selecionar a prestadora de STFC de sua preferência

---

[148] Justiça Federal – Circunscrição de Florianópolis – 4ª Vara – Processo nº 2002.72.00.007170-8.
[149] Consulta Pública nº 69, de 31.8.98.

para o devido encaminhamento. Considera-se de longa distância a chamada destinada a código de acesso pertencente à área geográfica externa à área de registro de origem da chamada. Nas chamadas com seleção de prestadora, o valor devido pelo usuário é fixado pela prestadora de STFC de Longa Distância, cabendo-lhe a receita correspondente, o que não exclui o direito da prestadora de SMP ao recebimento da remuneração pelo uso de sua rede, bem como do Adicional por Chamada – AD, nas hipóteses previstas.

A chamada dirigida a usuário visitante será tratada, para efeito de faturamento, como 2 (duas) chamadas distintas: a primeira tem origem no usuário chamador e destino na área de registro do Usuário, cabendo seu pagamento ao chamador; a segunda tem origem na área de registro do usuário e destino no local em que este se encontra, cabendo seu pagamento ao usuário visitante. Aplica-se o mesmo critério às chamadas reencaminhadas para outro código de acesso a pedido do Usuário, caso em que a segunda chamada terá destino no código para o qual foi reencaminhada a chamada (art. 77).

Inexistindo seleção prévia, a chamada deverá ser encaminhada à prestadora de STFC cuja tarifa for a menor dentre as praticados pelas prestadoras de STFC junto ao público em geral.

Do Sigilo

A prestadora de SMP é responsável pela inviolabilidade do sigilo e confidencialidade das comunicações, dados e informações, em toda a sua rede, devendo empregar os meios e a tecnologia necessários para isso, especialmente para assegurar a inviolabilidade do sigilo nos enlaces radioelétricos entre a Estação Rádio Base (ERB)[150] e a estação móvel. Prevê a regulamentação que os equipamentos e programas necessários à suspensão do sigilo, quando possível e na forma da lei devem integrar a plataforma da prestadora, que deve arcar com os respectivos custos.

Não constitui quebra de sigilo a identificação, pelo usuário chamado, do originador da chamada, sempre que este a tal não se opuser – prevê a regulamentação – devendo ser permitida a identificação do usuário originador da chamada sempre que a ligação destinar-se a serviços públicos de emergência.

Parece paradoxal que a regulamentação atribua ao usuário o direito de originar chamadas anônimas, ao mesmo tempo em que assegura ao destinatário da chamada o direito de identificá-las. A comunicação telefônica, em quaisquer de suas modalidades e regimes de prestação tornou-se tão

---

[150] *Estação Rádio Base – ERB* é a estação de radiocomunicações de base do SMP, usada para radiocomunicação com as estações móveis.

necessária que não deveria comportar o paradoxo. Reflete a tutela jurídica da privacidade, sabemos, mas há inúmeras circunstâncias na vida em que o anonimato é prejudicial à convivência.

Atendimento aos Usuários

A operadora de SMP deve disponibilizar acesso telefônico gratuito a setor de informação e de atendimento ao usuário – aos denominados *call center's* – e divulgar os endereços dos postos de atendimento públicos. Essa gratuidade inclui as chamadas originadas de estações fixas ou móveis de qualquer localidade dentro do território nacional.

Da instalação e licenciamento de estações de telecomunicações

A instalação das estações de telecomunicações[151] do SMP é precedida de apresentação à ANATEL de projeto, acompanhado de Anotação de Responsabilidade Técnica – ART, dentre outros documentos. Para a Estação Rádio Base (ERB) deve ser apresentado o detalhamento do projeto técnico, com mapa de cobertura e a metodologia utilizada nos respectivos cálculos. Durante o prazo de instalação a prestadora pode operar, experimentalmente, por trinta dias, desde que solicite licença à ANATEL, sendo proibida nesse período a operação comercial.

A prestadora deve licenciar todas as suas estações. A ERB somente pode iniciar o funcionamento comercial após licenciamento específico, exigindo-se o mesmo procedimento com relação às Repetidoras do SMP,[152] sendo dispensado, entretanto, licenciamento para o denominado Reforçador de Sinais do SMP.[153] Paralelamente ao licenciamento junto à ANATEL as demais exigências dos poderes públicos também devem ser atendidas pelas prestadoras. Assim, por exemplo, toda a infra-estrutura utilizada na prestação do serviço deve observar as normas técnicas e as leis municipais e estaduais relativas à construção civil e à instalação de cabos e equipamentos em logradouros públicos, incluído nessas obrigações o licenciamento ambiental. Ao requerimento de emissão da Licença de Funcionamento de Estação a prestadora deverá anexar declaração, firmada por profissional habilitado, de que a estação não submeterá a população a campos eletro-

---

[151] *Estação de telecomunicações* é o conjunto de equipamentos ou aparelhos, dispositivos e demais meios necessários à realização de telecomunicação, seus acessórios e periféricos, e, quando for o caso, as instalações que os abrigam e complementam, inclusive terminais portáteis. (LGT, art. 60, § 2°)
[152] *Repetidora do SMP* é a estação destinada a amplificar sinais de radiofreqüência recebidos de canais específicos de uma determinada estação rádio base, transmitidos para a estação móvel e vice-versa.
[153] *Reforçador de Sinais de SMP* é o equipamento destinado a operar em ambiente interno ou fechado que amplifica, em baixa potência e sem translação de freqüência, os sinais recebidos de todos ou de um conjunto específico de canais de radiofreqüência, de cada uma das subfaixas destinadas ao SMP.

magnéticos na faixa de radiofreqüência de valores superiores aos limites adotados pela ANATEL (art. 90).

Código de Acesso

Na comunicação móvel – SMC, SMP – não há divulgação obrigatória de lista de assinantes, como ocorre na telefonia fixa (STFC), daí prever a regulamentação que a prestadora mantenha cadastro em que conste se a divulgação do código de acesso é autorizada pelo usuário.

Por iniciativa da prestadora, somente poderá ser alterado o código de acesso uma vez por triênio, salvo casos especiais, devidamente justificados perante a ANATEL. Essas alterações devem ser comunicadas ao usuário com antecedência mínima de 90 dias. Embora também aqui a regulamentação preveja o direito, exercitável onerosamente, à portabilidade do código de acesso, que possibilita ao usuário manter o número da estação móvel independentemente de prestadora ou de área de prestação do serviço, é preciso esclarecer que essa facilidade não se encontra regulada no Brasil (nem internacionalmente), pelo que se tem ainda por inexigível.

O processo de expedição de autorização para exploração do SMP obedece ao disposto no Plano Geral de Autorizações do SMP (PGA-SMP), bem como no Regulamento de Licitação para Concessão, Permissão e Autorização de Serviço de Telecomunicações e de Uso de Radiofreqüência.

Cadastramento de usuários do serviço pré-pago

A partir de 18 de julho de 2003, por força da Lei n° 10.703, dessa data, todas as prestadoras de telefonia móvel estão obrigadas a manter cadastro atualizado de usuários do serviço pré-pago. O cadastro de identificação do usuário desse serviço foi motivado por um certo clamor social ante a facilidade com que as estações móveis vinham tendo a titularidade substituída e nos grandes centros urbanos sendo utilizadas para fins criminosos. Estados começaram a legislar sobre o cadastramento,[154] cada um a seu modo, obrigando-se a União a fazê-lo, para uniformizar. Além do nome e do endereço completo do titular do aparelho, do cadastro devem constar o número do documento de identidade e o do registro no cadastro do Ministério da Fazenda (CPF/MF). No caso de pessoa jurídica, o número de registro no cadastro do MF. A Lei obriga os estabelecimentos que comercializam estações móveis para a modalidade pré-paga a informarem as respectivas operadoras, no prazo de 24 horas após a realização da venda, os dados exigidos para o cadastramento, sob pena de multa de até R$ 500,00 por infração. Por força do art. 4° da Lei 10.703/03, os usuários são obrigados a

---

[154] No Espírito Santo, por exemplo, editou-se a Lei n° 7.175, de 21 de maio de 2002.

comunicar imediatamente as operadoras o roubo, furto ou extravio de aparelhos, a transferência de titularidade e bem assim qualquer alteração das informações cadastrais, sob pena de multa de até R$ 50,00 por infração, cumulada com o bloqueio do serviço. Para as prestadoras que não cumprirem suas determinações a lei prevê multa de R$ 100.000,00 e "rescisão contratual".

14.3. Serviço Móvel Especializado (SME)

Conceito

Serviço Móvel Especializado (SME) é o serviço de telecomunicações móvel terrestre, de interesse coletivo, que utiliza sistema de radiocomunicação, basicamente, para a realização de operações tipo despacho e outras formas de telecomunicações. Operação tipo despacho é a comunicação entre estações fixas e estações móveis ou entre duas ou mais estações móveis, na qual uma mensagem é transmitida simultaneamente a todas as estações ou a um grupo de estações e efetuada mediante compartilhamento automático de um pequeno número de canais, de forma a otimizar a utilização do espectro. É regido pela Lei n° 9.472/97, pelo Regulamento dos Serviços de Telecomunicações e pelo Regulamento do Serviço Móvel Especializado, aprovado pela Resolução n° 221, de 27.4.00, da ANATEL. O Plano Geral de Autorizações do SME está contido no Anexo à Resolução da n° 275, de 25.9.01, da ANATEL, que o aprovou.

O SME é prestado em regime privado, mediante autorização, destinado a pessoas jurídicas ou grupo de pessoas, naturais ou jurídicas, que realizam atividade específica. O serviço caracteriza-se pela mobilidade do assinante, que dele se utiliza mediante contrato específico com a prestadora. Também denominado *trunking*, esse serviço assemelha-se à telefonia celular, funcionando através do popular aperte e fale.

Condições de prestação

A autorização para exploração do SME é expedida por prazo indeterminado. O uso de radiofreqüência associada, entretanto, tem prazo de quinze anos, renovável por igual período, uma única vez. A transferência da autorização exige prévia anuência da ANATEL, e somente poderá realizar-se após três anos do início efetivo da operação comercial do serviço, não sendo admitida se prejudicar a competição. A autorização para explorar o SME se extingue por cassação, caducidade, decaimento, renúncia ou anulação, conforme previsto na Lei n° 9.472/97.

As prestadoras do SME também estão obrigadas a prestá-lo adequadamente, cumprindo metas de qualidade e informando ao assinante, com antecedência mínima de 48 horas, as condições de suspensão do serviço não ditada por evento de força maior, e cento e oitenta dias, quando da cessação do serviço. Aos assinantes e usuários, além dos direitos e deveres previstos na Lei n° 8.078, de 11.9.90, são conferidos os da legislação de telecomunicações aplicável, sendo a prestação do SME condicionada à celebração de contrato de tomada de assinatura entre a operadora e o interessado, a quem deverá ser entregue um Manual do SME, informando o necessário ao bom uso do serviço, os critérios de cobrança, etc.

A inadimplência do assinante quanto aos pagamentos pela fruição do serviço autoriza a sua suspensão, mediante prévio aviso de quinze dias. Transcorridos trinta dias da suspensão e permanecendo a inadimplência, através de um outro prévio aviso de quinze dias a prestadora poderá desativar, definitivamente, a estação móvel do assinante, e rescindir o contrato. A apresentação de contestação dos débitos[155] suspenderá, obviamente, a fluência desses prazos, até que o assinante seja notificado da decisão da prestadora.

14.4. Serviço Móvel Especial de Radiochamada (SER)

Conceito

Serviço Especial de Radiochamada (SER), regulamentado pelo Decreto n° 2.196, de 8.4.97, é o serviço de telecomunicações não aberto à correspondência pública, com características específicas, destinado a transmitir, por qualquer forma de telecomunicação, informações unidirecionais originadas em uma estação de base e endereçadas a receptores móveis, utilizando-se das faixas de radiofreqüências de 35 Mhz e 931 Mhz, 929 Mhz e 931 Mhz, e radiofreqüências de 166,05 Mhz e 451, 575 Mhz.

As condições para outorga do SER e sua exploração estão contidas na Norma n° 17/97, aprovada pela Portaria n° 1.306, de 3.11.97, do Ministro das Comunicações; Norma n° 15/97, aprovada pela Portaria n° 558, de 3.11.97; Decreto n° 1.719, de 28.11.95; Portaria n° 1.150, de 21.12.94; Portaria n° 218, de 20.4.94; Portaria n° 085, de 6.6.94.

Condições de prestação

O Serviço Especial de Radiochamada é explorado mediante permissão, caracterizando-se situação de dispensa ou inexigibilidade de licitação

---

[155] O assinante tem um prazo de cento e vinte dias contados da data do recebimento do documento de cobrança para contestar débitos contra ele lançados na conta, não se obrigando ao pagamento dos valores, além dos que considere devidos, estando a prestadora proibida de recusar o pagamento parcial (Regulamento do SME, artigos 46 a 48).

sempre que o espectro de radiofreqüências disponível for suficiente para atender aos interessados. As entidades interessadas em explorar o serviço deverão requerê-lo à repartição da ANATEL em cuja jurisdição esteja localizada a sede da requerente. Quando dispensável ou inexigível a licitação, o interessado apresentará documentação relativa à habilitação jurídica, qualificação técnica, qualificação econômico-financeira e regularidade fiscal, conforme previsto nos artigos 14 a 17 do Decreto n° 2.196/97. A outorga de permissão é formalizada por contrato de adesão, firmado por 15 anos, renovável por igual períodos.

Quando a prestação do serviço realizar-se em âmbito nacional, mesorregional ou microrregional (conforme definições da Fundação IBGE), deverá ser feita de forma integrada, por uma mesma permissionária, mediante utilização de sistema que permita o acionamento simultâneo ou seqüencial de quaisquer unidades da Federação, entre diferentes localidades que compõem, exclusivamente, a mesorregião, ou entre diferentes localidades que compõem, exclusivamente, a microrregião, respectivamente. Quando a prestação for em área de serviço local, deverá ser feita de forma isolada (uma ou mais localidades do território nacional), sendo vedada a interconexão entre as estações de uma mesma permissionária que esteja a prestar o serviço em diferentes localidades.

Interconexão de redes

A operadora do Serviço Especial de Radiochamada pode solicitar interconexão à rede pública de telecomunicações, em quaisquer pontos de sua conveniência, desde que tecnicamente viáveis, cabendo às operadoras de STFC prové-las, ou indicar alternativas quando as condições técnicas comprovadamente o exigirem. Revigora-se, aqui, o princípio da obrigatoriedade da operadora propiciar a interconexão requerida, previsto na LGT e que orienta toda a legislação de telecomunicações. A contratação de circuitos da rede pública para complementação da rede do SER caracteriza exploração industrial de serviços de telecomunicações. Uma vez contratados, serão considerados como integrantes da rede do SER.

O tráfego simultâneo originado e terminado na rede pública não poderá ser encaminhado através de rede de SER, permitindo-se, entretanto, a interconexão entre redes de SER, bem como que as operadoras possam interligar as estações que compõem o seu sistema situadas em localidades distintas aos respectivos centros de mensagens, através de meios de telecomunicações próprios, cedidos ou alugados de terceiros (ou a combinação destes), quando explorarem o serviço em área nacional, mesorregional ou microrregional.

14.5 Serviço Móvel Global por Satélite (SMGS)

Conceito

Serviço Móvel Global por Satélites (SMGS), é o serviço móvel, por satélite, de âmbito nacional e internacional, que utiliza como suporte o Serviço de Transporte de Sinais de Telecomunicações por Satélites Não-Geoestacionários,[156] cujas estações de acesso são interligadas a redes terrestres, fixas ou móveis. É regulado pela Norma n° 16/97 – *Serviço Móvel Global por Satélites Não-Geoestacionários*, aprovada pela Portaria n° 560, de 3.11.97, do Ministro de Estado das Comunicações.

É possível considerar, para fins didáticos, que o SMGS tem origem no denominado Projeto Iridium,[157] através do qual estabeleceu-se um consórcio internacional, com sede em Washington, composto por 17 investidores, liderado pela Motorolla e com a participação da Korean Mobile Telecommunications, Lockeed Martin, DDI, Kyocera, Raythen Company, Stet e Sprint, que concebeu e instalou um serviço de comunicação móvel mundial, cuja estação móvel possuía o mesmo código de acesso onde quer que estivesse o usuário, em qualquer ponto da terra, funcionando pela utilização de um sistema composto por 66 satélites de baixa órbita.[158] O projeto possuía 11 bases terrestres (*gateways*), uma das quais no Rio de Janeiro, com os centros mundiais de controle da rede espacial de telecomunicações (lançamento, monitoração e controle de satélites, estações de telemetria e rastreamento) em Chandler, Arizona (EUA), Virgínia (EUA), Fiucino (Itália), Havaí, Groenlândia e Canadá.

Concorrente da Iridium, à época, a GLOBALSTAR DO BRASIL foi a segunda empresa a receber da ANATEL autorização para exploração de satélites de baixa órbita em território brasileiro.

Condições de prestação

A exploração do SMGS é autorizada por 15 anos, prorrogáveis por igual período. As interessadas devem requerê-la com a comprovação de entendimentos para estabelecimento de acordo com o prestador do Serviço de Transporte de Sinais de Telecomunicações por Satélite Não-Geoestacio-

---

[156] O Serviço de Transporte de Sinais de Telecomunicações por Satélites Não-Geoestacionários, que é um serviço público restrito, é regulado pela Norma n° 10/97 – *Serviço de Transporte de Sinais de Telecomunicações por Satélite Não-Geoestacionário*, aprovada pela Portaria n° 402, de 19.8.97, do Ministro de Estado das Comunicações.

[157] Nome de um elemento químico raro.

[158] Satélites de baixa órbita, os chamados LEOS – *low-Earth orbit* – ficam a uma distância entre 700 quilômetros e 1,5 quilômetros de altitude, e levam pouco mais de cem minutos para dar uma volta inteira ao redor do planeta, ao contrário dos de média órbita (10 mil quilômetros de altitude) e os satélites geoestacionários (36 mil quilômetros).

nário, ou apresentação do acordo, bem como a pretendida área de prestação. O início da exploração comercial do SMGS somente pode ocorrer após o estabelecimento de acordo operacional e comercial com o prestador de Serviço de Transporte de Sinais de Telecomunicações por Satélite-STS.

Ao assinante do SMGS é permitido que a estação móvel (estação de SMGS) por ele utilizada receba e origine, automaticamente, em qualquer ponto da área de cobertura definida pela operadora, chamadas telefônicas de e para qualquer outro assinante do STFC e do SMC/SMP. A operadora de SMGS, de outra parte, deve assegurar o acesso gratuito dos seus assinantes aos serviços de emergência disponíveis no STFC.

Tratando-se de serviço remunerado por tarifas é direito da operadora desativá-lo, por inadimplência do assinante, por fraude, ou, ainda, pelas razões operacionais previstas (Norma n° 16/97, item 9.1).

A operadora de SMGS não pode recusar, sem motivo justificado, o atendimento a interessado que solicite a prestação do serviço, desde que tecnicamente possível, sendo direitos mínimos do assinante, de par com os estabelecidos na Lei n° 8.078, de 11.9.90, o de receber serviço adequado, com as informações necessárias ao seu bom uso, de obter e utilizar o serviço com liberdade de escolha, de optar pela divulgação do seu código de acesso. Dentre as obrigações destacam-se a de levar ao conhecimento da ANATEL e da operadora as irregularidades referentes ao serviço de que tenha conhecimento, bem como a de comunicar os atos ilícitos praticados na sua prestação.

14.6 Serviço Móvel Marítimo (SMM)

Conceito

Serviço Móvel Marítimo (SMM) é o serviço de telecomunicações destinado às comunicações entre estações costeiras e estações de navio, bem como entre estações terrenas costeiras e entre estações terrenas instaladas a bordo de navios, embarcações ou dispositivos de salvamento. Também podem participar desse serviço estações em embarcações ou dispositivos de salvamento e estações de emergência de radiobaliza indicadora de posição.

O GMDSS

Em 1979, a Organização Marítima Internacional (IMO) deu início à implantação de um sistema de socorro e segurança denominado *Global Maritime Distress and Safety System* (GMDSS) – Sistema Global de Socorro e Segurança Marítima –, que utiliza tecnologia de sistemas terrestre e de satélite, bem como sistemas de radiocomunicação a bordo dos navios, objetivando alerta rápido e automático nos casos de socorro marítimo e informações de segurança, tais como alertas meteorológicos e de navegação, previsões do tempo, etc. A utilização do GMDSS é obrigatória para navios de carga de 300 toneladas e acima, em viagens internacionais ou em mar aberto, bem como para todos os navios de passageiros carregando mais de doze passageiros, quando em viagens internacionais ou em mar aberto. Dentre as vantagens desse sistema destacam-se o fato de prover alerta a navio para costa, em todo o mundo, independente dos navios que estejam passando, bem como por simplificar as operações de rádio, melhorando as de busca e resgate, que podem ser coordenadas dos centros de controle de costa, e permitir a identificação de um navio e determinar sua localização precisa em qualquer lugar do mundo. Os sistemas de satélite operados pela INMARSAT (Organização de Satélite Marítimo Internacional), que dão provimento a serviços de comunicação telefônica, telex e transmissão de dados de alta velocidade, são integrantes do GMDSS.

O MMSI

Considerando a necessidade de os sistemas automáticos de telecomunicações identificarem as embarcações, a União Internacional de Telecomunicações (UIT) recomendou a adoção de uma identitificação única para as mesmas.[159] O *Maritime Mobile Service Identity* (MMSI) – Identificação do Serviço Móvel Marítimo – consiste nessa espécie de identidade de cada navio, formada por uma série de nove dígitos, transmitidos por sistemas de rádio e que identificam estações de navio e permitem, dentre outras operações, a conexão às redes telefônicas comuns.

Condições de prestação

O Serviço Móvel Marítimo é prestado mediante autorização, como serviço privado, e tem como área de abrangência todo o território brasileiro, as áreas de responsabilidade do Brasil no tocante à salvaguarda da vida humana no mar e à segurança da navegação, bem como as águas de navegação fluvial que alcancem o mar. A Autorização é expedida por prazo indeterminado, a título gratuito, nos termos do art. 207, § 3°, da LGT, sem prejuízo do pagamento das taxas de fiscalização de instalação e de funcionamento, do caráter oneroso de autorizações de uso de radiofreqüência, conforme artigo 48 da LGT, nem da obrigatoriedade de contribuição para

---

[159] Recomendação n° 585-2 do UIT-R : Os navios de carga de 300 toneladas e acima, e de passageiros carregando mais de doze, e outras embarcações, quando em viagens internacionais ou em mar aberto, equipados com sistemas de radiocomunicação automática, incluindo chamada seletiva digital ou que tenha dispositivos do GMDSS, devem ter um MMSI. Em 9.2.98, pela Carta Circular CM/4, o Bureau de Radiocomunicação da UIT orientou quanto à consignação dos MMSI.

os fundos previstos nos artigos 77 e 81, II, da LGT. O uso das radiofreqüências associadas é autorizado a título oneroso pelo prazo de quinze anos, prorrogável por mais um período, o que não elide a prerrogativa da ANATEL de modificar a sua destinação ou ordenar a alteração de potências ou outras características técnicas.

Os usuários têm direito de acesso ao serviço em padrões de qualidade e eficiência, a tratamento não-discriminatório, a informações adequadas, à inviolabilidade e sigilo de sua comunicação, à não-divulgação do seu código de acesso (sem ônus), mediante solicitação específica, à privacidade nos documentos de cobrança, e o mais que as normas legais de proteção e direitos do consumidor asseguram.

Comunicações de socorro e segurança no mar

As prestadoras do SMM, por força do contido nos Termos de Autorização firmados junto à ANATEL, estão obrigadas a manter escuta e ter capacidade de efetuar transmissões nas freqüências de socorro em HF, no mínimo em estações costeiras no Rio de Janeiro, em Recife e Manaus e, na freqüência de 156,7 MHz, nas estações de VHF da Rede Nacional de Estações Costeiras (RENEC), em operação quando da autorização, além de receber e transmitir mensagens de socorro pela estação terrena costeira de Tanguá, do sistema INMARSAT. Essas estações costeiras, inclusive a de Tanguá, somente poderão ser desativadas mediante anuência prévia da ANATEL, que avaliará as opções apresentadas, considerando o provimento dos serviços. As prestadoras devem, ainda, disponibilizar o sistema de Informações de Segurança Marítima (MSI – *Maritime Safety Information*), de acordo com o previsto no GMDSS, obrigando-se a prover meios e enlaces de transmissão para a divulgação de avisos aos navegantes e boletins meteorológicos, tornados disponíveis pela Marinha do Brasil, pelas estações costeiras, bem como meios e enlaces para permitir as comunicações para assistência médica de pessoas em grave e iminente perigo, entre os navios e embarcações e a Marinha.

15. Serviço de Comunicação Multimídia (SCM)

Conceito

Serviço de Comunicação Multimídia (SCM) é o serviço fixo de telecomunicações, de interesse coletivo, prestado em âmbito nacional e internacional, em regime privado, que possibilita a oferta de capacidade de transmissão, emissão e recepção de informações multimídia,[160] por quaisquer meios, dentro de determinada área de prestação. A prestação do SCM é disciplinada pelo Regulamento do Serviço de Comunicação Multimídia, aprovado pela Resolução ANATEL n° 272, de 9.8.01, e demais regulamentos aplicáveis. No SCM tem-se um sistema de comutação multisserviço, com convergência dos serviços de voz, dados e vídeo viabilizadas pelas inovações tecnológicas, em especial pela digitalização das telecomunicações. Sendo desnecessárias redes específicas para serviços específicos, tornou-se possível, por exemplo, a uma operadora de TV a Cabo ofertar outros serviços, já sendo uma realidade a convergência da televisão digital, acesso à Internet, telefonia, videoconferência e transmissão de dados.

Para os fins legais e regulamentares, o SCM distingue-se do STFC e dos serviços de comunicação eletrônica de massa, tais como o Serviço de Radiodifusão, o Serviço de TV a Cabo, o Serviço de Distribuição de Sinais Multiponto Multicanal (MMDS) e o Serviço de Distribuição de Sinais de Televisão e de Áudio por Assinatura via Satélite (DTH). A comunicação multimídia utiliza todas as tecnologias disponíveis para entregar *bits*, que podem servir para qualquer finalidade contanto que restrita à rede da operadora. Portanto, independe de plataforma, considerando-se multimídia qualquer serviço que leve sinais de áudio, vídeo, dados, voz, imagens, textos, aos usuários, seja por cabos, televisores, computadores ou outros meios.

Condições de prestação

O SCM é prestado em regime privado, sob autorização da ANATEL, por prazo indeterminado, a título oneroso, conforme artigos 48 e 132 da Lei

---

[160] *Informação multimídia* são sinais de áudio, vídeo, dados, voz e outros sons, imagens, textos e outras informações de qualquer natureza.

nº 9.472/97. As autorizações só podem ser concedidas a empresas constituídas segundo as leis brasileiras, com sede e administração no país, que não estejam proibidas de licitar ou contratar com o Poder Público, não tenham sido declaradas inidôneas ou não tenham sido punidas, nos dois anos anteriores, com a decretação da caducidade de concessão, permissão ou autorização para prestação de serviços de telecomunicações, ou caducidade do direito de uso de radiofreqüências. Precisam estar em situação regular com a Seguridade Social, além do que não poderão ser, na mesma área de prestação de serviço, ou parte dela, encarregadas de prestarem a mesma modalidade de serviço. A autorização se extingue por cassação, caducidade, decaimento, renúncia ou anulação, conforme LGT.

As condições para outorga de autorização e coordenação de uso de radiofreqüências estão estabelecidas no Regulamento de Uso do Espectro de Radiofreqüências, aprovado pela Resolução nº 259, de 19 de abril de 2001, devendo destacar-se que a autorização do SCM é dissociada do uso de radiofreqüência, uma vez que a prestação do serviço não está condicionada à sua utilização.

O SCM é prestado mediante contrato e tem como parâmetros de qualidade o fornecimento de sinais conforme as características estabelecidas na regulamentação. As prestadoras têm a obrigação de não recusar atendimento a pessoas cujas dependências estejam localizadas na área de prestação do serviço, salvo quando em área geográfica ainda não atendida pela rede. Devem descontar do valor da assinatura o equivalente ao número de horas ou fração superior a trinta minutos'de serviço interrompido ou degradado, em relação ao total médio de horas da capacidade contratada, bem como prestar à ANATEL informações técnico-operacionais necessárias à aferição do atendimento aos parâmetros de qualidade. O assinante do SCM possui os mesmos direitos e deveres previstos para os usuários de serviços de telecomunicações, de um modo geral.

Transferência da autorização e modificações societárias

A transferência da autorização de prestação do serviço e do uso da radiofreqüência associada exige prévia anuência da ANATEL e não será admitida se prejudicar a competição, observadas as normas gerais de proteção à ordem econômica e o que prevê a Lei nº 9.472/97. A transformação do tipo societário e a modificação da denominação social das operadoras e de suas sócias diretas e indiretas devem ser comunicadas à ANATEL no prazo de vinte dias após o registro do ato no órgão competente. Os acordos de sócios que regulam as transferências de quotas e ações, bem como o exercício do direito de voto, também deverão ser encaminhados à Agência em até quinze dias após o registro no órgão competente.

Adaptações ao regime do SCM

Na prestação do SCM é permitido o fornecimento de sinais de vídeo e áudio, de forma eventual, mediante contrato ou pagamento por evento. As prestadoras de Serviço Limitado Especializado, nas submodalidades de Rede Especializado e Circuito Especializado, bem como as de Serviço de Rede de Transporte de Telecomunicações (SRTT), compreendendo o Serviço por Linha Dedicada (SLD), o Serviço de Rede Comutada por Pacote (SRCP) e o Serviço de Rede Comutada por Circuito (SRCC), todos de interesse coletivo, podem requerer à ANATEL a adaptação das respectivas autorizações ao regime regulatório do SCM. A Resolução ANATEL nº 272/01 determina que não mais sejam expedidas autorizações para os mencionados serviços, eis que absorvidos pelo SCM.

16. Radiodifusão – Serviços de Radiodifusão de Sons e de Sons e Imagens (Rádio e Televisão)

Conceito

Uma das espécies de telecomunicação é a radiocomunicação, que utiliza freqüências radioelétricas não confinadas a fios, cabos ou outros meios físicos. Como subespécie da radiocomunicação, temos a *radiodifusão*,[161] que consiste no serviço de telecomunicações que compreende a transmissão de sons (radiodifusão sonora) e a transmissão de sons e imagens (televisão), destinadas a serem direta e livremente recebidas pelo público em geral. Os serviços de radiodifusão foram inicialmente regulados pelos preceitos da Lei nº 4.117, de 27.8.62, do Decreto nº 52.026, de 20.5.63, do Decreto nº 52.795, de 31.10.63, com as alterações subseqüentes (especialmente as dos Decretos nº 88.067, de 26.1.83, e nº 2.108, de 24.12.96), e das normas baixadas pelo Ministério das Comunicações, observando, quanto à outorga, as disposições da Lei nº 8.666, de 21.6.93. Estão sujeitos às normas internacionais em vigor, e as que no futuro se celebrarem, referendadas pelo Congresso Nacional. O Serviço de Radiodifusão de Sons e Imagens é também conhecido como Serviço de Televisão Aberta, ou simplesmente Televisão.

A Lei 9.472/97, no art. 211, excluiu da jurisdição da ANATEL a outorga dos serviços de rádio e televisão, os quais permanecem no âmbito de competências do Poder Executivo, no Ministério das Comunicações, cabendo à Agência elaborar e manter os respectivos planos de distribuição de canais e fiscalizar as respectivas estações, quanto aos aspectos técnicos. Os serviços de radiodifusão possuem finalidade educativa e cultural, mesmo em seus aspectos informativo e recreativo, e são considerados de interesse nacional, sendo permitida a exploração comercial dos mesmos na medida

---

[161] "*Servicio de radiocomunicaciones cuyas emisiones se destinan a ser recibidas directamente por el publico en general. Dicho servicio abarca emisiones sonoras, de televisión o de outro género.*" (Convênio Internacional de Telecomunicações de Nairobi – Anexo II, N. 2012).

em que não prejudique esse interesse e aquela finalidade (Decreto 52.795/63, art. 3°). À União compete, exclusivamente, dispor sobre qualquer assunto que lhe diga respeito.

Classificação dos serviços

Os serviços de radiodifusão classificam-se, quanto ao tipo de transmissão, em serviços de radiodifusão *de sons* (radiodifusão sonora) e de radiodifusão de *sons e imagens* (televisão); quanto à área de serviços, em *local*; *regional* e *nacional;* quanto ao tipo de modulação, em *amplitude modulada* (AM); *freqüência modulada* (FM). Quanto à faixa de freqüência e as ondas radioelétricas, classificam-se:

Faixa de Freqüência	Classificação Popular
535 a 1.605 kc/s	Onda Média
2.300 a 2.490 kc/s	Onda Tropical
3.200 a 3.400 kc/s	Onda Tropical
4.750 a 4.995 kc/s	Onda Tropical
5.005 a 5.060 kc/s	Onda Tropical
5.950 a 21.750 kc/s	Onda Curta
30 a 300 Mc/s	Onda M. Curta
300 a 3000 Mc/s	Onda U. Curta

Competência para outorga e execução

Os serviços de radiodifusão são executados diretamente pela União ou por particulares, através de concessão, autorização ou permissão. Por se tratar de serviço federal, à União compete, privativamente, autorizar a sua execução, constituindo atribuição do Presidente da República a outorga de concessões para execução de serviços de televisão e de radiodifusão sonora regional ou nacional. As permissões para serviços de radiodifusão sonora local e instalação de estações retransmissoras e repetidoras de radiodifusão competem ao Ministério das Comunicações.

Condições básicas de outorga

A outorga dos serviços de radiodifusão é precedida de licitação, cujo lançamento compete exclusivamente ao Ministério das Comunicações. A cada espécie de serviço de radiodifusão corresponderá uma concessão ou permissão distinta, que será considerada isoladamente para efeito de fiscalização e contribuição previstas na legislação aplicável.

Para a exploração de serviços de radiodifusão não há exclusividade. Tanto as concessões quanto as permissões se restringem ao uso da freqüência, com a potência do horário e em locais determinados. Essas concessões/permissões podem ser revistas, sempre que necessária a sua adaptação a cláusulas de atos internacionais aprovados pelo Congresso Nacional, ou a leis supervenientes, observado o disposto no art. 5°, inciso XXXVI, da Constituição Federal. Os prazos de concessão e permissão serão de 10 (dez) anos para o serviço de radiodifusão sonora e de 15 (quinze) anos para o de televisão.

Obrigações

As operadoras de serviços de radiodifusão estão obrigadas a publicar o extrato do contrato de concessão no Diário Oficial da União, no prazo de 20 dias após a data de sua assinatura; iniciar a execução do serviço, em caráter definitivo, no prazo máximo de 36 meses a partir da vigência da outorga (Decreto 1.720/95); submeter-se à ressalva de que a freqüência consignada não constitui direito de propriedade e ficará sujeita às regras estabelecidas na legislação vigente, ou na que vier a disciplinar a execução do serviço de radiodifusão, incidindo sobre essa freqüência o direito de posse da União; observar o caráter de não-exclusividade na execução do serviço e, bem assim, da freqüência consignada; admitir, como técnicos encarregados da operação dos equipamentos transmissores, somente brasileiros ou estrangeiros com residência exclusiva no País.[162]

Gerenciamento e alterações societárias

Devem, ainda, as prestadoras de serviços de radiodifusão, observar a não-participação de seus dirigentes na administração de mais de uma concessionária ou permissionária do mesmo tipo de serviço de radiodifusão, na mesma localidade. Sua diretoria ou gerência (chefia de assessoramento e assistência administrativa e intelectual) deve ser aprovada pelo Governo Federal, constituída de brasileiros, natos ou naturalizados há mais de 10 anos, os quais não poderão ter mandato eletivo que assegure imunidade parlamentar, nem exercer cargos de supervisão, direção ou assessoramento na administração pública, do qual decorra foro especial. Para designar gerente ou constituir procurador com poderes para a prática de atos de gerência ou administração, devem solicitar prévia aprovação do Ministério das Comunicações, e não podem, sem prévia autorização deste, modificar seus estatutos ou contrato social, transferir, direta ou indiretamente, a concessão ou permissão, ou ceder cotas ou ações representativas do capital social.

Organização da programação e normas de trabalho

Quanto à programação, segundo o Decreto n° 88.066, de 26.1.83, que deu nova regulamentação à Lei n° 5.785, de 23.6.72 (e legislação consoli-

---

[162] Em caráter excepcional e com autorização expressa do Ministério das Comunicações é permitida a admissão de especialistas estrangeiros, mediante contrato.

dada), as prestadoras deverão: subordinar os programas de informação, divertimento, propaganda e publicidade às finalidades educativas e culturais inerentes à radiodifusão; manter um elevado sentido moral e cívico, não permitindo a transmissão de espetáculos, trechos musicais cantados, quadros, anedotas ou palavras contrárias à moral familiar e aos bons costumes; não transmitir programas que atentem contra o sentimento público, expondo pessoas a situações que, de alguma forma, redundem em constrangimento, ainda que seu objetivo seja jornalístico; destinar um mínimo de 5% do horário de sua programação diária à transmissão de serviço noticioso; limitar ao máximo de 25% do horário da sua programação diária o tempo destinado à publicidade comercial; reservar 5 horas semanais para a transmissão de programas educacionais; retransmitir, diariamente, das 19 às 20 horas, exceto aos sábados, domingos e feriados, o programa oficial de informações dos Poderes da República, ficando reservados 30 minutos para divulgação de noticiário preparado pelas duas Casas do Congresso, excluídas as emissoras de televisão; integrar, gratuitamente, as redes de radiodifusão, quando convocadas pela autoridade competente; obedecer às instruções baixadas pela Justiça Eleitoral, referentes à propaganda eleitoral; não irradiar identificação da emissora utilizando denominação de fantasia, sem que esteja previamente autorizada; irradiar o indicativo de chamada e a denominação autorizada, bem como irradiar, com indispensável prioridade, e a título gratuito, os avisos expedidos pela autoridade competente, em casos de perturbação da ordem pública, incêndio ou inundação, bem como os relacionados com acontecimentos imprevistos; irradiar, diariamente, os boletins ou avisos do serviço meteorológico; manter em dia os registros da programação; observar as normas técnicas fixadas pelo Ministério das Comunicações para a execução do serviço.

Na organização dos seus quadros de pessoal, as concessionárias/permissionárias devem observar as qualificações técnicas e operacionais exigidas. Obrigatoriamente, as prestadoras devem submeter-se aos preceitos estabelecidos nas convenções internacionais e regulamentos aprovados pelo Congresso Nacional.

Instalação das estações e início dos serviços

A contar da data do registro do contrato de concessão pelo Tribunal de Contas, ou da publicação da portaria da permissão, a concessionária ou permissionária deverá submeter à aprovação do Ministério, no prazo de 6 (seis) meses, os locais escolhidos para a montagem da estação, bem como as plantas, orçamentos e todas as demais especificações técnicas dos equipamentos, que somente serão aprovados uma vez obtida, pelo interessado, prévia concordância da repartição competente do Ministério da Aeronáutica.

Uma vez aprovados esses locais e especificações, nenhuma alteração poderá ser feita sem prévia autorização do Ministério, sendo que a execução do serviço deverá ser iniciada no prazo máximo de 36 (trinta e seis) meses a partir da vigência da outorga, improrrogavelmente, salvo comprovada ocorrência de caso fortuito ou força maior. Após o término das instalações, as concessionárias/permissionárias comunicarão ao Ministério o início das irradiações experimentais (teste de equipamentos), quando não será admitido qualquer tipo de publicidade, remunerada ou não.

O prazo das irradiações experimentais é de 30 dias para radiodifusão sonora e de 90 dias para televisão, prorrogáveis, a critério do Ministério.

Funcionamento das estações

As estações de radiodifusão não podem sofrer alterações sem prévia autorização, sob pena de suspensão da execução do serviço. Toda estação é obrigada a irradiar o seu indicativo, bem como o nome da sociedade a que pertence, freqüentemente ou pelo menos no fim da irradiação de cada programa.

As estações radiodifusoras de sons consideradas de interesse à navegação aérea são obrigadas a identificar-se em todos os intervalos para alocução, emitindo seu indicativo, o nome da sociedade a que pertence e o da localidade onde se acha instalada. Aquelas julgadas necessárias à segurança e proteção ao vôo ficam obrigadas a instalar, sem ônus e sem prejuízo dos serviços por elas executados, equipamentos especializados, propostos pelo Ministério da Aeronáutica. Sempre que os serviços forem interrompidos, as prestadoras deverão comunicar ao Ministério das Comunicações, em 48 horas, o tempo e a causa da interrupção. Se esta for por prazo superior a 30 dias consecutivos, a concessão ou permissão poderá ser cassada.

Os serviços de radiodifusão são executados em horário *ilimitado* ou *limitado* conforme o regime do contrato. Para prestar serviços de radiodifusão sonora de potência igual ou superior a 50 Kw, ou de televisão, a empresa é obrigada a manter em seus quadros de pessoal, como responsável técnico, um engenheiro especializado.

A expressão do pensamento

Fora dos casos autorizados em lei, nenhuma autoridade poderá impedir ou embaraçar a liberdade da radiodifusão, que não exclui punição para os que praticarem abusos no seu exercício. São livres as críticas e os conceitos desfavoráveis, ainda que veementes, bem como a narrativa de fatos verdadeiros, guardadas as restrições estabelecidas em lei, inclusive de atos de qualquer dos poderes do Estado.

Na vigência do estado de sítio, entretanto, a execução dos serviços de radiodifusão ficarão submetidas às normas que forem expedidas.

Propaganda política

Nos 90 dias anteriores às eleições gerais no País ou da circunscrição eleitoral onde tiverem sede, conforme prevê a regulamentação, as estações de radiodifusão reservarão, diariamente, 2 horas à propaganda partidária gratuita, sendo uma delas durante o dia e a outra entre 20 e 23 horas, sob critério de rigorosa rotatividade, destinada aos diferentes partidos e com proporcionalidade no tempo, de acordo com as respectivas legendas no Congresso Nacional e Assembléias Legislativas. A distribuição dos horários será fixado pela Justiça Eleitoral, ouvidos os representantes das eleições partidárias, sendo a rotatividade alternada, quando requerida aliança de partidos, entre os partidos requerentes de alianças diversas. O horário não utilizado por qualquer partido será redistribuído, pelos demais, não sendo permitida cessão ou transferência, cabendo à Justiça Eleitoral disciplinar eventuais divergências oriundas desses critérios.

Rádio e televisão não poderão cobrar, na publicidade política, preços superiores aos em vigor, para publicidade comum, nos 6 meses anteriores. Os programas políticos, bem como os pronunciamentos políticos não registrados em textos, excluídas as transmissões compulsoriamente estatuídas por lei, deverão ser gravados, para conservação em arquivo até 5 dias depois de transmitidos, no caso de emissoras de até 1 Kw, e até 10 dias, para as demais.

Redes de radiodifusão

Prevê o Regulamento de Radiodifusão, na redação que lhe deu o Decreto nº 84.181/79, que as emissoras de radiodifusão poderão ser convocadas para, gratuitamente, formarem ou integrarem redes, visando à divulgação de assuntos de relevante importância. Essa convocação somente se efetivará para transmitir pronunciamentos do Presidente da República e dos Presidentes da Câmara dos Deputados, do Senado Federal e do Supremo Tribunal Federal, podendo haver convocação de emissoras para a transmissão de pronunciamentos de Ministro de Estado, autorizados pelo Presidente da República.

Transferência da concessão/permissão e alterações contratuais

As concessões/permissões podem ser transferidas, direta ou indiretamente. Diretamente, quando de uma pessoa jurídica para outra. Indiretamente, quando a maioria das cotas ou ações representativas do capital social for transferida de um para outro grupo de cotistas ou acionista, que passa a deter o mando da sociedade, sendo vedada qualquer transferência sem prévia autorização do Governo Federal.

As operadoras de serviços de radiodifusão não podem alterar os respectivos atos constitutivos, estatutos ou contratos, nem efetuar transferência de cotas ou ações, sem prévia autorização do poder concedente. Quando pretenderem fazê-lo, deverão esclarecer a operação pretendida e a sua finalidade. Por outro lado, sempre que as sociedades anônimas elegerem novas diretorias, estarão obrigadas a solicitar a aprovação dos nomes que passarão a compô-las.

Aumento de potência

As prestadoras de serviços de radiodifusão também não podem, sem prévia autorização, aumentar a potência de seus transmissores. Se em razão do aumento a emissora passar da condição de local para a de regional ou nacional, a autorização terá que ser do Presidente da República.

As entidades interessadas no aumento de potência de seus transmissores devem requerê-lo ao Ministério, instruindo o pedido com o respectivo projeto, assinado por engenheiro especializado, registrado no CREA, demonstrando a possibilidade técnica do aumento de potência na mesma freqüência que vinha sendo operada. Comprovada a possibilidade técnica do pedido, ao Ministério caberá dizer da sua conveniência.

Renovação, perempção e caducidade

A renovação das concessões e permissões é regulada pelo Decreto n° 88.066, de 26.1.83. Aquelas para exploração de radiodifusão sonora poderão ser renovadas por períodos sucessivos de 10 anos, enquanto as referentes à radiodifusão de sons e imagens (televisão), por períodos sucessivos de 15 anos. A renovação deve ser requerida entre os 6 e os 3 meses anteriores ao término das respectivas concessões e permissões.

A perempção da concessão ou permissão será declarada quando, terminado o prazo, a renovação não for conveniente ao interesse nacional, ou verificar-se que a interessada não cumpriu as exigências legais e regulamentares aplicáveis ao serviço, ou não observou suas finalidades educativas e culturais. A caducidade (declarada pelo Presidente da República), quando a concessão decorra de convênio com outro país, cuja denúncia a torne inexeqüível, ou quando expirarem os prazos de concessão decorrente de convênio com outro país, sendo inviável a prorrogação. A caducidade só se dará se for impossível evitá-la.

Infrações e penalidades

Constituem infrações na execução dos serviços de radiodifusão transmitir ou utilizar, total ou parcialmente, as emissões de estações congêneres, nacionais ou estrangeiras, sem estar por estas previamente autorizadas; não declarar, durante as retransmissões, que se trata de programação retransmitida, bem como deixar de mencionar o indicativo e a localização da estação emissora que autorizou a retransmissão; não atender à exigência de serem sempre brasileiros natos os seus diretores e gerentes; modificar os estatutos ou atos constitutivos sem aprovação do Governo Federal; efetuar a transferência direta ou indireta da concessão ou permissão, sem prévia autorização do Governo Federal; efetuar transferência de cotas ou ações, sem prévia autorização do Governo Federal, ressalvado o que estabelece o art. 105 do Regulamento (silêncio do Ministério no fim de 90 dias...); não organizar a programação na forma regulamentar; admitir, como diretor ou gerente, pessoa que já participe da direção de outra concessionária ou permissionária do mesmo tipo de radiodifusão, na mesma localidade, ou que esteja no gozo da imunidade parlamentar ou de foro especial; não retransmitir os programas oficiais dos Poderes da República, de acordo com o que estabelece este Regulamento; deixar de cumprir as exigências referentes à propaganda eleitoral; destruir os textos dos programas, inclusive noticiosos, devidamente autenticados, antes de decorrido o prazo de 10 dias contados a partir da data da sua transmissão; não conservar as gravações dos programas de debates ou políticos, bem como pronunciamentos da mesma natureza não registrados em textos, excluídas as transmissões compulsoriamente estatuídas em Regulamento: a) pelo prazo de 5 dias, depois de transmitido por estações de potência igual ou inferior a 1 Kw; b) pelo prazo de 10 dias, depois de transmitidos por estações de potência superior a 1 Kw; não conservar os textos escritos ou as gravações de programas antes do pronunciamento conclusivo da Justiça, quando houver notificação do ofendido, judicial ou extrajudicialmente, da existência de demanda para reparação de dano moral; desrespeitar o direito de resposta reconhecido por decisão judicial; criar situação que possa resultar em perigo de vida; interromper a execução dos serviços por mais de 30 dias consecutivos, exceto quando houver justa causa devidamente reconhecida pelo Ministério; não atender às determinações de natureza legal, técnica ou econômica, demonstrando, assim, a superveniência de incapacidade para a execução dos serviços objeto da concessão ou permissão; permitir, por ação ou omissão, que autoridades, pessoas, entidades ou empresas noticiosas que funcionem legalmente no País, utilizando suas emissoras, pratiquem as 10 primeiras infrações ora referidas, mesmo que os programas não sejam de responsabilidade da concessionária ou permissionária; não atender aos prazos estabelecidos para instalação e ativação de estações; modificar, substituir os equipamentos ou as instalações aprovadas sem prévia autorização; executar os serviços de radiodifusão em desacordo com os termos da licença ou não atender às normas e condições estabelecidas para essa execução; não cessar a irradiação ou não desmentir notícias que contrariem a legislação eleitoral.

A prescrição da ação penal, das infrações acima, ocorrerá 2 anos após a data da transmissão ou publicação incriminadas, e a da condenação, do dobro do prazo em que for fixada. As penalidades constituem-se de multa, suspensão até 30 dias, cassação e detenção, que serão impostas de acordo com a infração cometida, considerando-se a gravidade da falta, os antecedentes da entidade faltosa e a reincidência específica. Antes de decidir sobre a aplicação de qualquer penalidade, o Ministério notificará a interessada para exercer o direito de defesa, dentro do prazo de 5 dias contados do recebimento da notificação. As penalidades e sua aplicação acham-se especificadas no Decreto-Lei nº 236, de 28.2.67, que complementa e modifica a Lei nº 4.117, de 27.8.62.

Serviços auxiliares de radiodifusão e correlatos (SARC)

Constitui serviço auxiliar de radiodifusão aquele executado pela prestadora do referido serviço para realizar reportagens externas, ligações entre estúdios e transmissores das estações (*link*), utilizando, inclusive, transceptores portáteis. Sempre que tais serviços dependerem de utilização de onda radioelétrica, as prestadoras deverão requerer licença ao Ministério, informando as especificações técnicas e orçamento dos equipamentos que irão empregar. Essas licenças são concedidas sem prazo determinado, prevalecendo durante a vigência das respectivas outorgas, e sendo automaticamente renovadas sempre que as outorgas também o forem.

As autorizações para execução dos serviços de difusão de sons (auto-falantes), fixos ou móveis, não estão sujeitas à regulamentação dos serviços de radiodifusão, sendo de competência do Poder Executivo Municipal das cidades onde forem instalados.

Radiodifusão comunitária

O Serviço de Radiodifusão Comunitária – RadCom, previsto na Lei nº 9.612, de 12.2.98, regulamentado pelo Decreto nº 2.615, de 3.6.98, consiste no serviço de radiodifusão sonora, com baixa potência e com cobertura restrita, para ser executado por fundações e associações comunitárias, sem fins lucrativos, com sede na localidade de prestação do serviço. Destina-se às cidades ou povoados cuja área urbana possa estar contida nos limites de uma *área de cobertura restrita*, classificada como localidade de pequeno porte (a comunidade de um bairro, de uma vila, etc.).

A potência efetiva irradiada pela emissora do RadCom deve ser igual ou inferior a 25 watts ERP. A cobertura restrita diz respeito a uma área de raio igual ou inferior a 1.000m, a partir da antena transmissora. Compete à ANATEL designar, em nível nacional, um único e específico canal na faixa de freqüências do Serviço de Radiodifusão Sonora em Freqüência Modulada, cabendo ao Ministério das Comunicações expedir a autorização para prestação do serviço, somente a entidades que não sejam prestadoras de qualquer outra modalidade de serviço de radiodifusão, ou de serviços de distribuição de sinais de televisão mediante assinatura, bem como a entidade cujos sócios ou administradores participem de entidade já detentora de outorga para execução de qualquer dos serviços mencionados.

A autorização para prestação do RadCom tem validade de três anos, permitida a renovação por igual período se cumpridas as disposições legais aplicáveis. O tempo mínimo de operação diária é de oito horas, contínuas ou não, podendo as prestadoras admitir patrocínio, sob a forma de apoio cultural, para a programação, desde que restrito aos estabelecimentos situados na área da comunidade atendida. Os dirigentes das entidades autorizadas deverão residir na comunidade, sendo proibida, nesse tipo de serviço, a formação de redes, salvo em situações excepcionais (guerra, calamidade pública, transmissões obrigatórias dos Poderes Executivo, Judiciário e Legislativo) definidas em lei.

As condições para execução do RadCom subordinam-se ao disposto no art. 223 da Constituição Federal, à Lei nº 9.612, de 19.2.98, no que couber, à Lei nº 4.117, de 27.8.62, modificada pelo Decreto-Lei nº 236, de 28.2.67, bem como ao seu Regulamento e às normas complementares, tratados, acordos e atos internacionais.

16.1. Serviços de Retransmissão de Televisão (RTV) e de Repetição de Televisão (RpTV)

Conceito

Serviço de Retransmissão de Televisão (RTV) é o que se destina a retransmitir, de forma simultânea, os sinais de estação geradora de televisão, para recepção livre e gratuita pelo público em geral. Serviço de Repetição de Televisão (RpTV), por sua vez, é o que se destina ao transporte de sinais de sons e imagens de uma estação geradora de televisão, para estações repetidoras ou retransmissoras ou, ainda, para outra estação geradora de televisão, cuja programação pertença à mesma rede. Os Serviços de RTV e de RpTV têm por finalidade possibilitar que os sinais das estações geradoras sejam recebidos em locais distantes, não atingidos diretamente, ou atingidos em condições técnicas inadequadas. Tais serviços estão regulamentados no Decreto nº 3.965, de 10.10.2001.

Características dos serviços

Os Serviços de RTV e de RpTV são serviços privados, executados mediante autorização, que possui prazo indeterminado e caráter precário (art. 4º), sendo que as autorizadas poderão retransmitir os sinais provenientes de estações geradoras, tanto de televisão comercial quanto educativa, mediante o pagamento pelo uso de radiofreqüências associadas. Cada estação retransmissora somente poderá retransmitir os sinais de uma única geradora, não sendo permitida a retransmissão de programação disponível na localidade, à exceção da cobertura de áreas de sombra. Na prestação desses serviços, temos, a *Estação Repetidora de Televisão*, que vem a ser o conjunto de receptores e transmissores, incluindo equipamentos acessórios, capaz de captar os sinais de sons e imagens oriundos de uma estação geradora, recebidos diretamente dessa geradora ou de outra repetidora, terrestre ou espacial, de forma a possibilitar seu transporte para outra repetidora, para uma retransmissora ou para outra geradora de televisão, a *Estação Retransmissora de Televisão*, que se compõe do conjunto de receptores e transmissores, incluindo equipamentos acessórios, capaz de captar os sinais e retransmití-los, simultaneamente, para recepção pelo público em geral, e a *Rede de Repetidoras*, que vem a ser o conjunto de estações repetidoras destinado a transportar os sinais ao longo de um determinado trajeto contínuo. O conjunto formado por uma ou mais redes de repetidoras e estações retransmissoras associadas forma o denominado *Sistema de Retransmissão de Televisão*, que permite a cobertura de determinada área, dando lugar à rede local, regional ou nacional de televisão, conforme seja a abrangência da programação veiculada. Os Serviços de RTV e de RpTV são autorizados pelo Ministério das Comunicações, que os fiscaliza quanto à observância da legislação de telecomunicações, impondo sanções no que se refere ao conteúdo da programação. À ANATEL compete outorgar as autorizações de uso das radiofreqüências destinadas à execução dos serviços e expedir as licenças para funcionamento de estação; elaborar e manter atualizado o Plano Básico de Distribuição de Canais de Retransmissão de Televisão (PBRTV) e fiscalizar a execução dos serviços quanto ao uso do espectro radioelétrico e às características técnicas de operação das estações. Podem executar os serviços a União, os Estados, o Distrito Federal, os Municípios, as entidades da administração direta e indireta federal, estadual e municipal, as concessionárias ou autorizadas de serviços de radiodifusão de sons e imagens, as fundações, as sociedades civis e as sociedades nacionais por ações ou por cotas de responsabilidade limitada.

Instalação e funcionamento

Concluída a instalação da estação retransmissora, e rede de repetidoras, se for o caso, e dentro do prazo fixado para o início da execução do serviço, a autorizada poderá iniciar irradiações experimentais, pelo período máximo de noventa dias, desde que comunique a ANATEL com 5 dias úteis de antecendência. O início do funcionamento definitivo dependerá da expedição da *Licença de Funcionamento de Estação*, que a autorizada deverá requerer.

A autorizada somente poderá veicular programação oriunda da geradora cedente dos sinais. É permitido às geradoras de televisão comercial inserirem, em seus estúdios, publicidade destinada a uma determinada região servida por uma ou mais estações retransmissoras, desde que não exista estação geradora de televisão ou estação de radiodifusão sonora em onda média ou freqüência modulada instalada na localidade a que se destinar a publicidade. Essas inserções publicitárias, destinadas a estações retransmissoras, segundo a regulamentação do serviço, deverão ter duração máxima igual e coincidente com os espaços de tempo destinados à publicidade comercial transmitida pela estação geradora.

A concessionária de Serviço de Radiodifusão de Sons e Imagens poderá reclamar, junto à ANATEL, caso a autorizada estiver executando o serviço com padrões de qualidade inaceitáveis, sempre que os sinais fornecidos pela concessionária não estiverem de acordo com as características técnicas estabelecidas pelo Ministério.

17. TV por assinatura

17.1. serviço de TV a Cabo

Conceito

O Serviço de TV a Cabo, previsto, originalmente, na Lei n° 8.977/95 é regulamentado pelo Decreto n° 2.206, de 14.4.97. Trata-se do serviço de telecomunicações, não aberto à correspondência pública, que consiste na distribuição de sinais de vídeo e/ou áudio, a assinantes, mediante transporte por meios físicos. Os referidos sinais compreendem programas de vídeo e/ou áudio similares aos oferecidos por emissoras de radiodifusão, bem como de conteúdo especializado, que atendam a interesses específicos. Incluem-se neste serviço a interação necessária à escolha da programação e outras aplicações pertinentes, tais como aquisição de programas pagos individualmente, em horário previamente programado pela operadora ou escolhido pelo assinante. Aplicações não compreendidas dentre as ora mencionadas constituem outros serviços de telecomunicações, podendo ser prestados, mediante outorga específica, em conformidade com a regulamentação aplicável. Por interação entenda-se o processo de troca de sinalização, informação ou comando entre o terminal do assinante e o cabeçal.[163] O serviço de TV a Cabo, prevê a regulamentação, é destinado a promover a cultura universal e nacional, a diversidade de fontes de informação, o lazer e o entretenimento, a pluralidade política e o desenvolvimento social e econômico do País.

O detalhamento da regulamentação do serviço está contido na Norma 13/96-REV/97 – *Serviço de TV a Cabo* –, aprovada pela Portaria n° 256, de 18.4.97, do Ministério das Comunicações.

Condições de prestação

As concessões para exploração do Serviço de TV a Cabo não têm caráter de exclusividade em nenhuma área de prestação do serviço. As pres-

---

[163] *Cabeçal* é o conjunto de meios de geração, recepção, tratamento, transmissão de programas e programações e sinais de TV, necessários às atividades da operadora do Serviço de TV a Cabo.

tadoras de serviços de telecomunicações somente podem obter autorização para explorar o serviço na hipótese de desinteresse de empresas privadas. A outorga é dada a pessoa jurídica de direito privado que tenha como atividade principal a prestação deste serviço, com sede no Brasil, sendo de brasileiros natos ou naturalizados há mais de 10 anos, pelo menos 51% do capital social votante. É formalizada mediante contrato de concessão, pelo prazo de 15 anos, renovável por períodos iguais e sucessivos, desde que cumpridas satisfatoriamente suas condições.

As operadoras de TV a Cabo têm dezoito meses contados da publicação do ato de outorga para concluir a etapa inicial de instalação do sistema, conforme o projeto, e iniciar a prestação do serviço.

As operadoras são obrigadas a distribuir a programação dos canais das emissoras geradoras locais de radiodifusão de sons e imagens em VHF e UHF, abertos e não codificados, cujos sinais atinjam a área de prestação do serviço de TV a Cabo, com nível adequado. Esses são os *canais básicos*, de utilização gratuita, que a operadora deve tornar disponíveis, juntamente com outros, destinados ao uso compartilhado entre Câmaras de Vereadores localizadas na área de prestação do serviço e a Assembléia Legislativa do respectivo Estado, para documentação dos trabalhos parlamentares e transmissão ao vivo das sessões. Também, um canal para a Câmara dos Deputados, com a mesma finalidade, um para o Senado Federal, um canal universitário, um canal educativo-cultural e um canal comunitário, aberto para utilização livre por entidades não-governamentais e sem fins lucrativos. Além desses, deverão ser disponibilizados canais destinados à prestação eventual e prestação permanente de serviços, a fim de que qualquer pessoa jurídica, no gozo de seus direitos, possa contratar a distribuição de sinais de vídeo destinados à prestação eventual ou permanente de serviços de TV a Cabo, responsabilizando-se integralmente pelo conteúdo das emissões.

A operadora de TV a Cabo poderá cobrar pelos serviços prestados, codificar os sinais, veicular publicidade e co-produzir filmes nacionais, de produção independente, com recursos de incentivos fiscais previstos na Lei 8.685, de 21.7.93, e outras legislações, sendo que o pagamento pela adesão e disponibilidade do serviço assegura o direito de acesso à totalidade dos canais básicos.

Direitos dos assinantes

São direitos dos assinantes do serviço, além de outros, conhecer previamente o tipo de programação a ser oferecida, e receber da operadora os serviços de instalação e manutenção dos equipamentos necessários à recepção dos sinais uma vez pago o valor da assinatura. A operadora não pode proibir, por contrato, que o assinante tenha o imóvel que ocupa servido por outras operadoras de serviço de distribuição de sinais por assinatura. De outra parte, está obrigada a tornar disponível ao assinante, quando por ele solicitado e às suas expensas, dispositivo que permita o bloqueio à livre recepção de determinados canais (Decreto 2.206/97, arts. 71 e 73).

Os Planos de Canalização para o Serviço de TV a Cabo, a freqüência central da portadora de áudio, o nível da portadora de vídeo, do sinal de áudio e demais requisitos técnicos mínimos dos sistemas de TV a Cabo estão regulados na Norma n° 13/96-REV/97 – *Serviço de TV a Cabo* (D.O.U. de 22.4.97).

Utilização das redes

No caso da operadora de serviços de telecomunicações fornecer a Rede de Transporte de Telecomunicações à operadora de TV a Cabo, não poderá ter nenhuma ingerência no conteúdo dos programas transportados nem por eles ser responsabilizada. Poderá reservar parte de sua capacidade destinada ao transporte de sinais de TV a Cabo para uso comum de todas as operadoras no transporte dos Canais Básicos de Utilização Gratuita, bem como oferecer serviços auxiliares ao de TV a Cabo, tais como de faturamento e cobrança de assinaturas, de manutenção e gerência de rede. Os contratos celebrados entre a operadora de telecomunicações e a operadora de TV a Cabo deverão ficar disponíveis, para consulta de qualquer interessado, em especial os de utilização da Rede Local de Distribuição.

17.2. TV por assinatura – Distribuição de Sinais de Televisão e de Áudio Via Satélite (DTH)

Conceito

O Serviço de Distribuição de Sinais de Televisão e de Áudio por Assinatura via Satélite (DTH), é uma das modalidades de Serviços Especiais regulamentados pelo Decreto n° 2.196, de 8.4.97, que tem por objetivo a distribuição de sinais de televisão ou de áudio, bem como de ambos, através de satélites, a assinantes localizados na área de prestação do serviço. DTH é sigla que corresponde à expressão *direct-to-home,* uma vez que as imagens televisivas são distribuídas diretamente às instalações do assinante, sem passarem por equipamento terrestre de recepção e distribuição, numa operação que se utiliza de um satélite, em órbita geoestacionária, que atua como repetidor das imagens que lhe são enviadas da terra, por ondas hertzianas. São satélites ditos de televisão direta (*Direct Broadcast Satellite Service – DBS*) Os assinantes do Serviço DTH são os usuários finais da programação distribuída. O Serviço DTH regula-se pela Norma n° 008/97

– *Serviço de Distribuição de Sinais de Televisão e de Áudio por Assinatura via Satélite (DTH)* –, aprovada pela Portaria n° 321, de 21.5.97.

Condições de prestação

Interessados na exploração do Serviço DTH devem requerê-lo à ANATEL, com as especificações do sistema e indicação da área de prestação do serviço, a identificação da faixa de freqüência pretendida e a capacidade requerida para o Serviço (largura de faixa em Mhz). O órgão regulador estabelecerá o valor a ser pago pelo direito de exploração do Serviço, que será outorgado por meio de processo licitatório, salvo situação de inexigibilidade. No julgamento das propostas, adotar-se-á um dos critérios previstos no art. 15 da Lei n° 8.987, de 13.2.95. A licitação observará, no que couber, além de disposições específicas do Regulamento de Serviços Especiais e da Norma 008/97, as disposições gerais das Leis n° 8.666/93, n° 8.987/95 e n° 9.074/95. O valor da outorga será o proposto pela licitante vencedora, observadas as condições mínimas previstas no edital.

A operadora do Serviço DTH pode, conforme item 7.1 da Norma 008/97, transmitir sinais ou programas originados por terceiros, programas originados por terceiros e editados por ela, e sinais ou programas que ela própria gerar. Pode veicular publicidade comercial e cobrar remuneração (assinatura) pela prestação do serviço, estando obrigada a codificar os sinais do Serviço DTH, e tornar disponível ao assinante, quando por ele solicitado, dispositivo que permita o bloqueio à livre recepção de determinados canais.

O assinante e seus direitos mínimos

A permissionária não pode recusar, sem justa razão, o acesso ao serviço, a todos quantos, encontrando-se dentro da área de sua prestação, solicitem assinatura, quando tecnicamente possível. São direitos mínimos do assinante – o usuário final da programação distribuída pela permissionária – com os previstos no Código de Proteção e Defesa do Consumidor: a) conhecer previamente a programação; b) ter a continuidade do serviço pelo prazo contratual; c) ter abatimento nos preços pelas interrupções, à razão de 1/30 (um trinta avos) por dia completo (Norma 008/97, item 8).

18. Serviço de Transporte de Sinais de Telecomunicações por Satélite (STS)

Conceito

O Serviço de Transporte de Sinais de Telecomunicações por Satélite (STS), instituído pela Lei n° 9.295, de 19.7.96, e regulamentado pelo Decreto n° 2.195, de 8.4.97, é o serviço de telecomunicações que, mediante o uso de satélites, realiza recepção e emissão de sinais de telecomunicações, utilizando radiofreqüências predeterminadas. As condições para exploração e uso do STS subordinam-se à legislação de telecomunicações, aos tratados, acordos e atos internacionais, ao seu Regulamento e à normatização complementar baixada pelo Ministério das Comunicações, no caso a Norma n° 003/97 – *Serviço de Transporte de Sinais de Telecomunicações por Satélite Geoestacionário* –, aprovada pela Portaria n° 253, de 16.4.97, do Ministro de Estado das Comunicações. O Serviço que se utilize de satélites que ocupem posições orbitais notificadas pelo Brasil será outorgado mediante concessão, e somente poderá ser explorado por empresa constituída segundo as leis brasileiras, com sede e administração no País.

A concessionária pagará pelo direito de exploração do serviço e pelo uso das radiofreqüências associadas, sendo a concessão outorgada por ato do Presidente da República, pelo prazo de 15 (quinze) anos, renovável por iguais períodos. A concessão assegurará o direito à ocupação, por satélite da concessionária, de posições orbitais notificadas pelo Brasil, e à consignação das radiofreqüências associadas, devendo as estações de controle dos satélites localizar-se em território brasileiro.

Coordenação internacional

A outorga de concessão para exploração do STS, ocupando posição orbital notificada pelo Brasil, é formalizada por contrato do qual deve constar, dentre outras especificações, cláusulas relativas ao processo de *coordenação internacional,* que consiste no processo de interação entre a administração nacional e as administrações estrangeiras dos segmentos espaciais, com o envolvimento da União Internacional de Telecomunicações

(UIT), tendo por objetivo avaliar as interferências e os impactos decorrentes de uma nova rede de satélites em relação a redes existentes.[164] *Segmento Espacial*, como já vimos, é o componente de sistemas de comunicações constituído por satélites em órbita, operando em faixas de freqüências específicas, e suas correspondentes estações de controle de satélite. Segmento Espacial Brasileiro, por sua vez, é o que utilizar posições orbitais notificadas pelo Brasil junto à UIT, e cujas estações de controle de satélite[165] se encontrem em território brasileiro.

A implantação de segmento espacial é regulada pela Norma 003/97 (Portaria n 253/97) que prevê os respectivos procedimentos técnico-administrativos.

Exploração do serviço de STS

O STS somente pode ser prestado a entidade que detenha outorga para exploração de serviços de telecomunicações. A operadora responsabilizar-se-á por colocar o satélite em operação, nas condições previstas no contrato, bem como pela operação da estação de controle (do satélite) que, necessariamente, deverá estar localizada em território brasileiro.

Transferência da concessão

A concessão para exploração de STS pode ser transferida, com prévia anuência do poder concedente, desde que a pretendente comprometa-se a cumprir as condições da concessão vigente, sub-rogando-se nos direitos e obrigações da primitiva concessionária. Ressalte-se que a concessionária de STS pode realizar alterações em seus atos constitutivos (transferências de ações, quotas, aumento de capital) sem anuência do poder concedente, desde que não impliquem transferência ou aquisição do controle societário da concessionária. As alterações deverão ser comunicadas, para fins de registro, no prazo de 60 dias contados da efetivação (Dec. 2195/97, art.39).

Exploração de serviços de telecomunicações mediante o uso do STS

A exploração de serviços de telecomunicações por meio de satélites depende de outorga específica, nos termos da regulamentação, independentemente de o acesso realizar-se a partir do território nacional ou do exterior. Embora admitida a utilização de satélites que ocupem posições orbitais notificadas por outros países, será dada preferência à utilização de satélites que ocupem posições orbitais notificadas pelo Brasil, levando em

---

[164] Decreto n° 2.195/97, art. 8°, I.

[165] Uma estação terrena de controle de satélite compreende o conjunto de instalações, equipamentos e demais meios de telecomunicações destinados ao rastreio, telemetria, controle e monitoragem dos satélites que estejam empregados em finalidades de telecomunicações (Dec. 2195/97, 8°, II).

conta a similaridade de características técnicas e operacionais, e condições comerciais equivalentes.

Gozarão da prerrogativa de segmento espacial brasileiro, para fins dessa preferência, os sistemas de satélites estabelecidos por acordos intergovernamentais específicos de que o Brasil faça parte, contanto que sejam contratados junto a signatário brasileiro de acordo operacional os serviços de telecomunicações objeto do compromisso. A Portaria n° 365, de 8.7.97, do Ministério das Comunicações, oportuniza a manifestação de empresas interessadas em obter concessão para explorar o STS. O Brasil possui 13 posições orbitais notificadas na União Internacional de Telecomunicações (UIT), as quais permitem a presença de 27 satélites.

19. Serviço limitado

Conceito

Considera-se Serviço Limitado o serviço de telecomunicações destinado ao uso próprio do executante ou à prestação a terceiros, desde que sejam estes uma mesma pessoa, ou grupo de pessoas naturais ou jurídicas, caracterizado pela realização de atividade específica. Um exemplo é o serviço de Radiotáxi.

O Regulamento do Serviço Limitado foi instituído pelo Decreto n° 2.197, de 8.4.97, e suas condições de exploração e uso subordinam-se à Lei Geral de Telecomunicações, às Leis n° 8.666, de 21.6.93, n° 8.987, de 13.2.95, n° 9.074, de 7.7.95, aos tratados, acordos, atos internacionais e normas baixadas pela ANATEL. As condições aplicáveis à outorga para exploração de Serviço Limitado, bem assim as destinadas a disciplinar o relacionamento entre outorgante e outorgado, dispondo sobre as condições de exploração e execução do serviço, estão contidas na Norma 013/97-*Serviço Limitado,* instituída pela Portaria n° 455/97, de 18.9.97, do Ministro de Estado das Comunicações.

Classificação

Há duas modalidades de Serviço Limitado: O Serviço Limitado *Privado* e o Serviço Limitado *Especializado*. No primeiro, temos serviço limitado (telefônico, telegráfico, de transmissão de dados ou qualquer outra forma de telecomunicações) destinado ao uso próprio do executante, seja este uma pessoa natural ou jurídica. No segundo, temos o mesmo serviço destinado à prestação a terceiros, desde que sejam estes uma mesma pessoa ou grupo de pessoas naturais ou jurídicas, porém, caracterizado pela realização de atividade específica. Em razão das peculiaridades relativas às características técnicas, aplicações ou formas de exploração, há submodalidades de serviço limitado, tanto privado quanto especializado.

São submodalidades de Serviço Limitado Privado, dentre outras: *Serviço Móvel Privado*, que é o serviço móvel não aberto à correspondência pública, destinado à transmissão e recepção de sinais entre estações de base e estações móveis; *Serviço de Radiochamada Privado*, destinado a transmitir informações unidirecionais; *Serviço de Rede Privado*, destinado a prover telecomunicação entre pontos distribuídos de uma mesma entidade, de forma a estabelecer uma rede de telecomunicações privada; *Serviço de Radiotáxi Privado*, que é o serviço de radiocomunicação bidirecional destinado ao uso próprio do executante, dotado ou não de sistema de chamada seletiva, por meio do qual são intercambiadas informações entre estações de base e estações móveis terrestres instaladas em veículos de aluguel, destinadas à orientação e à administração de transporte de passageiros.

Como submodalidades de Serviço Limitado Especializado, dentre outras, temos: *Serviço Móvel Especializado*, destinado a transmissão e recepção de sinais entre estações de base e estações móveis, conforme estabelecido em norma específica; *Serviço de Circuito Especializado*, que é o serviço fixo, também não aberto à correspondência pública, destinado a prover telecomunicação ponto a ponto ou ponto multiponto, mediante a utilização de circuitos colocados à disposição dos usuários; *Serviço de Rede Especializado*, que se destina a prover telecomunicação entre pontos distribuídos, que formam redes distintas, a grupos de pessoas naturais ou jurídicas que realizam uma atividade específica; *Serviço de Radiotáxi Especializado*, quando destinado à prestação a terceiros, exclusivamente (não ao uso próprio do executante).

Condições de prestação

O Serviço Limitado Privado é executado mediante *autorização*, por prazo indeterminado, sendo inexigível a licitação para a sua outorga, que deve ser solicitada à ANATEL com a caracterização técnica do sistema proposto, sua operação e uso previstos, as radiofreqüências a serem utilizadas e as características de interconexão com a rede pública.

O Serviço Limitado Especializado é executado mediante *permissão*, pelo prazo de 10 anos, concedida a empresa constituída segundo as leis brasileiras, mediante prévia licitação, salvo quando caracterizada situação de dispensa ou de inexigibilidade. Os Serviços Limitados enquadram-se em diferentes grupos – GRUPO "A", GRUPO "B" e GRUPO "C" – conforme a complexidade tecnológica dos sistemas empregados, a população da área de prestação do serviço e os recursos em infra-estrutura e suporte técnico-administrativo aplicados.

O Serviço Limitado, conforme o Decreto n° 2.197/97, pode ser prestado em âmbito nacional e internacional, inclusive em águas territoriais e no espaço aéreo, assim como nos lugares em que os princípios e as convenções internacionais lhes reconheçam a extraterritorialidade. A prestação que envolva o uso de radiofreqüências fica condicionada à sua disponibilidade e ao uso racional do espectro radioelétrico, não podendo a permissionária (ou autorizada) dispor, a qualquer título, das radiofreqüências associadas. Aqui também é assegurado à operadora o direito de empregar equipamentos que não lhe pertençam e contratar com terceiros o desenvolvimento de atividades inerentes. A interconexão entre redes será objeto de contrato específico, sendo permitida com redes de outros serviços de telecomunicações.

Transferência da autorização

Tanto a *autorização* (Serviço Limitado Privado) quanto a *permissão* (Serviço Limitado Especializado) poderão ser transferidas, a qualquer tempo, desde que com prévia anuência do poder concedente, sob pena de caducidade. Para a transferência da permissão, a pretendente deverá atender às exigências do serviço a ser prestado, em relação à qualificação técnica, econômico-financeira, habilitação jurídica e regularidade fiscal, e comprometer-se a cumprir todas as cláusulas do contrato de adesão em vigor, subrogando-se nos direitos e obrigações da primitiva permissionária (Decreto n° 2.197/97, art.58).

Infrações e penalidades

As penalidades por infração às normas do Serviço Limitado são a multa, a suspensão, a cassação e a caducidade. São infrações que ensejam a pena de cassação: reincidir na infração punível com suspensão, ou não corrigir as irregularidades que motivaram a suspensão; interromper o serviço por período superior a 30 dias, sem autorização. Ensejam a pena de caducidade: transferir a autorização, bem assim a permissão ou o controle societário da entidade, sem a prévia anuência do órgão regulador; perder as condições econômicas, técnicas ou operacionais para manter a adequada execução do serviço; descumprir cláusula do contrato de adesão.

Obrigatoriamente, antes de decidir sobre qualquer punição, a ANATEL deverá notificar a permissionária ou autorizada para exercer o direito de defesa, em cinco dias úteis contados do recebimento da notificação. De qualquer penalidade cabe pedido de reconsideração à autoridade que a tenha aplicado, seguido de recurso à autoridade imediatamente superior, se for o caso.

20. Serviços público-restritos

Conceito

Os Serviços Público-Restritos foram instituídos pela Lei n° 4.117, de 27.8.62, como serviços de telecomunicações destinados ao uso dos passageiros de navios, aeronaves, veículos em movimento ou ao uso do público em localidades ainda não atendidas por serviço público de telecomunicações. Seu mais recente Regulamento foi aprovado pelo Decreto n° 2.198, de 8.4.97. Os Serviços Público-Restritos podem ser explorados nas modalidades terrestre, marítimo ou aeronáutico, mediante permissão a empresa constituída segundo as leis brasileiras, com sede e administração no País. O processo de outorga prevê licitação, salvo situação de dispensa ou inexigibilidade, conforme disposto na Lei n° 8.666/93, com procedimento específico previsto nos artigos 12 a 29 do Decreto n° 2.198/97.

Condições de prestação

A permissão para exploração de Serviços Público-Restritos é dada por 15 anos, prazo renovável, formalizando-se em contrato de adesão, como nos demais serviços. O requerimento dos interessados em prestar tais serviços deve informar a modalidade pretendida, sua classificação e âmbito, a área de prestação e demais especificações técnicas necessárias à caracterização do sistema proposto.

Quanto às condições de exploração, o Decreto n° 2.198/97 estabelece disciplinamento semelhante ao previsto para os demais serviços de telecomunicações, especialmente quanto ao enquadramento, instalação dos equipamentos e demais componentes da rede, transferência da permissão e sua renovação, bem como responsabilidades da operadora perante os usuários.

O Serviço de Radiocomunicação Aeronáutica Público-Restrito (SRA)

Serviço de Radiocomunicação Aeronáutica Público-Restrito (SRA) é o serviço de telecomunicação aeronáutica, da modalidade público-restrito, cujo objetivo é prover, fundamentalmente, serviço de telefonia móvel a bordo de aeronaves, com interconexão ao STFC e ao SMC/SMP, por meio de estações-base instaladas em terra. Segundo o Regulamento dos Serviços de Telecomunicações, aprovado pela Resolução da ANATEL nº 73/98, Cap. II, arts. 12 e 17, é um serviço de interesse coletivo, explorado em regime privado, de telefonia móvel, em que os ocupantes das aeronaves, quer sejam passageiros, quer tripulantes, são considerados usuários finais do serviço. Possui, como referências básicas, além do Decreto n° 2.198, de 8.4.97 (Regulamento de Serviços Público-Restritos), a Norma n° 006/94 (uso de freqüências nas faixas 849-851 e 894-896 Mhz); a Norma n° 001/96 (procedimentos das entidades envolvidas); a Norma n° 003/96 (critérios para o repasse de valores); e a Norma n° 005/94-REV/97 – *Serviço de Radiocomunicação Aeronáutica Público-Restrito (SRA)* –, aprovada pela Portaria n° 322, de 21.5.97, do Ministro de Estado das Comunicações.

A fiscalização do SRA quanto às obrigações decorrentes do contrato de adesão é exercida pela ANATEL, ressalvadas as atribuições específicas, fixadas em lei, do Ministério da Aeronáutica. A outorga da permissão pressupõe licitação, que observará o disposto no Regulamento dos Serviços Público-Restritos e as condições previstas na Norma n° 005/94-REV/97. O SRA é explorado por prazo de 15 anos, renovável por igual período, cuja atividade implicará pagamento das Taxas de Fiscalização das Telecomunicações, como os demais serviços.

O SRA é operado através da comunicação entre estações de base (terrestres) e estações a bordo de aeronaves, possuindo cada permissionária um canal de controle exclusivamente consignado, que deverá estar associado ao bloco de canais de comunicação em uso pela estação de base. A interconexão é de classe II (entre rede de suporte de STFC e rede de suporte de serviço de telecomunicação móvel, de interesse coletivo) e classe IV (entre redes de suporte de serviço de telecomunicação móvel de interesse coletivo). Quanto às infrações e penalidades, é previsto que o serviço pode ser suspenso se a operadora permitir, por negligência ou imperícia, que as estações possam criar situações de perigo de vida. Aplicam-se à renovação da permissão do SRA as disposições estabelecidas no Decreto n° 2.198, de 8.4.97.

21. Serviço de valor adicionado

Conceito
Mediante o uso da rede pública de telecomunicações é possível a prestação, por terceiros, denominados *provedores*, de serviços classificados como Serviços de Valor Adicionado (SVA), que não são serviços de telecomunicações, mas são prestados com a utilização de códigos de acesso específicos (Serviço 0900, por exemplo). Serviço de Valor Adicionado é o que acrescenta à rede de um serviço de telecomunicações, meios e/ou recursos que criam novas utilidades específicas, ou novas atividades produtivas, relacionadas com o acesso, armazenamento, movimentação e recuperação da informação. Na prestação de SVA temos, primeiramente, a *Operadora*, que é a prestadora de STFC (também é possível na telefonia móvel), o *Provedor*, que é a pessoa jurídica que provê Serviço de Valor Adicionado através da rede pública, sendo a responsável pelo serviço perante os assinantes do STFC e, por último, *Facilidade Suplementar do STFC*, que são os recursos que permitem a utilização de códigos de acesso específicos e o fornecimento do registro das chamadas destinadas aos provedores. O uso da rede pública para a prestação desses serviços é regulado pela Norma 004/97 – *Uso da Rede Pública de Telecomunicações para Prestação de Serviços de Valor Adicionado* –, aprovada pela Portaria n° 251, de 16.4.97, do Ministério das Comunicações. Serviço de Valor Adicionado, como dissemos, não constituem serviço de telecomunicação.

Condições para o provimento de facilidade suplementar
Havendo disponibilidade técnica, é assegurado o fornecimento de Facilidade Suplementar do STFC aos interessados em explorar SVA, mediante pagamento (pelo Provedor) de preço, por chamada recebida ou por unidade de tempo. O enquadramento do serviço e a atribuição do código de acesso ao Provedor competem à operadora de serviço de telecomunicações, que também pode prestar SVA, hipótese em que será considerada Provedor.

Um exemplo de SVA é o Serviço de Conexão à Internet (SCI), que possibilita acesso à Internet a usuários e provedores de serviços de informações, regulado pela Norma 004/95 – *Uso de Meios da Rede Pública de Telecomunicações para acesso à Internet* –, aprovada pela Portaria n° 148, de 31.5.95, do Ministério das Comunicações.

Condições de acesso e de cobrança

Aos assinantes do STFC são assegurados dois direitos básicos: livre acesso aos serviços de Provedores e direito de bloqueio e desbloqueio, sem ônus, aos mesmos. Assim, se o usuário de STFC não quiser que seus telefones tenham acesso a determinado SVA poderá pedir à operadora que desfaça a conexão ao mesmo, no que, obrigatoriamente, deverá ser prontamente atendido.

A cobrança dos serviços de Provedor poderá ser feita na conta telefônica emitida pela operadora de STFC, desde que sejam observadas as seguintes condições: a) o Provedor se obriga a divulgar o respectivo preço; b) identificação em separado, na conta telefônica, do SVA e dos serviços de telecomunicações prestados pela operadora; c) suspensão da cobrança ou estorno dos valores pagos quando a conta for contestada pelo assinante, reinserindo-se em conta os valores relativos a reclamações improcedentes; d) continuidade da prestação do STFC ao assinante, independentemente de pendências com o Provedor de SVA; e) preço para a cobrança em conta do SVA, acordado de forma razoável e não-discriminatória; f) repasse ao Provedor, nos prazos e com os acréscimos da mora, dos valores correspondentes ao SVA.

Tem havido muita controvérsia sobre o refaturamento de valores referentes a reclamações improcedentes, fundada em erros praticados no seu levantamento, pelos provedores, o que tem legitimado a exclusão definitiva da conta emitida pela operadora, desses valores, ficando com os provedores o encargo de cobrá-los diretamente.

22. Compartilhamento de infra-estrutura

O compartilhamento de infra-estrutura[166] entre as prestadoras de serviço de telecomunicações observa os princípios contidos no art. 73 da Lei nº 9.472/97, no Regulamento Conjunto para Compartilhamento de Infra-Estrutura entre os Setores de Energia Elétrica, Telecomunicações e Petróleo, aprovado pela Resolução Conjunta nº 001, de 24.11.99, tendo sua disciplina no Regulamento aprovado pela Resolução ANATEL n° 274, de 5.9.01.

Pode ocorrer compartilhamento entre prestadoras de serviços de interesse coletivo ou entre estas e prestadoras de serviços de interesse restrito, contanto que estejam atuando na mesma área de prestação de serviço. As primeiras têm direito[167] a compartilhar a infra-estrutura utilizada por prestadora que a detenha, administre ou controle (direta ou indiretamente), de forma não-discriminatória e a preços e condições justos e razoáveis.

O compartilhamento visa a estimular a otimização de recursos e a redução de custos operacionais, além de outros benefícios. A própria regulamentação prevê que as prestadoras "devem empreender esforços no sentido de evitar a duplicidade de Infra-estrutura para prestação de serviço, buscando a racionalização no uso de instalações".

Há duas classes de infra-estrutura e itens passíveis de compartilhamento: servidões administrativas (classe 1) e dutos, condutos, postes e torres (classe 2).

Condições

A prestadora que detém a infra-estrutura é quem dimensiona sua *capacidade excedente* e define as condições de compartilhamento. Ao pretender compartilhar sua infra-estrutura, a prestadora deve dar publicidade antecipada em jornais de circulação nacional e no local onde se encontre a

---

[166] *Compartilhamento* é o uso conjunto de uma infra-estrutura por duas ou mais operadoras de serviços de telecomunicações.
[167] Resolução ANATEL 274/01, art. 5°.

infra-estrutura disponível, durante três dias, da sua classe e dos itens passíveis de compartilhamento, condições, datas e horários onde os interessados poderão obter informações detalhadas. As prestadoras de Serviço Limitado Especializado de interesse restrito e seus sucedâneos também podem utilizar-se dessa sistemática para oferecer compartilhamento de sua infra-estrutura.

A solicitação de compartilhamento deve conter as informações técnicas necessárias à análise da sua viabilidade, em especial as referentes à quantidade de pontos de fixação ou espaço desejados. É de cinco dias o prazo máximo para a detentora solicitar, se for o caso, informações adicionais à solicitante, para a análise e resposta da solicitação, devendo esta ser respondida afirmativa ou negativamente, por escrito, em até trinta dias da data de seu recebimento. As solicitações devem ser atendidas por ordem cronológica de recebimento, após as publicações previstas, e o compartilhamento só pode ser negado por razões de limitação na capacidade, segurança, estabilidade, confiabilidade, violação de requisitos de engenharia ou de cláusulas e condições estabelecidas pela ANATEL. Para assegurar eficácia à essa regra, a regulamentação veda o compartilhamento de infra-estrutura sem a prévia publicação da intenção em torná-la disponível.

Contrato de compartilhamento

O contrato de compartilhamento deve ser firmado em até sessenta dias após a resposta sobre sua viabilidade, prazo que pode ser prorrogado, de comum acordo, por outro tanto. O contrato não pode prever situações prejudiciais à competição, sendo vedada sua utilização com o objetivo de alterar condições legais ou regulamentares, bem como limitar o tipo de sinal de telecomunicações ou os serviços a serem prestados na rede implantada na infra-estrutura compartilhada. Deve dispor, essencialmente, sobre objeto, modo, forma e condições do compartilhamento; direitos, garantias e obrigações das partes; preços e demais condições comerciais; forma do acerto de contas; condições técnicas da implementação e segurança dos serviços e das instalações; cláusula garantidora dos compromissos de atendimento dos parâmetros de qualidade dos serviços; condições de acesso, circulação e permanência; procedimentos de manutenção preventiva e corretiva; proibição de sublocação da infra-estrutura ou de sua utilização para fins não previstos no contrato sem a prévia anuência da operadora que cede a infra-estrutura; sanções e condições de extinção contratual; foro, modo de solução extrajudicial das divergências, prazos de implantação e de vigência.

Cópia do contrato deve estar disponível na Biblioteca da ANATEL, sendo que o compartilhamento deve concretizar-se em até cento e vinte dias da sua celebração, sob a regra de que os preços e demais condições comerciais devem assegurar a justa remuneração dos custos alocados à infra-estrutura compartilhada, bem como compatíveis com as obrigações que o contrato prevê.

Solução de conflitos

Os conflitos de interesse entre as prestadoras serão dirimidos pela ANATEL, por processos de mediação ou arbitragem administrativas, que devem ser precedidas de comunicação escrita à operadora que diverge de que será requerida. Esta comunicação deve ser juntada aos documentos que acompanham a solicitação de mediação/arbitragem como condição de admissibilidade.

O compartilhamento não deve implicar a desvinculação dos ativos envolvidos, a qual, se necessária, terá que ser objeto de autorização da ANATEL, prevendo a regulamentação que os custos de adaptação ou modificação na infra-estrutura compartilhada são de responsabilidade da parte que se beneficiar da respectiva modificação, podendo as prestadoras viabilizarem, por meio de investimentos conjuntos, a construção de infra-estruturas associadas ao objeto de suas concessões, permissões ou autorizações.

23. A licitação de serviços telefônicos

As licitações instauradas no âmbito da Administração Pública federal, estadual e municipal, para contratação de serviços telefônicos, vêm sendo realizadas, em grande parte, ainda de maneira confusa e equivocada. O desconhecimento sobre a operação dos serviços e o modo como possuem regulamentada a sua prestação, associado ao hábito de se copiar editais, simplesmente, têm causado um prejuízo considerável à Administração, nessas contratações. Há ainda muitas exigências desnecessárias, inaplicáveis, conflitantes e até contrárias ao direito, que subvertem o modo como os serviços devem ser prestados, ocorrendo até casos lamentáveis de afronta aos princípios constitucionais da legalidade e moralidade, como quando se licitam tecnologias, e não o serviço, ou quando se exige que as prestadoras de telefonia móvel substituam gratuitamente aparelhos "furtados" ou "extraviados".

O Ministério do Planejamento, Orçamento e Gestão, através da Secretaria de Logística e Tecnologia da Informação, objetivando disciplinar a contratação da prestação de STFC, SMC, SMP, SME e STFC 0800, no âmbito da administração federal, expediu a Portaria Normativa nº 1, de 6.8.02, preconizando para a contratação desses serviços prévio certame licitatório sob o critério do menor preço.

Os editais devem indicar como objeto da licitação, conforme o caso, Serviço Telefônico Fixo Comutado (STFC); Serviços de Telefonia Móvel (admitindo-se a participação de operadoras de Serviço Móvel Celular-SMC e Serviço Móvel Pessoal-SMP); Serviço Móvel Especial (SME); e Chamada Franqueada do Serviço Telefônico Fixo Comutado (STFC 0800). Os preços devem ser cotados mediante o preenchimento da *Planilha de Formação de Preços* que a normativa instituiu como anexo, que pode sofrer as adaptações necessárias quando da contratação de SME ou de STFC 0800. Ao licitarem a contratação de telefonia móvel, devem os editais indicar marca e modelo das estações móveis que as operadoras deverão fornecer, seguida da expressão "ou similar". Também devem constar dos atos convocatórios o *perfil de tráfego*[168] identificado, correspondente ao serviço a ser contratado, bem como a exigência de que, caso a proposta ofereça desconto sobre o Plano Básico de Serviço da proponente, ou sobre qualquer Plano Alternativo já existente, o percentual ofertado deverá ser estendido a todos os preços constantes de seu plano, referentes ao serviço licitado, independente do tipo de ligação, do horário ou distância das chamadas originadas, como condição para a realização da contratação. Também devem prever que, contendo a proposta Plano Alternativo de Serviço, este não necessita ser previamente submetido à ANATEL para efeito de participação na licitação, devendo, entretanto, estar "aprovado" pela Agência como condição para a assinatura do contrato.

A licitação para contratação de serviços telefônicos pode ser nas modalidades de concorrência, tomada de preços, convite ou pregão, esta última conforme as disposições da Lei 10.520/02.

A normativa federal também dispõe sobre o modo de acompanhamento e fiscalização da execução contratual, conforme art. 67 da Lei n° 8.666/93, dispondo que o representante da Administração deverá assegurar-se de que os preços praticados pela contratada permanecem vantajosos, observadas as peculiaridades do mercado (Portaria, art. 8°, § 1°), mediante verificação mensal e histórico comparativo que também considere preços praticados para consumidores cujo perfil de tráfego seja semelhante. Admite-se que a Administração possa renegociar com a prestadora cujos preços, em semelhantes condições de mercado para semelhante perfil de tráfego tenham sido identificados como desvantajosos, rescindindo o contrato, se necessário, amparada no inciso XII do art. 78 da Lei n° 8.666/93, e contratando o remanescente do serviço diretamente com prestadora escolhida segundo a ordem de classificação na licitação correspondente, com base no inciso XI do art. 24 do mesmo diploma.

Haverá inegável praticidade na contratação de serviço telefônico, fixo ou móvel, com emprego do Sistema de Registro de Preços, que o Decreto n° 3.931/01 determina seja preferencialmente adotado em âmbito federal.

---

[168] Perfil de tráfego, segundo a Portaria Normativa MP/SLTI N° 01, é o quantitativo médio mensal em chamadas e minutos, de ligações telefônicas ocorridas, em função de determinados dias, horários, períodos de tempo, tipo de chamada e localidades ou área de numeração de origem e destino.

24. O sigilo da comunicação telefônica

O direito à intimidade

Prevê o art. 5°, inciso XII, da Constituição Federal, que *é inviolável o sigilo da correspondência e das comunicações telegráficas, de dados e das comunicações telefônicas, salvo, no último caso, por ordem judicial, nas hipóteses e na forma que a lei estabelecer para fins de investigação criminal ou instrução processual penal*. A LGT, por sua vez, preceitua, que o usuário de serviços de telecomunicações tem direito *à inviolabilidade e ao segredo de sua comunicação, salvo nas hipóteses e condições constitucional e legalmente previstas* (art. 3°).

A inviolabilidade da comunicação telefônica decorre do direito à intimidade das pessoas, do direito de proteger-se quanto aos *segredos da vida privada*. Em face da intensificação do relacionamento social e do progresso tecnológico, a intromissão na esfera privada do indivíduo "é cada vez mais penetrante e insidiosa", doutrina, com Nuvolone, Ada Pellegrini Grinover,[169] "a ponto de ameaçar dissolvê-lo no anônimo e no coletivo, como qualquer produto de massa".

O direito à intimidade é o direito da pessoa ser livre e viver, segundo seu entendimento, com o mínimo de interferências externas. É um direito personalíssimo, inato, porque basta o nascimento com vida para adquiri-lo.[170] Diz respeito aos direitos da personalidade, dos quais são exemplos o direito à imagem, à defesa do nome, à inviolabilidade do domicílio, à tutela da obra intelectual, da correspondência, etc.

Obediente a todos esses princípios é que a Lei n° 9.296/96, ao regulamentar a excepcionalidade da quebra do sigilo da comunicação telefônica, diz ser inadmissível a interceptação quando não houver indícios razoáveis da autoria ou participação em infração penal, quando a prova puder ser feita por outros meios disponíveis ou quando o fato investigado constituir infração penal punida, no máximo, com pena de detenção (art. 2°, I, II e III).

---
[169] *Liberdades Públicas e Processo Penal*. São Paulo, RT, 1982, p. 67.
[170] Gilberto Haddad Jabur. *Liberdade de pensamento e direito à vida privada*. São Paulo, RT, 2000, p. 357.

A proteção à privacidade na Lei n° 9.472/97

Prevê a LGT que o usuário de serviços de telecomunicações tem direito à inviolabilidade e ao segredo de sua comunicação, salvo nas hipóteses e condições constitucional e legalmente previstas. Prevê, também, que tem direito à não-divulgação, caso o requeira, de seu código de acesso, bem como ao respeito de sua privacidade nos documentos de cobrança e na utilização de seus dados pessoais pela prestadora do serviço.[171] Compreensível que também com relação aos documentos de cobrança se resguarde a privacidade do usuário, uma vez que esses documentos em certos casos também informam as conexões realizadas, com data, horário e prefixos conectados. As informações relativas à fruição individual do serviço, prevê a LGT, somente podem ser utilizadas pela prestadora exclusivamente para fins de execução de sua atividade, somente podendo divulgá-las mediante "anuência expressa e específica do usuário", sendo admitido divulgar a terceiros informações agregadas sobre o uso dos serviços, desde que não permitam a identificação direta ou indireta do usuário ou a violação de sua intimidade.

A questão dos dados cadastrais

A Constituição de 1969, no art. 153, § 9°, previa ser *inviolável o sigilo da correspondência e das comunicações telegráficas e telefônicas*. Não falava, como a Constituição vigente, em *dados*, e por isso o sigilo abrangia somente as comunicações telegráficas e telefônicas, além da correspondência. A expressão *dados* contida no inciso XII do art. 5° da CF de 1988 está a dizer *comunicação de dados*, que consiste em uma outra forma de telecomunicação (Lei 9.472/97, art. 64), não considerada vinte anos atrás. *Dados*, aqui, não é outra coisa senão o conteúdo da referida forma de telecomunicação,[172] que o dispositivo constitucional também protege. Outra coisa são os dados cadastrais que apenas identificam a titularidade da linha telefônica, é dizer, o nome, o endereço e o código de acesso, que na telefonia fixa compõe a denominada *lista de assinantes*, que a LGT manda editar e distribuir gratuitamente, e na telefonia móvel só não existe pela peculiaridade dessa modalidade ter surgido sob um critério remuneratório que impunha deixar com o assinante, exclusivamente, a divulgação do seu código de acesso, porquanto lhe cabia pagar não só pelas ligações que originava, mas também pelas que sua estação móvel recebia.

Alinhamo-nos com os que consideram inexistir reserva de jurisdição a exigir prévia autorização judicial para que a autoridade policial tenha

---
[171] Lei n° 9472/97, art. 3°, V, VI e IX.
[172] Ver excerto do voto do Desembargador Federal Ney Fonseca, no HC n° 200102010167651, TRF/2ª Região.

acesso a dados cadastrais[173] de assinantes dos serviços de telefonia, fixos ou móveis, no mister de comprovada investigação criminal ou para fins de instrução processual penal.[174]

Interceptação telefônica

Não constitui violação do sigilo a interceptação de comunicações telefônicas, de qualquer natureza, para prova em investigação criminal, ordenada por Juiz de Direito, sob segredo de justiça, conforme previsto na Lei n° 9.296, de 24.7.96, que regulamentou o inciso XII, parte final, do art. 5° da Constituição Federal.

Para uma melhor compreensão do tema, lembremo-nos de que há interceptação telefônica e gravações clandestinas. *Interceptação telefônica* é a captação da conversa, por um terceiro, sem o conhecimento dos interlocutores ou com o conhecimento de apenas um deles. Quando, na captação da conversa por um terceiro, houver o conhecimento de um dos interlocutores, a interceptação também é chamada *escuta telefônica*. Dá-se a *gravação clandestina*, quando alguém grava a sua própria conversa, telefônica ou não, com outro, sem o conhecimento deste. Também, quando um terceiro grava, entre presentes, a conversa pessoal e direta, sem o conhecimento dos interlocutores, hipótese chamada de *interceptação ambiental*. Outra forma de gravação clandestina ocorre quando há gravação, entre presentes, da conversa pessoal ou direta, sem o conhecimento de um dos interlocutores, realizada pelo outro ou por um terceiro. Tem-se, neste caso, a chamada *escuta ambiental*.[175]

O que a doutrina considera como interceptação telefônica, propriamente, como registra Maria Gilvaíse de Oliveira Mendes, é a captação da conversa, por um terceiro, sem o conhecimento dos interlocutores ou com o conhecimento de apenas um deles (escuta telefônica). Tanto na doutrina quanto na jurisprudência há posições favoráveis e contrárias à licitude da prova obtida através de gravações clandestinas,[176] tendo-se constatado, en-

---

[173] Os dados cadastrais a que nos referimos estariam limitados aos previstos na Lei n° 10.703/2003 (nome, endereço, código de acesso, CIC/MF e número da identidade).

[174] Deveras brilhante é a sentença, nesse sentido, prolatada pelo Juiz Federal Paulo Vieira Aveline – MS n° 2004.71.00.022811-2, 4ª Região/3ª Vara Criminal.

[175] Maria Gilvaíse de Oliveira Mendes. *Direito à intimidade e interceptações telefônicas*. Belo Horizonte, Ed. Mandamentos, 1999, p. 143.

[176] STF – "O fato de um dos interlocutores desconhecer a circunstância de que a conversação que mantém com outrem está sendo objeto de gravação atua, em juízo, como causa obstativa desse meio de prova. O reconhecimento constitucional do direito à privacidade (CF, art. 5°, X) desautoriza o valor probante do conteúdo de fita magnética que registra, de forma clandestina, o diálogo mantido com alguém que venha a sofrer a persecução penal do Estado. A gravação de diálogos privados, quando executada com total desconhecimento de um dos partícipes, apresenta-se eivada de absoluta desvalia, especialmente quando o órgão de acusação penal postula, com base nela, a prolação de um decreto condenatório." Celso de Mello, em voto proferido na Ação Penal n° 307-3-DF (Ementário n° 1.804-11); STF – "*Habeas Corpus*. Prova. Licitude. Gravação de telefonema por interlocutor. É lícita a gravação

tretanto, que começa a predominar a sua aceitação como prova lícita sempre que a gravação assim obtida for o único meio capaz de provar o fato delituoso. Tampouco caracteriza a interceptação de que cuida a Lei n° 9.296/96, a gravação em telefones de empresas (como as de transporte de valores, por exemplo), com o prévio conhecimento, pelos empregados, de que estão sendo realizadas, para segurança e garantia da consecução dos objetivos empresariais.

O procedimento da interceptação

O procedimento da interceptação tem como pressupostos para a sua autorização pelo juiz o *fumus boni juris* e o *periculum in mora,* e é conduzido pela autoridade policial (autoridade da polícia judiciária estadual ou federal, ou autoridade que presida inquérito policial militar), podendo o Ministério Público acompanhar a sua realização. Não são os empregados das operadoras de serviço telefônico, portanto, que escutam (gravando ou não) as conversações, mas aqueles integrantes da equipe policial. Isso não impede que, conforme o caso, haja o concurso de um técnico da prestadora para viabilizar a medida. Prescreve o art. 7° da Lei n° 9.296/96 que a autoridade policial "poderá requisitar serviços e técnicos especializados às concessionárias de serviço público", para essa finalidade.

Crime de interceptação e de quebra de segredo da Justiça

Conforme o art. 10 da Lei 9.296/96, constitui crime realizar interceptação de comunicações telefônicas, de informática ou telemática, ou quebrar segredo da Justiça, sem autorização judicial ou com objetivos não autorizados em lei. Pena: reclusão de dois a quatro anos, e multa. O crime de interceptação definido na Lei n° 9.296/96 substitui aquele tipificado no inciso II do art. 151 do Código Penal. É crime que qualquer pessoa pode cometer, bastando que realize a interceptação *sem autorização judicial* ou com objetivos que não sejam para *prova em investigação criminal* ou *instrução processual penal.* Trata-se de crime doloso, que admite co-autoria ou participação, e comporta a tentativa.

Quando o art. 10 faz referência a "quebrar segredo da Justiça", cuida de outro tipo de crime, aquele em que o funcionário (polícia, membro do

---

de conversação telefônica feita por um dos interlocutores, ou com sua autorização sem ciência do outro, quando há investida criminosa deste último. Inconsistente e fere o senso comum falar-se em violação do direito à privacidade quando interlocutor grava diálogo com seqüestradores e estelionatários ou qualquer tipo de chantagista." HC 75.338-8-RJ; STJ – "Gravação de conversa telefônica por um dos interlocutores. Prova lícita. Princípio da proporcionalidade. A gravação de conversa por um dos interlocutores não é interceptação telefônica, sendo lícita como prova no processo penal. Pelo princípio da proporcionalidade, as normas constitucionais se articulam num sistema, cuja harmonia impõe que, em certa medida, tolere-se o detrimento a alguns direitos por ela conferidos, no caso, o direito à intimidade." RHC 7216-SP.

Ministério Público, Juiz, funcionário de cartório, etc.) que se vincula direta ou indiretamente ao procedimento da interceptação, revela a sua realização ou seu conteúdo, ou concorda que terceiro dele tome conhecimento. Também é crime doloso, que admite a co-autoria e a participação, comportando o dolo eventual.

Apêndice

Lei nº 9.472, de 16 de julho de 1997

Dispõe sobre a organização dos serviços de telecomunicações, a criação e funcionamento de um órgão regulador e outros aspectos institucionais, nos termos da Emenda Constitucional nº 8, de 1995.

O PRESIDENTE DA REPÚBLICA
Faço saber que o Congresso Nacional decreta e eu sanciono a seguinte Lei:

LIVRO I
DOS PRINCÍPIOS FUNDAMENTAIS

Art. 1º Compete à União, por intermédio do órgão regulador e nos termos das políticas estabelecidas pelos Poderes Executivo e Legislativo, organizar a exploração dos serviços de telecomunicações.

Parágrafo único. A organização inclui, entre outros aspectos, o disciplinamento e a fiscalização da execução, comercialização e uso dos serviços e da implantação e funcionamento de redes de telecomunicações, bem como da utilização dos recursos de órbita e espectro de radiofreqüências.

Art. 2º O Poder Público tem o dever de:

I – garantir, a toda a população, o acesso às telecomunicações, a tarifas e preços razoáveis, em condições adequadas;

II – estimular a expansão do uso de redes e serviços de telecomunicações pelos serviços de interesse público em benefício da população brasileira;

III – adotar medidas que promovam a competição e a diversidade dos serviços, incrementem sua oferta e propiciem padrões de qualidade compatíveis com a exigência dos usuários;

IV – fortalecer o papel regulador do Estado;

V – criar oportunidades de investimento e estimular o desenvolvimento tecnológico e industrial, em ambiente competitivo;

VI – criar condições para que o desenvolvimento do setor seja harmônico com as metas de desenvolvimento social do País.

Art. 3º O usuário de serviços de telecomunicações tem direito:

I – de acesso aos serviços de telecomunicações, com padrões de qualidade e regularidade adequados à sua natureza, em qualquer ponto do território nacional;

II – à liberdade de escolha de sua prestadora de serviço;

III – de não ser discriminado quanto às condições de acesso e fruição do serviço;

IV – à informação adequada sobre as condições de prestação dos serviços, suas tarifas e preços;

V – à inviolabilidade e ao segredo de sua comunicação, salvo nas hipóteses e condições constitucional e legalmente previstas;

VI – à não divulgação, caso o requeira, de seu código de acesso;

VII – à não suspensão de serviço prestado em regime público, salvo por débito diretamente decorrente de sua utilização ou por descumprimento de condições contratuais;

VIII – ao prévio conhecimento das condições de suspensão do serviço;

IX – ao respeito de sua privacidade nos documentos de cobrança e na utilização de seus dados pessoais pela prestadora do serviço;

X – de resposta às suas reclamações pela prestadora do serviço;

XI – de peticionar contra a prestadora do serviço perante o órgão regulador e os organismos de defesa do consumidor;

XII – à reparação dos danos causados pela violação de seus direitos.

Art. 4º O usuário de serviços de telecomunicações tem o dever de:

I – utilizar adequadamente os serviços, equipamentos e redes de telecomunicações;

II – respeitar os bens públicos e aqueles voltados à utilização do público em geral;

III – comunicar às autoridades irregularidades ocorridas e atos ilícitos cometidos por prestadora de serviço de telecomunicações.

Art. 5º Na disciplina das relações econômicas no setor de telecomunicações observar-se-ão, em especial, os princípios constitucionais da soberania nacional, função social da propriedade, liberdade de iniciativa, livre concorrência, defesa do consumidor, redução das desigualdades regionais e sociais, repressão ao abuso do poder econômico e continuidade do serviço prestado no regime público.

Art. 6º Os serviços de telecomunicações serão organizados com base no princípio da livre, ampla e justa competição entre todas as prestadoras, devendo o Poder Público atuar para propiciá-la, bem como para corrigir os efeitos da competição imperfeita e reprimir as infrações da ordem econômica.

Art. 7º As normas gerais de proteção à ordem econômica são aplicáveis ao setor de telecomunicações, quando não conflitarem com o disposto nesta Lei.

§ 1º Os atos envolvendo prestadora de serviço de telecomunicações, no regime público ou privado, que visem a qualquer forma de concentração econômica, inclusive mediante fusão ou incorporação de empresas, constituição de sociedade para exercer o controle de empresas ou qualquer forma de agrupamento societário, ficam submetidos aos controles, procedimentos e condicionamentos previstos nas normas gerais de proteção à ordem econômica.

§ 2º Os atos de que trata o parágrafo anterior serão submetidos à apreciação do Conselho Administrativo de Defesa Econômica – CADE, por meio do órgão regulador.

§ 3º Praticará infração da ordem econômica a prestadora de serviço de telecomunicações que, na celebração de contratos de fornecimento de bens e serviços, adotar práticas que possam limitar, falsear ou, de qualquer forma, prejudicar a livre concorrência ou a livre iniciativa.

LIVRO II
DO ÓRGÃO REGULADOR E DAS POLÍTICAS SETORIAIS
TÍTULO I
DA CRIAÇÃO DO ÓRGÃO REGULADOR

Art. 8º Fica criada a Agência Nacional de Telecomunicações, entidade integrante da Administração Pública Federal indireta, submetida a regime autárquico especial e vinculada ao Ministério das Comunicações, com a função de órgão regulador das telecomunicações, com sede no Distrito Federal, podendo estabelecer unidades regionais.

§ 1º A Agência terá como órgão máximo o Conselho Diretor, devendo contar, também, com um Conselho Consultivo, uma Procuradoria, uma Corregedoria, uma Biblioteca e uma Ouvidoria, além das unidades especializadas incumbidas de diferentes funções.

§ 2º A natureza de autarquia especial conferida à Agência é caracterizada por independência administrativa, ausência de subordinação hierárquica, mandato fixo e estabilidade de seus dirigentes e autonomia financeira.

Art. 9º A Agência atuará como autoridade administrativa independente, assegurando-se-lhe, nos termos desta Lei, as prerrogativas necessárias ao exercício adequado de sua competência.

Art. 10. Caberá ao Poder Executivo instalar a Agência, devendo o seu regulamento, aprovado por decreto do Presidente da República, fixar-lhe a estrutura organizacional.

Parágrafo único. A edição do regulamento marcará a instalação da Agência, investindo-a automaticamente no exercício de suas atribuições.

Art. 11. O Poder Executivo encaminhará ao Congresso Nacional, no prazo de até noventa dias, a partir da publicação desta Lei, mensagem criando o quadro efetivo de pessoal da Agência, podendo remanejar cargos disponíveis na estrutura do Ministério das Comunicações.

Art. 12. Ficam criados os Cargos em Comissão de Natureza Especial e do Grupo-Direção e Assessoramento Superiores – DAS, com a finalidade de integrar a estrutura da Agência, relacionados no Anexo I.

Art. 13. Ficam criadas as funções de confiança denominadas Funções Comissionadas de Telecomunicação – FCT, de ocupação privativa por servidores do quadro efetivo, servidores públicos federais ou empregados de empresas públicas ou sociedades de economia mista, controladas pela União, em exercício na Agência Nacional de Telecomunicações, no quantitativo e valores previstos no Anexo II desta Lei.

§ 1º O servidor investido na Função Comissionada de Telecomunicação exercerá atribuições de assessoramento e coordenação técnica e perceberá remuneração correspondente ao cargo efetivo ou emprego permanente, acrescida do valor da Função para a qual foi designado.

§ 2º A designação para Função de Assessoramento é inacumulável com a designação ou nomeação para qualquer outra forma de comissionamento, cessando o seu pagamento durante as situações de afastamento do servidor, inclusive aquelas consideradas de efetivo exercício, ressalvados os períodos a que se referem os incisos I, IV, VI, VIII, alíneas *a* a *e*, e inciso X do art. 102 da Lei nº 8.112, de 11 de dezembro de 1990.

§ 3º O Poder Executivo poderá dispor sobre alteração dos quantitativos e da distribuição das Funções Comissionadas de Telecomunicação dentro da estrutura organizacional, observados os níveis hierárquicos, os valores de retribuição correspondentes e o respectivo custo global estabelecidos no Anexo II.

Art. 14. A Agência poderá requisitar, com ônus, servidores de órgãos e entidades integrantes da administração pública federal direta, indireta ou fundacional, quaisquer que sejam as funções a serem exercidas.

§ 1º Durante os primeiros vinte e quatro meses subseqüentes à instalação da Agência, as requisições de que trata o *caput* deste artigo serão irrecusáveis quando feitas a órgãos e entidades do Poder Executivo, e desde que aprovadas pelo Ministro de Estado das Comunicações e pelo Ministro de Estado Chefe da Casa Civil.

§ 2º Quando a requisição implicar redução de remuneração do servidor requisitado, fica a Agência autorizada a complementá-la até o limite da remuneração percebida no órgão de origem.

Art. 15. A fixação das dotações orçamentárias da Agência na Lei de Orçamento Anual e sua programação orçamentária e financeira de execução não sofrerão limites nos seus valores para movimentação e empenho.

Art. 16. Fica o Poder Executivo autorizado a realizar as despesas e os investimentos necessários à instalação da Agência, podendo remanejar, transferir ou utilizar saldos orçamentários, empregando como recursos dotações destinadas a atividades finalísticas e administrativas do Ministério das Comunicações, inclusive do Fundo de Fiscalização das Telecomunicações – FISTEL.

Parágrafo único. Serão transferidos à Agência os acervos técnico e patrimonial, bem como as obrigações e direitos do Ministério das Comunicações, correspondentes às atividades a ela atribuídas por esta Lei.

Art. 17. A extinção da Agência somente ocorrerá por lei específica.

TÍTULO II
DAS COMPETÊNCIAS

Art. 18. Cabe ao Poder Executivo, observadas as disposições desta Lei, por meio de decreto:

I – instituir ou eliminar a prestação de modalidade de serviço no regime público, concomitantemente ou não com sua prestação no regime privado;

II – aprovar o plano geral de outorgas de serviço prestado no regime público;

III – aprovar o plano geral de metas para a progressiva universalização de serviço prestado no regime público;

IV – autorizar a participação de empresa brasileira em organizações ou consórcios intergovernamentais destinados ao provimento de meios ou à prestação de serviços de telecomunicações.

Parágrafo único. O Poder Executivo, levando em conta os interesses do País no contexto de suas relações com os demais países, poderá estabelecer limites à participação estrangeira no capital de prestadora de serviços de telecomunicações.

Art. 19. À Agência compete adotar as medidas necessárias para o atendimento do interesse público e para o desenvolvimento das telecomunicações brasileiras, atuando com independência, imparcialidade, legalidade, impessoalidade e publicidade, e especialmente:

I – implementar, em sua esfera de atribuições, a política nacional de telecomunicações;

II – representar o Brasil nos organismos internacionais de telecomunicações, sob a coordenação do Poder Executivo;

III – elaborar e propor ao Presidente da República, por intermédio do Ministro de Estado das Comunicações, a adoção das medidas a que se referem os incisos I a IV do artigo anterior, submetendo previamente a consulta pública as relativas aos incisos I a III;

IV – expedir normas quanto à outorga, prestação e fruição dos serviços de telecomunicações no regime público;

V – editar atos de outorga e extinção de direito de exploração do serviço no regime público;

VI – celebrar e gerenciar contratos de concessão e fiscalizar a prestação do serviço no regime público, aplicando sanções e realizando intervenções;

VII – controlar, acompanhar e proceder à revisão de tarifas dos serviços prestados no regime público, podendo fixá-las nas condições previstas nesta Lei, bem como homologar reajustes;

VIII – administrar o espectro de radiofreqüências e o uso de órbitas, expedindo as respectivas normas;

IX – editar atos de outorga e extinção do direito de uso de radiofreqüência e de órbita, fiscalizando e aplicando sanções;

X – expedir normas sobre prestação de serviços de telecomunicações no regime privado;

XI – expedir e extinguir autorização para prestação de serviço no regime privado, fiscalizando e aplicando sanções;

XII – expedir normas e padrões a serem cumpridos pelas prestadoras de serviços de telecomunicações quanto aos equipamentos que utilizarem;

XIII – expedir ou reconhecer a certificação de produtos, observados os padrões e normas por ela estabelecidos;

XIV – expedir normas e padrões que assegurem a compatibilidade, a operação integrada e a interconexão entre as redes, abrangendo inclusive os equipamentos terminais;

XV – realizar busca e apreensão de bens no âmbito de sua competência;

XVI – deliberar na esfera administrativa quanto à interpretação da legislação de telecomunicações e sobre os casos omissos;

XVII – compor administrativamente conflitos de interesses entre prestadoras de serviço de telecomunicações;

XVIII – reprimir infrações dos direitos dos usuários;

XIX – exercer, relativamente às telecomunicações, as competências legais em matéria de controle, prevenção e repressão das infrações da ordem econômica, ressalvadas as pertencentes ao Conselho Administrativo de Defesa Econômica – CADE;

XX – propor ao Presidente da República, por intermédio do Ministério das Comunicações, a declaração de utilidade pública, para fins de desapropriação ou instituição de servidão administrativa, dos bens necessários à implantação ou manutenção de serviço no regime público;

XXI – arrecadar e aplicar suas receitas;

XXII – resolver quanto à celebração, alteração ou extinção de seus contratos, bem como quanto à nomeação, exoneração e demissão de servidores, realizando os procedimentos necessários, na forma em que dispuser o regulamento;

XXIII – contratar pessoal por prazo determinado, de acordo com o disposto na Lei nº 8.745, de 9 de dezembro de 1993;

XXIV – adquirir, administrar e alienar seus bens;

XXV – decidir em último grau sobre as matérias de sua alçada, sempre admitido recurso ao Conselho Diretor;

XXVI – formular ao Ministério das Comunicações proposta de orçamento;

XXVII – aprovar o seu regimento interno;

XXVIII – elaborar relatório anual de suas atividades, nele destacando o cumprimento da política do setor definida nos termos do artigo anterior;

XXIX – enviar o relatório anual de suas atividades ao Ministério das Comunicações e, por intermédio da Presidência da República, ao Congresso Nacional;

XXX – rever, periodicamente, os planos enumerados nos incisos II e III do artigo anterior, submetendo-os, por intermédio do Ministro de Estado das Comunicações, ao Presidente da República, para aprovação;

XXXI – promover interação com administrações de telecomunicações dos países do Mercado Comum do Sul – MERCOSUL, com vistas à consecução de objetivos de interesse comum.

TÍTULO III
DOS ÓRGÃOS SUPERIORES
Capítulo I
Do Conselho Diretor

Art. 20. O Conselho Diretor será composto por cinco conselheiros e decidirá por maioria absoluta.

Parágrafo único. Cada conselheiro votará com independência, fundamentando seu voto.

Art. 21. As sessões do Conselho Diretor serão registradas em atas, que ficarão arquivadas na Biblioteca, disponíveis para conhecimento geral.

§ 1º Quando a publicidade puder colocar em risco a segurança do País, ou violar segredo protegido ou a intimidade de alguém, os registros correspondentes serão mantidos em sigilo.

§ 2º As sessões deliberativas do Conselho Diretor que se destinem a resolver pendências entre agentes econômicos e entre estes e consumidores e usuários de bens e serviços de telecomunicações serão públicas, permitida a sua gravação por meios eletrônicos e assegurado aos interessados o direito de delas obter transcrições.

Art. 22. Compete ao Conselho Diretor:

I – submeter ao Presidente da República, por intermédio do Ministro de Estado das Comunicações, as modificações do regulamento da Agência;

II – aprovar normas próprias de licitação e contratação;

III – propor o estabelecimento e alteração das políticas governamentais de telecomunicações;

IV – editar normas sobre matérias de competência da Agência;

V – aprovar editais de licitação, homologar adjudicações, bem como decidir pela prorrogação, transferência, intervenção e extinção, em relação às outorgas para prestação de serviço no regime público, obedecendo ao plano aprovado pelo Poder Executivo;

VI – aprovar o plano geral de autorizações de serviço prestado no regime privado;

VII – aprovar editais de licitação, homologar adjudicações, bem como decidir pela prorrogação, transferência e extinção, em relação às autorizações para prestação de serviço no regime privado, na forma do regimento interno;

VIII – aprovar o plano de destinação de faixas de radiofreqüência e de ocupação de órbitas;

IX – aprovar os planos estruturais das redes de telecomunicações, na forma em que dispuser o regimento interno;

X – aprovar o regimento interno;

XI – resolver sobre a aquisição e a alienação de bens;

XII – autorizar a contratação de serviços de terceiros, na forma da legislação em vigor.

Parágrafo único. Fica vedada a realização por terceiros da fiscalização de competência da Agência, ressalvadas as atividades de apoio.

Art. 23. Os conselheiros serão brasileiros, de reputação ilibada, formação universitária e elevado conceito no campo de sua especialidade, devendo ser escolhidos pelo Presidente da República e por ele nomeados, após aprovação pelo Senado Federal, nos termos da alínea *f* do inciso III do art. 52 da Constituição Federal.

Art. 24. O mandato dos membros do Conselho Diretor será de cinco anos, vedada a recondução.

Parágrafo único. Em caso de vaga no curso do mandato, este será completado por sucessor investido na forma prevista no artigo anterior, que o exercerá pelo prazo remanescente.

Art. 25. Os mandatos dos primeiros membros do Conselho Diretor serão de três, quatro, cinco, seis e sete anos, a serem estabelecidos no decreto de nomeação.

Art. 26. Os membros do Conselho Diretor somente perderão o mandato em virtude de renúncia, de condenação judicial transitada em julgado ou de processo administrativo disciplinar.

§ 1º Sem prejuízo do que prevêem a lei penal e a lei da improbidade administrativa, será causa da perda do mandato a inobservância, pelo conselheiro, dos deveres e proibições inerentes ao cargo, inclusive no que se refere ao cumprimento das políticas estabelecidas para o setor pelos Poderes Executivo e Legislativo.

§ 2º Cabe ao Ministro de Estado das Comunicações instaurar o processo administrativo disciplinar, que será conduzido por comissão especial, competindo ao Presidente da República determinar o afastamento preventivo, quando for o caso, e proferir o julgamento.

Art. 27. O regulamento disciplinará a substituição dos conselheiros em seus impedimentos, bem como durante a vacância.

Art. 28. Aos conselheiros é vedado o exercício de qualquer outra atividade profissional, empresarial, sindical ou de direção político-partidária, salvo a de professor universitário, em horário compatível.

Parágrafo único. É vedado aos conselheiros, igualmente, ter interesse significativo, direto ou indireto, em empresa relacionada com telecomunicações, como dispuser o regulamento.

Art. 29. Caberá também aos conselheiros a direção dos órgãos administrativos da Agência.

Art. 30. Até um ano após deixar o cargo, é vedado ao ex-conselheiro representar qualquer pessoa ou interesse perante a Agência.

Parágrafo único. É vedado, ainda, ao ex-conselheiro utilizar informações privilegiadas obtidas em decorrência do cargo exercido, sob pena de incorrer em improbidade administrativa.

Art. 31. O Presidente do Conselho Diretor será nomeado pelo Presidente da República dentre os seus integrantes e investido na função por três anos ou pelo que restar de seu mandato de conselheiro, quando inferior a esse prazo, vedada a recondução.

Art. 32. Cabe ao Presidente a representação da Agência, o comando hierárquico sobre o pessoal e o serviço, exercendo todas as competências administrativas correspondentes, bem como a presidência das sessões do Conselho Diretor.

Parágrafo único. A representação judicial da Agência, com prerrogativas processuais de Fazenda Pública, será exercida pela Procuradoria.

Capítulo II
Do Conselho Consultivo

Art. 33. O Conselho Consultivo é o órgão de participação institucionalizada da sociedade na Agência.

Art. 34. O Conselho será integrado por representantes indicados pelo Senado Federal, pela Câmara dos Deputados, pelo Poder Executivo, pelas entidades de classe das prestadoras de serviços de telecomunicações, por entidades representativas dos usuários e por entidades representativas da sociedade, nos termos do regulamento.

Parágrafo único. O Presidente do Conselho Consultivo será eleito pelos seus membros e terá mandato de um ano.

Art. 35. Cabe ao Conselho Consultivo:

I – opinar, antes de seu encaminhamento ao Ministério das Comunicações, sobre o plano geral de outorgas, o plano geral de metas para universalização de serviços prestados no regime público e demais políticas governamentais de telecomunicações;

II – aconselhar quanto à instituição ou eliminação da prestação de serviço no regime público;

III – apreciar os relatórios anuais do Conselho Diretor;

IV – requerer informação e fazer proposição a respeito das ações referidas no art. 22.

Art. 36. Os membros do Conselho Consultivo, que não serão remunerados, terão mandato de três anos, vedada a recondução.

§ 1º Os mandatos dos primeiros membros do Conselho serão de um, dois e três anos, na proporção de um terço para cada período.

§ 2º O Conselho será renovado anualmente em um terço.

Art. 37. O regulamento disporá sobre o funcionamento do Conselho Consultivo.

TÍTULO IV
DA ATIVIDADE E DO CONTROLE

Art. 38. A atividade da Agência será juridicamente condicionada pelos princípios da legalidade, celeridade, finalidade, razoabilidade, proporcionalidade, impessoalidade, igualdade, devido processo legal, publicidade e moralidade.

Art. 39. Ressalvados os documentos e os autos cuja divulgação possa violar a segurança do País, segredo protegido ou a intimidade de alguém, todos os demais permanecerão abertos à consulta do público, sem formalidades, na Biblioteca.

Parágrafo único. A Agência deverá garantir o tratamento confidencial das informações técnicas, operacionais, econômico-financeiras e contábeis que solicitar às empresas prestadoras dos serviços de telecomunicações, nos termos do regulamento.

Art. 40. Os atos da Agência deverão ser sempre acompanhados da exposição formal dos motivos que os justifiquem.

Art. 41. Os atos normativos somente produzirão efeito após publicação no Diário Oficial da União, e aqueles de alcance particular, após a correspondente notificação.

Art. 42. As minutas de atos normativos serão submetidas à consulta pública, formalizada por publicação no Diário Oficial da União, devendo as críticas e sugestões merecer exame e permanecer à disposição do público na Biblioteca.

Art. 43. Na invalidação de atos e contratos, será garantida previamente a manifestação dos interessados.

Art. 44. Qualquer pessoa terá o direito de peticionar ou de recorrer contra ato da Agência no prazo máximo de trinta dias, devendo a decisão da Agência ser conhecida em até noventa dias.

Art. 45. O Ouvidor será nomeado pelo Presidente da República para mandato de dois anos, admitida uma recondução.

Parágrafo único. O Ouvidor terá acesso a todos os assuntos e contará com o apoio administrativo de que necessitar, competindo-lhe produzir, semestralmente ou quando oportuno, apreciações críticas sobre a atuação da Agência, encaminhando-as ao Conselho Diretor, ao Conselho Consultivo, ao Ministério das Comunicações, a outros órgãos do Poder Executivo e ao Congresso Nacional, fazendo publicá-las para conhecimento geral.

Art. 46. A Corregedoria acompanhará permanentemente o desempenho dos servidores da Agência, avaliando sua eficiência e o cumprimento dos deveres funcionais e realizando os processos disciplinares.

TÍTULO V
DAS RECEITAS

Art. 47. O produto da arrecadação das taxas de fiscalização de instalação e de funcionamento a que se refere a Lei nº 5.070, de 7 de julho de 1966, será destinado ao Fundo de Fiscalização das Telecomunicações – FISTEL, por ela criado.

Art. 48. A concessão, permissão ou autorização para a exploração de serviços de telecomunicações e de uso de radiofreqüência, para qualquer serviço, será sempre feita a título oneroso, ficando autorizada a cobrança do respectivo preço nas condições estabelecidas nesta Lei e na regulamentação, constituindo o produto da arrecadação receita do Fundo de Fiscalização das Telecomunicações – FISTEL.

§ 1º Conforme dispuser a Agência, o pagamento devido pela concessionária, permissionária ou autorizada poderá ser feito na forma de quantia certa, em uma ou várias parcelas, ou de parcelas anuais, sendo seu valor, alternativamente:

I – determinado pela regulamentação;

II – determinado no edital de licitação;

III – fixado em função da proposta vencedora, quando constituir fator de julgamento;

IV – fixado no contrato de concessão ou no ato de permissão, nos casos de inexigibilidade de licitação.

§ 2º Após a criação do fundo de universalização dos serviços de telecomunicações mencionado no inciso II do art. 81, parte do produto da arrecadação a que se refere o *caput* deste artigo será a ele destinada, nos termos da lei correspondente.

Art. 49. A Agência submeterá anualmente ao Ministério das Comunicações a sua proposta de orçamento, bem como a do FISTEL, que serão encaminhadas ao Ministério do Planejamento e

Orçamento para inclusão no projeto de lei orçamentária anual a que se refere o § 5º do art. 165 da Constituição Federal.

§ 1º A Agência fará acompanhar as propostas orçamentárias de um quadro demonstrativo do planejamento plurianual das receitas e despesas, visando ao seu equilíbrio orçamentário e financeiro nos cinco exercícios subseqüentes.

§ 2º O planejamento plurianual preverá o montante a ser transferido ao fundo de universalização a que se refere o inciso II do art. 81 desta Lei, e os saldos a serem transferidos ao Tesouro Nacional.

§ 3º A lei orçamentária anual consignará as dotações para as despesas de custeio e capital da Agência, bem como o valor das transferências de recursos do FISTEL ao Tesouro Nacional e ao fundo de universalização, relativos ao exercício a que ela se referir.

§ 4º As transferências a que se refere o parágrafo anterior serão formalmente feitas pela Agência ao final de cada mês.

Art. 50. O Fundo de Fiscalização das Telecomunicações – FISTEL, criado pela Lei nº 5.070, de 7 de julho de 1966, passará à administração exclusiva da Agência, a partir da data de sua instalação, com os saldos nele existentes, incluídas as receitas que sejam produto da cobrança a que se refere o art. 14 da Lei nº 9.295, de 19 de julho de 1996.

Art. 51. Os arts. 2º, 3º, 6º e seus parágrafos, o art. 8º e seu § 2º, e o art. 13, da Lei nº 5.070, de 7 de julho de 1966, passam a ter a seguinte redação:

"Art. 2º O Fundo de Fiscalização das Telecomunicações – FISTEL é constituído das seguintes fontes:
a) dotações consignadas no Orçamento Geral da União, créditos especiais, transferências e repasses que lhe forem conferidos;
b) o produto das operações de crédito que contratar, no País e no exterior, e rendimentos de operações financeiras que realizar;
c) relativas ao exercício do poder concedente dos serviços de telecomunicações, no regime público, inclusive pagamentos pela outorga, multas e indenizações;
d) relativas ao exercício da atividade ordenadora da exploração de serviços de telecomunicações, no regime privado, inclusive pagamentos pela expedição de autorização de serviço, multas e indenizações;
e) relativas ao exercício do poder de outorga do direito de uso de radiofreqüência para qualquer fim, inclusive multas e indenizações;
f) taxas de fiscalização;
g) recursos provenientes de convênios, acordos e contratos celebrados com entidades, organismos e empresas, públicas ou privadas, nacionais ou estrangeiras;
h) doações, legados, subvenções e outros recursos que lhe forem destinados;
i) o produto dos emolumentos, preços ou multas, os valores apurados na venda ou locação de bens, bem assim os decorrentes de publicações, dados e informações técnicas, inclusive para fins de licitação;
j) decorrentes de quantias recebidas pela aprovação de laudos de ensaio de produtos e pela prestação de serviços técnicos por órgãos da Agência Nacional de Telecomunicações;
l) rendas eventuais."

Art. 52. Os valores das taxas de fiscalização de instalação e de funcionamento, constantes do Anexo I da Lei nº 5.070, de 7 de julho de 1966, passam a ser os da Tabela do Anexo III desta Lei.

Parágrafo único. A nomenclatura dos serviços relacionados na Tabela vigorará até que nova regulamentação seja editada, com base nesta Lei.

Art. 53. Os valores de que tratam as alíneas *i* e *j* do art. 2º da Lei nº 5.070, de 7 de julho de 1966, com a redação dada por esta Lei, serão estabelecidos pela Agência.

TÍTULO VI
DAS CONTRATAÇÕES

Art. 54. A contratação de obras e serviços de engenharia civil está sujeita ao procedimento das licitações previsto em lei geral para a Administração Pública.

Parágrafo único. Para os casos não previstos no *caput,* a Agência poderá utilizar procedimentos próprios de contratação, nas modalidades de consulta e pregão.

Art. 55. A consulta e o pregão serão disciplinados pela Agência, observadas as disposições desta Lei e, especialmente:

I – a finalidade do procedimento licitatório é, por meio de disputa justa entre interessados, obter um contrato econômico, satisfatório e seguro para a Agência;

II – o instrumento convocatório identificará o objeto do certame, circunscreverá o universo de proponentes, estabelecerá critérios para aceitação e julgamento de propostas, regulará o procedimento, indicará as sanções aplicáveis e fixará as cláusulas do contrato;

III – o objeto será determinado de forma precisa, suficiente e clara, sem especificações que, por excessivas, irrelevantes ou desnecessárias, limitem a competição;

IV – a qualificação, exigida indistintamente dos proponentes, deverá ser compatível e proporcional ao objeto, visando à garantia do cumprimento das futuras obrigações;

V – como condição de aceitação da proposta, o interessado declarará estar em situação regular perante as Fazendas Públicas e a Seguridade Social, fornecendo seus códigos de inscrição, exigida a comprovação como condição indispensável à assinatura do contrato;

VI – o julgamento observará os princípios de vinculação ao instrumento convocatório, comparação objetiva e justo preço, sendo o empate resolvido por sorteio;

VII – as regras procedimentais assegurarão adequada divulgação do instrumento convocatório, prazos razoáveis para o preparo de propostas, os direitos ao contraditório e ao recurso, bem como a transparência e fiscalização;

VIII – a habilitação e o julgamento das propostas poderão ser decididos em uma única fase, podendo a habilitação, no caso de pregão, ser verificada apenas em relação ao licitante vencedor;

IX – quando o vencedor não celebrar o contrato, serão chamados os demais participantes na ordem de classificação;

X – somente serão aceitos certificados de registro cadastral expedidos pela Agência, que terão validade por dois anos, devendo o cadastro estar sempre aberto à inscrição dos interessados.

Art. 56. A disputa pelo fornecimento de bens e serviços comuns poderá ser feita em licitação na modalidade de pregão, restrita aos previamente cadastrados, que serão chamados a formular lances em sessão pública.

Parágrafo único. Encerrada a etapa competitiva, a Comissão examinará a melhor oferta quanto ao objeto, forma e valor.

Art. 57. Nas seguintes hipóteses, o pregão será aberto a quaisquer interessados, independentemente de cadastramento, verificando-se a um só tempo, após a etapa competitiva, a qualificação subjetiva e a aceitabilidade da proposta:

I – para a contratação de bens e serviços comuns de alto valor, na forma do regulamento;

II – quando o número de cadastrados na classe for inferior a cinco;

III – para o registro de preços, que terá validade por até dois anos;

IV – quando o Conselho Diretor assim o decidir.

Art. 58. A licitação na modalidade de consulta tem por objeto o fornecimento de bens e serviços não compreendidos nos arts. 56 e 57.

Parágrafo único. A decisão ponderará o custo e o benefício de cada proposta, considerando a qualificação do proponente.

Art. 59. A Agência poderá utilizar, mediante contrato, técnicos ou empresas especializadas, inclusive consultores independentes e auditores externos, para executar atividades de sua competência, vedada a contratação para as atividades de fiscalização, salvo para as correspondentes atividades de apoio.

LIVRO III
DA ORGANIZAÇÃO DOS SERVIÇOS DE TELECOMUNICAÇÕES
TÍTULO I
DISPOSIÇÕES GERAIS
Capítulo I
Das Definições

Art. 60. Serviço de telecomunicações é o conjunto de atividades que possibilita a oferta de telecomunicação.

§ 1º Telecomunicação é a transmissão, emissão ou recepção, por fio, radioeletricidade, meios ópticos ou qualquer outro processo eletromagnético, de símbolos, caracteres, sinais, escritos, imagens, sons ou informações de qualquer natureza.

§ 2º Estação de telecomunicações é o conjunto de equipamentos ou aparelhos, dispositivos e demais meios necessários à realização de telecomunicação, seus acessórios e periféricos, e, quando for o caso, as instalações que os abrigam e complementam, inclusive terminais portáteis.

Art. 61. Serviço de valor adicionado é a atividade que acrescenta, a um serviço de telecomunicações que lhe dá suporte e com o qual não se confunde, novas utilidades relacionadas ao acesso, armazenamento, apresentação, movimentação ou recuperação de informações.

§ 1º Serviço de valor adicionado não constitui serviço de telecomunicações, classificando-se seu provedor como usuário do serviço de telecomunicações que lhe dá suporte, com os direitos e deveres inerentes a essa condição.

§ 2º É assegurado aos interessados o uso das redes de serviços de telecomunicações para prestação de serviços de valor adicionado, cabendo à Agência, para assegurar esse direito, regular os condicionamentos, assim como o relacionamento entre aqueles e as prestadoras de serviço de telecomunicações.

Capítulo II
Da Classificação

Art. 62. Quanto à abrangência dos interesses a que atendem, os serviços de telecomunicações classificam-se em serviços de interesse coletivo e serviços de interesse restrito.

Parágrafo único. Os serviços de interesse restrito estarão sujeitos aos condicionamentos necessários para que sua exploração não prejudique o interesse coletivo.

Art. 63. Quanto ao regime jurídico de sua prestação, os serviços de telecomunicações classificam-se em públicos e privados.

Parágrafo único. Serviço de telecomunicações em regime público é o prestado mediante concessão ou permissão, com atribuição a sua prestadora de obrigações de universalização e de continuidade.

Art. 64. Comportarão prestação no regime público as modalidades de serviço de telecomunicações de interesse coletivo, cuja existência, universalização e continuidade a própria União comprometa-se a assegurar.

Parágrafo único. Incluem-se neste caso as diversas modalidades do serviço telefônico fixo comutado, de qualquer âmbito, destinado ao uso do público em geral.

Art. 65. Cada modalidade de serviço será destinada à prestação:

I – exclusivamente no regime público;

II – exclusivamente no regime privado; ou

III – concomitantemente nos regimes público e privado.

§ 1º Não serão deixadas à exploração apenas em regime privado as modalidades de serviço de interesse coletivo que, sendo essenciais, estejam sujeitas a deveres de universalização.

§ 2º A exclusividade ou concomitância a que se refere o *caput* poderá ocorrer em âmbito nacional, regional, local ou em áreas determinadas.

Art. 66. Quando um serviço for, ao mesmo tempo, explorado nos regimes público e privado, serão adotadas medidas que impeçam a inviabilidade econômica de sua prestação no regime público.

Art. 67. Não comportarão prestação no regime público os serviços de telecomunicações de interesse restrito.

Art. 68. É vedada, a uma mesma pessoa jurídica, a exploração, de forma direta ou indireta, de uma mesma modalidade de serviço nos regimes público e privado, salvo em regiões, localidades ou áreas distintas.

Capítulo III
Das Regras Comuns

Art. 69. As modalidades de serviço serão definidas pela Agência em função de sua finalidade, âmbito de prestação, forma, meio de transmissão, tecnologia empregada ou de outros atributos.

Parágrafo único. Forma de telecomunicação é o modo específico de transmitir informação, decorrente de características particulares de transdução, de transmissão, de apresentação da informação ou de combinação destas, considerando-se formas de telecomunicação, entre outras, a telefonia, a telegrafia, a comunicação de dados e a transmissão de imagens.

Art. 70. Serão coibidos os comportamentos prejudiciais à competição livre, ampla e justa entre as prestadoras do serviço, no regime público ou privado, em especial:

I – a prática de subsídios para redução artificial de preços;

II – o uso, objetivando vantagens na competição, de informações obtidas dos concorrentes, em virtude de acordos de prestação de serviço;

III – a omissão de informações técnicas e comerciais relevantes à prestação de serviços por outrem.

Art. 71. Visando a propiciar competição efetiva e a impedir a concentração econômica no mercado, a Agência poderá estabelecer restrições, limites ou condições a empresas ou grupos empresariais quanto à obtenção e transferência de concessões, permissões e autorizações.

Art. 72. Apenas na execução de sua atividade, a prestadora poderá valer-se de informações relativas à utilização individual do serviço pelo usuário.

§ 1º A divulgação das informações individuais dependerá da anuência expressa e específica do usuário.

§ 2º A prestadora poderá divulgar a terceiros informações agregadas sobre o uso de seus serviços, desde que elas não permitam a identificação, direta ou indireta, do usuário, ou a violação de sua intimidade.

Art. 73. As prestadoras de serviços de telecomunicações de interesse coletivo terão direito à utilização de postes, dutos, condutos e servidões pertencentes ou controlados por prestadora de serviços de telecomunicações ou de outros serviços de interesse público, de forma não discriminatória e a preços e condições justos e razoáveis.

Parágrafo único. Caberá ao órgão regulador do cessionário dos meios a serem utilizados definir as condições para adequado atendimento do disposto no *caput*.

Art. 74. A concessão, permissão ou autorização de serviço de telecomunicações não isenta a prestadora do atendimento às normas de engenharia e às leis municipais, estaduais ou do Distrito Federal relativas à construção civil e à instalação de cabos e equipamentos em logradouros públicos.

Art. 75. Independerá de concessão, permissão ou autorização a atividade de telecomunicações restrita aos limites de uma mesma edificação ou propriedade móvel ou imóvel, conforme dispuser a Agência.

Art. 76. As empresas prestadoras de serviços e os fabricantes de produtos de telecomunicações que investirem em projetos de pesquisa e desenvolvimento no Brasil, na área de telecomunicações, obterão incentivos nas condições fixadas em lei.

Art. 77. O Poder Executivo encaminhará ao Congresso Nacional, no prazo de cento e vinte dias da publicação desta Lei, mensagem de criação de um fundo para o desenvolvimento tecnológico das telecomunicações brasileiras, com o objetivo de estimular a pesquisa e o desenvolvimento de novas tecnologias, incentivar a capacitação dos recursos humanos, fomentar a geração de empregos e promover o acesso de pequenas e médias empresas a recursos de capital, de modo a ampliar a competição na indústria de telecomunicações.

Art. 78. A fabricação e o desenvolvimento no País de produtos de telecomunicações serão estimulados mediante adoção de instrumentos de política creditícia, fiscal e aduaneira.

TÍTULO II
DOS SERVIÇOS PRESTADOS EM REGIME PÚBLICO
Capítulo I
Das Obrigações de Universalização e de Continuidade

Art. 79. A Agência regulará as obrigações de universalização e de continuidade atribuídas às prestadoras de serviço no regime público.

§ 1º Obrigações de universalização são as que objetivam possibilitar o acesso de qualquer pessoa ou instituição de interesse público a serviço de telecomunicações, independentemente de sua localização e condição sócio-econômica, bem como as destinadas a permitir a utilização das telecomunicações em serviços essenciais de interesse público.

§ 2º Obrigações de continuidade são as que objetivam possibilitar aos usuários dos serviços sua fruição de forma ininterrupta, sem paralisações injustificadas, devendo os serviços estar à disposição dos usuários, em condições adequadas de uso.

Art. 80. As obrigações de universalização serão objeto de metas periódicas, conforme plano específico elaborado pela Agência e aprovado pelo Poder Executivo, que deverá referir-se, entre outros aspectos, à disponibilidade de instalações de uso coletivo ou individual, ao atendimento de deficientes físicos, de instituições de caráter público ou social, bem como de áreas rurais ou de urbanização precária e de regiões remotas.

§ 1º O plano detalhará as fontes de financiamento das obrigações de universalização, que serão neutras em relação à competição, no mercado nacional, entre prestadoras.

§ 2º Os recursos do fundo de universalização de que trata o inciso II do art. 81 não poderão ser destinados à cobertura de custos com universalização dos serviços que, nos termos do contrato de concessão, a própria prestadora deva suportar.

Art. 81. Os recursos complementares destinados a cobrir a parcela do custo exclusivamente atribuível ao cumprimento das obrigações de universalização de prestadora de serviço de telecomunicações, que não possa ser recuperada com a exploração eficiente do serviço, poderão ser oriundos das seguintes fontes:

I – Orçamento Geral da União, dos Estados, do Distrito Federal e dos Municípios;

II – fundo especificamente constituído para essa finalidade, para o qual contribuirão prestadoras de serviço de telecomunicações nos regimes público e privado, nos termos da lei, cuja mensagem de criação deverá ser enviada ao Congresso Nacional, pelo Poder Executivo, no prazo de cento e vinte dias após a publicação desta Lei.

Parágrafo único. Enquanto não for constituído o fundo a que se refere o inciso II do *caput*, poderão ser adotadas também as seguintes fontes:

I – subsídio entre modalidades de serviços de telecomunicações ou entre segmentos de usuários;

II – pagamento de adicional ao valor de interconexão.

Art. 82. O descumprimento das obrigações relacionadas à universalização e à continuidade ensejará a aplicação de sanções de multa, caducidade ou decretação de intervenção, conforme o caso.

Capítulo II
da Concessão
Seção I
Da outorga

Art. 83. A exploração do serviço no regime público dependerá de prévia outorga, pela Agência, mediante concessão, implicando esta o direito de uso das radiofreqüências necessárias, conforme regulamentação.

Parágrafo único. Concessão de serviço de telecomunicações é a delegação de sua prestação, mediante contrato, por prazo determinado, no regime público, sujeitando-se a concessionária aos riscos empresariais, remunerando-se pela cobrança de tarifas dos usuários ou por outras receitas alternativas e respondendo diretamente pelas suas obrigações e pelos prejuízos que causar.

Art. 84. As concessões não terão caráter de exclusividade, devendo obedecer ao plano geral de outorgas, com definição quanto à divisão do País em áreas, ao número de prestadoras para cada uma delas, seus prazos de vigência e os prazos para admissão de novas prestadoras.

§ 1º As áreas de exploração, o número de prestadoras, os prazos de vigência das concessões e os prazos para admissão de novas prestadoras serão definidos considerando-se o ambiente de competição, observados o princípio do maior benefício ao usuário e o interesse social e econômico do País, de modo a propiciar a justa remuneração da prestadora do serviço no regime público.

§ 2º A oportunidade e o prazo das outorgas serão determinados de modo a evitar o vencimento concomitante das concessões de uma mesma área.

Art. 85. Cada modalidade de serviço será objeto de concessão distinta, com clara determinação dos direitos e deveres da concessionária, dos usuários e da Agência.

Art. 86. A concessão somente poderá ser outorgada a empresa constituída segundo as leis brasileiras, com sede e administração no País, criada para explorar exclusivamente os serviços de telecomunicações objeto da concessão.

Parágrafo único. A participação, na licitação para outorga, de quem não atenda ao disposto neste artigo, será condicionada ao compromisso de, antes da celebração do contrato, adaptar-se ou constituir empresa com as características adequadas.

Art. 87. A outorga a empresa ou grupo empresarial que, na mesma região, localidade ou área, já preste a mesma modalidade de serviço, será condicionada à assunção do compromisso de, no prazo máximo de dezoito meses, contado da data de assinatura do contrato, transferir a outrem o serviço anteriormente explorado, sob pena de sua caducidade e de outras sanções previstas no processo de outorga.

Art. 88. As concessões serão outorgadas mediante licitação.

Art. 89. A licitação será disciplinada pela Agência, observados os princípios constitucionais, as disposições desta Lei e, especialmente:

I – a finalidade do certame é, por meio de disputa entre os interessados, escolher quem possa executar, expandir e universalizar o serviço no regime público com eficiência, segurança e a tarifas razoáveis;

II – a minuta de instrumento convocatório será submetida a consulta pública prévia;

III – o instrumento convocatório identificará o serviço objeto do certame e as condições de sua prestação, expansão e universalização, definirá o universo de proponentes, estabelecerá fatores e critérios para aceitação e julgamento de propostas, regulará o procedimento, determinará a quantidade de fases e seus objetivos, indicará as sanções aplicáveis e fixará as cláusulas do contrato de concessão;

IV – as qualificações técnico-operacional ou profissional e econômico-financeira, bem como as garantias da proposta e do contrato, exigidas indistintamente dos proponentes, deverão ser compatíveis com o objeto e proporcionais a sua natureza e dimensão;

V – o interessado deverá comprovar situação regular perante as Fazendas Públicas e a Seguridade Social;

VI – a participação de consórcio, que se constituirá em empresa antes da outorga da concessão, será sempre admitida;

VII – o julgamento atenderá aos princípios de vinculação ao instrumento convocatório e comparação objetiva;

VIII – os fatores de julgamento poderão ser, isolada ou conjugadamente, os de menor tarifa, maior oferta pela outorga, melhor qualidade dos serviços e melhor atendimento da demanda, respeitado sempre o princípio da objetividade;

IX – o empate será resolvido por sorteio;

X – as regras procedimentais assegurarão a adequada divulgação do instrumento convocatório, prazos compatíveis com o preparo de propostas e os direitos ao contraditório, ao recurso e à ampla defesa.

Art. 90. Não poderá participar da licitação ou receber outorga de concessão a empresa proibida de licitar ou contratar com o Poder Público ou que tenha sido declarada inidônea, bem como aquela que tenha sido punida nos dois anos anteriores com a decretação de caducidade de concessão, permissão ou autorização de serviço de telecomunicações, ou da caducidade de direito de uso de radiofreqüência.

Art. 91. A licitação será inexigível quando, mediante processo administrativo conduzido pela Agência, a disputa for considerada inviável ou desnecessária.

§ 1º Considera-se inviável a disputa quando apenas um interessado puder realizar o serviço, nas condições estipuladas.

§ 2º Considera-se desnecessária a disputa nos casos em que se admita a exploração do serviço por todos os interessados que atendam às condições requeridas.

§ 3º O procedimento para verificação da inexigibilidade compreenderá chamamento público para apurar o número de interessados.

Art. 92. Nas hipóteses de inexigibilidade de licitação, a outorga de concessão dependerá de procedimento administrativo sujeito aos princípios da publicidade, moralidade, impessoalidade e contraditório, para verificar o preenchimento das condições relativas às qualificações técnico-operacional ou profissional e econômico-financeira, à regularidade fiscal e às garantias do contrato.

Parágrafo único. As condições deverão ser compatíveis com o objeto e proporcionais a sua natureza e dimensão.

Seção II
Do contrato

Art. 93. O contrato de concessão indicará:

I – objeto, área e prazo da concessão;

II – modo, forma e condições da prestação do serviço;

III – regras, critérios, indicadores, fórmulas e parâmetros definidores da implantação, expansão, alteração e modernização do serviço, bem como de sua qualidade;

IV – deveres relativos à universalização e à continuidade do serviço;

V – o valor devido pela outorga, a forma e as condições de pagamento;

VI – as condições de prorrogação, incluindo os critérios para fixação do valor;
VII – as tarifas a serem cobradas dos usuários e os critérios para seu reajuste e revisão;
VIII – as possíveis receitas alternativas, complementares ou acessórias, bem como as provenientes de projetos associados;
IX – os direitos, as garantias e as obrigações dos usuários, da Agência e da concessionária;
X – a forma da prestação de contas e da fiscalização;
XI – os bens reversíveis, se houver;
XII – as condições gerais para interconexão;
XIII – a obrigação de manter, durante a execução do contrato, todas as condições de habilitação exigidas na licitação;
XIV – as sanções;
XV – o foro e o modo para solução extrajudicial das divergências contratuais.

Parágrafo único. O contrato será publicado resumidamente no Diário Oficial da União, como condição de sua eficácia.

Art. 94. No cumprimento de seus deveres, a concessionária poderá, observadas as condições e limites estabelecidos pela Agência:

I – empregar, na execução dos serviços, equipamentos e infra-estrutura que não lhe pertençam;

II – contratar com terceiros o desenvolvimento de atividades inerentes, acessórias ou complementares ao serviço, bem como a implementação de projetos associados.

§ 1º Em qualquer caso, a concessionária continuará sempre responsável perante a Agência e os usuários.

§ 2º Serão regidas pelo direito comum as relações da concessionária com os terceiros, que não terão direitos frente à Agência, observado o disposto no art. 117 desta Lei.

Art. 95. A Agência concederá prazos adequados para adaptação da concessionária às novas obrigações que lhe sejam impostas.

Art. 96. A concessionária deverá:

I – prestar informações de natureza técnica, operacional, econômico-financeira e contábil, ou outras pertinentes que a Agência solicitar;

II – manter registros contábeis separados por serviço, caso explore mais de uma modalidade de serviço de telecomunicações;

III – submeter à aprovação da Agência a minuta de contrato-padrão a ser celebrado com os usuários, bem como os acordos operacionais que pretenda firmar com prestadoras estrangeiras;

IV – divulgar relação de assinantes, observado o disposto nos incisos VI e IX do art. 3º, bem como o art. 213, desta Lei;

V – submeter-se à regulamentação do serviço e à sua fiscalização;

VI – apresentar relatórios periódicos sobre o atendimento das metas de universalização constantes do contrato de concessão.

Art. 97. Dependerão de prévia aprovação da Agência a cisão, a fusão, a transformação, a incorporação, a redução do capital da empresa ou a transferência de seu controle societário.

Parágrafo único. A aprovação será concedida se a medida não for prejudicial à competição e não colocar em risco a execução do contrato, observado o disposto no art. 7º desta Lei.

Art. 98. O contrato de concessão poderá ser transferido após a aprovação da Agência desde que, cumulativamente:

I – o serviço esteja em operação, há pelo menos três anos, com o cumprimento regular das obrigações;

II – o cessionário preencha todos os requisitos da outorga, inclusive quanto às garantias, à regularidade jurídica e fiscal e à qualificação técnica e econômico-financeira;

III – a medida não prejudique a competição e não coloque em risco a execução do contrato, observado o disposto no art. 7º desta Lei.

Art. 99. O prazo máximo da concessão será de vinte anos, podendo ser prorrogado, uma única vez, por igual período, desde que a concessionária tenha cumprido as condições da concessão e manifeste expresso interesse na prorrogação, pelo menos, trinta meses antes de sua expiração.

§ 1º A prorrogação do prazo da concessão implicará pagamento, pela concessionária, pelo direito de exploração do serviço e pelo direito de uso das radiofreqüências associadas, e poderá, a critério da Agência, incluir novos condicionamentos, tendo em vista as condições vigentes à época.

§ 2º A desistência do pedido de prorrogação sem justa causa, após seu deferimento, sujeitará a concessionária à pena de multa.

§ 3º Em caso de comprovada necessidade de reorganização do objeto ou da área da concessão para ajustamento ao plano geral de outorgas ou à regulamentação vigente, poderá a Agência indeferir o pedido de prorrogação.

Seção III
Dos bens

Art. 100. Poderá ser declarada a utilidade pública, para fins de desapropriação ou instituição de servidão, de bens imóveis ou móveis, necessários à execução do serviço, cabendo à concessionária a implementação da medida e o pagamento da indenização e das demais despesas envolvidas.

Art. 101. A alienação, oneração ou substituição de bens reversíveis dependerá de prévia aprovação da Agência.

Art. 102. A extinção da concessão transmitirá automaticamente à União a posse dos bens reversíveis.

Parágrafo único. A reversão dos bens, antes de expirado o prazo contratual, importará pagamento de indenização pelas parcelas de investimentos a eles vinculados, ainda não amortizados ou depreciados, que tenham sido realizados com o objetivo de garantir a continuidade e atualidade do serviço concedido.

Seção IV
Das tarifas

Art. 103. Compete à Agência estabelecer a estrutura tarifária para cada modalidade de serviço.

§ 1º A fixação, o reajuste e a revisão das tarifas poderão basear-se em valor que corresponda à média ponderada dos valores dos itens tarifários.

§ 2º São vedados os subsídios entre modalidades de serviços e segmentos de usuários, ressalvado o disposto no parágrafo único do art. 81 desta Lei.

§ 3º As tarifas serão fixadas no contrato de concessão, consoante edital ou proposta apresentada na licitação.

§ 4º Em caso de outorga sem licitação, as tarifas serão fixadas pela Agência e constarão do contrato de concessão.

Art. 104. Transcorridos ao menos três anos da celebração do contrato, a Agência poderá, se existir ampla e efetiva competição entre as prestadoras do serviço, submeter a concessionária ao regime de liberdade tarifária.

§ 1º No regime a que se refere o *caput*, a concessionária poderá determinar suas próprias tarifas, devendo comunicá-las à Agência com antecedência de sete dias de sua vigência.

§ 2º Ocorrendo aumento arbitrário dos lucros ou práticas prejudiciais à competição, a Agência restabelecerá o regime tarifário anterior, sem prejuízo das sanções cabíveis.

Art. 105. Quando da implantação de novas prestações, utilidades ou comodidades relativas ao objeto da concessão, suas tarifas serão previamente levadas à Agência, para aprovação, com os estudos correspondentes.

Parágrafo único. Considerados os interesses dos usuários, a Agência poderá decidir por fixar as tarifas ou por submetê-las ao regime de liberdade tarifária, sendo vedada qualquer cobrança antes da referida aprovação.

Art. 106. A concessionária poderá cobrar tarifa inferior à fixada desde que a redução se baseie em critério objetivo e favoreça indistintamente todos os usuários, vedado o abuso do poder econômico.

Art. 107. Os descontos de tarifa somente serão admitidos quando extensíveis a todos os usuários que se enquadrem nas condições, precisas e isonômicas, para sua fruição.

Art. 108. Os mecanismos para reajuste e revisão das tarifas serão previstos nos contratos de concessão, observando-se, no que couber, a legislação específica.

§ 1º A redução ou o desconto de tarifas não ensejará revisão tarifária.

§ 2º Serão compartilhados com os usuários, nos termos regulados pela Agência, os ganhos econômicos decorrentes da modernização, expansão ou racionalização dos serviços, bem como de novas receitas alternativas.

§ 3º Serão transferidos integralmente aos usuários os ganhos econômicos que não decorram diretamente da eficiência empresarial, em casos como os de diminuição de tributos ou encargos legais e de novas regras sobre os serviços.

§ 4º A oneração causada por novas regras sobre os serviços, pela álea econômica extraordinária, bem como pelo aumento dos encargos legais ou tributos, salvo o imposto sobre a renda, implicará a revisão do contrato.

Art. 109. A Agência estabelecerá:

I – os mecanismos para acompanhamento das tarifas praticadas pela concessionária, inclusive a antecedência a ser observada na comunicação de suas alterações;

II – os casos de serviço gratuito, como os de emergência;

III – os mecanismos para garantir a publicidade das tarifas.

Seção V
Da intervenção

Art. 110. Poderá ser decretada intervenção na concessionária, por ato da Agência, em caso de:

I – paralisação injustificada dos serviços;

II – inadequação ou insuficiência dos serviços prestados, não resolvidas em prazo razoável;

III – desequilíbrio econômico-financeiro decorrente de má administração que coloque em risco a continuidade dos serviços;

IV – prática de infrações graves;

V – inobservância de atendimento das metas de universalização;

VI – recusa injustificada de interconexão;

VII – infração da ordem econômica nos termos da legislação própria.

Art. 111. O ato de intervenção indicará seu prazo, seus objetivos e limites, que serão determinados em função das razões que a ensejaram, e designará o interventor.

§ 1º A decretação da intervenção não afetará o curso regular dos negócios da concessionária nem seu normal funcionamento e produzirá, de imediato, o afastamento de seus administradores.

§ 2º A intervenção será precedida de procedimento administrativo instaurado pela Agência, em que se assegure a ampla defesa da concessionária, salvo quando decretada cautelarmente, hipótese em que o procedimento será instaurado na data da intervenção e concluído em até cento e oitenta dias.

§ 3º A intervenção poderá ser exercida por um colegiado ou por uma empresa, cuja remuneração será paga com recursos da concessionária.

§ 4º Dos atos do interventor caberá recurso à Agência.

§ 5º Para os atos de alienação e disposição do patrimônio da concessionária, o interventor necessitará de prévia autorização da Agência.

§ 6º O interventor prestará contas e responderá pelos atos que praticar.

Seção VI
Da extinção

Art. 112. A concessão extinguir-se-á por advento do termo contratual, encampação, caducidade, rescisão e anulação.

Parágrafo único. A extinção devolve à União os direitos e deveres relativos à prestação do serviço.

Art. 113. Considera-se encampação a retomada do serviço pela União durante o prazo da concessão, em face de razão extraordinária de interesse público, mediante lei autorizativa específica e após o pagamento de prévia indenização.

Art. 114. A caducidade da concessão será decretada pela Agência nas hipóteses:

I – de infração do disposto no art. 97 desta Lei ou de dissolução ou falência da concessionária;

II – de transferência irregular do contrato;

III – de não-cumprimento do compromisso de transferência a que se refere o art. 87 desta Lei;

IV – em que a intervenção seria cabível, mas sua decretação for inconveniente, inócua, injustamente benéfica ao concessionário ou desnecessária.

§ 1º Será desnecessária a intervenção quando a demanda pelos serviços objeto da concessão puder ser atendida por outras prestadoras de modo regular e imediato.

§ 2º A decretação da caducidade será precedida de procedimento administrativo instaurado pela Agência, em que se assegure a ampla defesa da concessionária.

Art. 115. A concessionária terá direito à rescisão quando, por ação ou omissão do Poder Público, a execução do contrato se tornar excessivamente onerosa.

Parágrafo único. A rescisão poderá ser realizada amigável ou judicialmente.

Art. 116. A anulação será decretada pela Agência em caso de irregularidade insanável e grave do contrato de concessão.

Art. 117. Extinta a concessão antes do termo contratual, a Agência, sem prejuízo de outras medidas cabíveis, poderá:

I – ocupar, provisoriamente, bens móveis e imóveis e valer-se de pessoal empregado na prestação dos serviços, necessários a sua continuidade;

II – manter contratos firmados pela concessionária com terceiros, com fundamento nos incisos I e II do art. 94 desta Lei, pelo prazo e nas condições inicialmente ajustadas.

Parágrafo único. Na hipótese do inciso II deste artigo, os terceiros que não cumprirem com as obrigações assumidas responderão pelo inadimplemento.

Capítulo III
Da Permissão

Art. 118. Será outorgada permissão, pela Agência, para prestação de serviço de telecomunicações em face de situação excepcional comprometedora do funcionamento do serviço que, em virtude de suas peculiaridades, não possa ser atendida, de forma conveniente ou em prazo adequado, mediante intervenção na empresa concessionária ou mediante outorga de nova concessão.

Parágrafo único. Permissão de serviço de telecomunicações é o ato administrativo pelo qual se atribui a alguém o dever de prestar serviço de telecomunicações no regime público e em caráter transitório, até que seja normalizada a situação excepcional que a tenha ensejado.

Art. 119. A permissão será precedida de procedimento licitatório simplificado, instaurado pela Agência, nos termos por ela regulados, ressalvados os casos de inexigibilidade previstos no art. 91, observado o disposto no art. 92, desta Lei.

Art. 120. A permissão será formalizada mediante assinatura de termo, que indicará:

I – o objeto e a área da permissão, bem como os prazos mínimo e máximo de vigência estimados;

II – modo, forma e condições da prestação do serviço;

III – as tarifas a serem cobradas dos usuários, critérios para seu reajuste e revisão e as possíveis fontes de receitas alternativas;

IV – os direitos, as garantias e as obrigações dos usuários, do permitente e do permissionário;

V – as condições gerais de interconexão;

VI – a forma da prestação de contas e da fiscalização;

VII – os bens entregues pelo permitente à administração do permissionário;

VIII – as sanções;

IX – os bens reversíveis, se houver;

X – o foro e o modo para solução extrajudicial das divergências.

Parágrafo único. O termo de permissão será publicado resumidamente no Diário Oficial da União, como condição de sua eficácia.

Art. 121. Outorgada permissão em decorrência de procedimento licitatório, a recusa injustificada pelo outorgado em assinar o respectivo termo sujeitá-lo-á às sanções previstas no instrumento convocatório.

Art. 122. A permissão extinguir-se-á pelo decurso do prazo máximo de vigência estimado, observado o disposto no art. 124 desta Lei, bem como por revogação, caducidade e anulação.

Art. 123. A revogação deverá basear-se em razões de conveniência e oportunidade relevantes e supervenientes à permissão.

§ 1º A revogação, que poderá ser feita a qualquer momento, não dará direito a indenização.

§ 2º O ato revocatório fixará o prazo para o permissionário devolver o serviço, que não será inferior a sessenta dias.

Art. 124. A permissão poderá ser mantida, mesmo vencido seu prazo máximo, se persistir a situação excepcional que a motivou.

Art. 125. A Agência disporá sobre o regime da permissão, observados os princípios e objetivos desta Lei.

TÍTULO III
DOS SERVIÇOS PRESTADOS EM REGIME PRIVADO
Capítulo I
Do Regime Geral da Exploração

Art. 126. A exploração de serviço de telecomunicações no regime privado será baseada nos princípios constitucionais da atividade econômica.

Art. 127. A disciplina da exploração dos serviços no regime privado terá por objetivo viabilizar o cumprimento das leis, em especial das relativas às telecomunicações, à ordem econômica e aos direitos dos consumidores, destinando-se a garantir:

I – a diversidade de serviços, o incremento de sua oferta e sua qualidade;

II – a competição livre, ampla e justa;

III – o respeito aos direitos dos usuários;

IV – a convivência entre as modalidades de serviço e entre prestadoras em regime privado e público, observada a prevalência do interesse público;
V – o equilíbrio das relações entre prestadoras e usuários dos serviços;
VI – a isonomia de tratamento às prestadoras;
VII – o uso eficiente do espectro de radiofreqüências;
VIII – o cumprimento da função social do serviço de interesse coletivo, bem como dos encargos dela decorrentes;
IX – o desenvolvimento tecnológico e industrial do setor;
X – a permanente fiscalização.
Art. 128. Ao impor condicionamentos administrativos ao direito de exploração das diversas modalidades de serviço no regime privado, sejam eles limites, encargos ou sujeições, a Agência observará a exigência de mínima intervenção na vida privada, assegurando que:
I – a liberdade será a regra, constituindo exceção as proibições, restrições e interferências do Poder Público;
II – nenhuma autorização será negada, salvo por motivo relevante;
III – os condicionamentos deverão ter vínculos, tanto de necessidade como de adequação, com finalidades públicas específicas e relevantes;
IV – o proveito coletivo gerado pelo condicionamento deverá ser proporcional à privação que ele impuser;
V – haverá relação de equilíbrio entre os deveres impostos às prestadoras e os direitos a elas reconhecidos.
Art. 129. O preço dos serviços será livre, ressalvado o disposto no § 2º do art. 136 desta Lei, reprimindo-se toda prática prejudicial à competição, bem como o abuso do poder econômico, nos termos da legislação própria.
Art. 130. A prestadora de serviço em regime privado não terá direito adquirido à permanência das condições vigentes quando da expedição da autorização ou do início das atividades, devendo observar os novos condicionamentos impostos por lei e pela regulamentação.
Parágrafo único. As normas concederão prazos suficientes para adaptação aos novos condicionamentos .

Capítulo II
Da Autorização de Serviço de Telecomunicações
Seção I
Da obtenção

Art. 131. A exploração de serviço no regime privado dependerá de prévia autorização da Agência, que acarretará direito de uso das radiofreqüências necessárias.
§ 1º Autorização de serviço de telecomunicações é o ato administrativo vinculado que faculta a exploração, no regime privado, de modalidade de serviço de telecomunicações, quando preenchidas as condições objetivas e subjetivas necessárias.
§ 2º A Agência definirá os casos que independerão de autorização.
§ 3º A prestadora de serviço que independa de autorização comunicará previamente à Agência o início de suas atividades, salvo nos casos previstos nas normas correspondentes.
§ 4º A eficácia da autorização dependerá da publicação de extrato no Diário Oficial da União.
Art. 132. São condições objetivas para obtenção de autorização de serviço:
I – disponibilidade de radiofreqüência necessária, no caso de serviços que a utilizem;
II – apresentação de projeto viável tecnicamente e compatível com as normas aplicáveis.
Art. 133. São condições subjetivas para obtenção de autorização de serviço de interesse coletivo pela empresa:

I – estar constituída segundo as leis brasileiras, com sede e administração no País;

II – não estar proibida de licitar ou contratar com o Poder Público, não ter sido declarada inidônea ou não ter sido punida, nos dois anos anteriores, com a decretação da caducidade de concessão, permissão ou autorização de serviço de telecomunicações, ou da caducidade de direito de uso de radiofreqüência;

III – dispor de qualificação técnica para bem prestar o serviço, capacidade econômico-financeira, regularidade fiscal e estar em situação regular com a Seguridade Social;

IV – não ser, na mesma região, localidade ou área, encarregada de prestar a mesma modalidade de serviço.

Art. 134. A Agência disporá sobre as condições subjetivas para obtenção de autorização de serviço de interesse restrito.

Art. 135. A Agência poderá, excepcionalmente, em face de relevantes razões de caráter coletivo, condicionar a expedição de autorização à aceitação, pelo interessado, de compromissos de interesse da coletividade.

Parágrafo único. Os compromissos a que se refere o *caput* serão objeto de regulamentação, pela Agência, observados os princípios da razoabilidade, proporcionalidade e igualdade.

Art. 136. Não haverá limite ao número de autorizações de serviço, salvo em caso de impossibilidade técnica ou, excepcionalmente, quando o excesso de competidores puder comprometer a prestação de uma modalidade de serviço de interesse coletivo.

§ 1º A Agência determinará as regiões, localidades ou áreas abrangidas pela limitação e disporá sobre a possibilidade de a prestadora atuar em mais de uma delas.

§ 2º As prestadoras serão selecionadas mediante procedimento licitatório, na forma estabelecida nos arts. 88 a 92, sujeitando-se a transferência da autorização às mesmas condições estabelecidas no art. 98, desta Lei.

§ 3º Dos vencedores da licitação será exigida contrapartida proporcional à vantagem econômica que usufruírem, na forma de compromissos de interesse dos usuários.

Art. 137. O descumprimento de condições ou de compromissos assumidos, associados à autorização, sujeitará a prestadora às sanções de multa, suspensão temporária ou caducidade.

Seção II
Da extinção

Art. 138. A autorização de serviço de telecomunicações não terá sua vigência sujeita a termo final, extinguindo-se somente por cassação, caducidade, decaimento, renúncia ou anulação.

Art. 139. Quando houver perda das condições indispensáveis à expedição ou manutenção da autorização, a Agência poderá extingui-la mediante ato de cassação.

Parágrafo único. Importará em cassação da autorização do serviço a extinção da autorização de uso da radiofreqüência respectiva.

Art. 140. Em caso de prática de infrações graves, de transferência irregular da autorização ou de descumprimento reiterado de compromissos assumidos, a Agência poderá extinguir a autorização decretando-lhe a caducidade.

Art. 141. O decaimento será decretado pela Agência, por ato administrativo, se, em face de razões de excepcional relevância pública, as normas vierem a vedar o tipo de atividade objeto da autorização ou a suprimir a exploração no regime privado.

§ 1º A edição das normas de que trata o *caput* não justificará o decaimento senão quando a preservação das autorizações já expedidas for efetivamente incompatível com o interesse público.

§ 2º Decretado o decaimento, a prestadora terá o direito de manter suas próprias atividades regulares por prazo mínimo de cinco anos, salvo desapropriação.

Art. 142. Renúncia é o ato formal unilateral, irrevogável e irretratável, pelo qual a prestadora manifesta seu desinteresse pela autorização.

Parágrafo único. A renúncia não será causa para punição do autorizado, nem o desonerará de suas obrigações com terceiros.

Art. 143. A anulação da autorização será decretada, judicial ou administrativamente, em caso de irregularidade insanável do ato que a expediu.

Art. 144. A extinção da autorização mediante ato administrativo dependerá de procedimento prévio, garantidos o contraditório e a ampla defesa do interessado.

TÍTULO IV
DAS REDES DE TELECOMUNICAÇÕES

Art. 145. A implantação e o funcionamento de redes de telecomunicações destinadas a dar suporte à prestação de serviços de interesse coletivo, no regime público ou privado, observarão o disposto neste Título.

Parágrafo único. As redes de telecomunicações destinadas à prestação de serviço em regime privado poderão ser dispensadas do disposto no *caput,* no todo ou em parte, na forma da regulamentação expedida pela Agência.

Art. 146. As redes serão organizadas como vias integradas de livre circulação, nos termos seguintes:

I – é obrigatória a interconexão entre as redes, na forma da regulamentação;

II – deverá ser assegurada a operação integrada das redes, em âmbito nacional e internacional;

III – o direito de propriedade sobre as redes é condicionado pelo dever de cumprimento de sua função social.

Parágrafo único. Interconexão é a ligação entre redes de telecomunicações funcionalmente compatíveis, de modo que os usuários de serviços de uma das redes possam comunicar-se com usuários de serviços de outra ou acessar serviços nela disponíveis.

Art. 147. É obrigatória a interconexão às redes de telecomunicações a que se refere o art. 145 desta Lei, solicitada por prestadora de serviço no regime privado, nos termos da regulamentação.

Art. 148. É livre a interconexão entre redes de suporte à prestação de serviços de telecomunicações no regime privado, observada a regulamentação.

Art. 149. A regulamentação estabelecerá as hipóteses e condições de interconexão a redes internacionais.

Art. 150. A implantação, o funcionamento e a interconexão das redes obedecerão à regulamentação editada pela Agência, assegurando a compatibilidade das redes das diferentes prestadoras, visando à sua harmonização em âmbito nacional e internacional.

Art. 151. A Agência disporá sobre os planos de numeração dos serviços, assegurando sua administração de forma não discriminatória e em estímulo à competição, garantindo o atendimento aos compromissos internacionais.

Parágrafo único. A Agência disporá sobre as circunstâncias e as condições em que a prestadora de serviço de telecomunicações cujo usuário transferir-se para outra prestadora será obrigada a, sem ônus, interceptar as ligações dirigidas ao antigo código de acesso do usuário e informar o seu novo código.

Art. 152. O provimento da interconexão será realizado em termos não discriminatórios, sob condições técnicas adequadas, garantindo preços isonômicos e justos, atendendo ao estritamente necessário à prestação do serviço.

Art. 153. As condições para a interconexão de redes serão objeto de livre negociação entre os interessados, mediante acordo, observado o disposto nesta Lei e nos termos da regulamentação.

§ 1º O acordo será formalizado por contrato, cuja eficácia dependerá de homologação pela Agência, arquivando-se uma de suas vias na Biblioteca para consulta por qualquer interessado.

§ 2º Não havendo acordo entre os interessados, a Agência, por provocação de um deles, arbitrará as condições para a interconexão.

Art. 154. As redes de telecomunicações poderão ser, secundariamente, utilizadas como suporte de serviço a ser prestado por outrem, de interesse coletivo ou restrito.

Art. 155. Para desenvolver a competição, as empresas prestadoras de serviços de telecomunicações de interesse coletivo deverão, nos casos e condições fixados pela Agência, disponibilizar suas redes a outras prestadoras de serviços de telecomunicações de interesse coletivo.

Art. 156. Poderá ser vedada a conexão de equipamentos terminais sem certificação, expedida ou aceita pela Agência, no caso das redes referidas no art. 145 desta Lei.

§ 1º Terminal de telecomunicações é o equipamento ou aparelho que possibilita o acesso do usuário a serviço de telecomunicações, podendo incorporar estágio de transdução, estar incorporado a equipamento destinado a exercer outras funções ou, ainda, incorporar funções secundárias.

§ 2º Certificação é o reconhecimento da compatibilidade das especificações de determinado produto com as características técnicas do serviço a que se destina.

TÍTULO V
DO ESPECTRO E DA ÓRBITA
Capítulo I
Do Espectro de Radiofreqüências

Art. 157. O espectro de radiofreqüências é um recurso limitado, constituindo-se em bem público, administrado pela Agência.

Art. 158. Observadas as atribuições de faixas segundo tratados e acordos internacionais, a Agência manterá plano com a atribuição, distribuição e destinação de radiofreqüências, e detalhamento necessário ao uso das radiofreqüências associadas aos diversos serviços e atividades de telecomunicações, atendidas suas necessidades específicas e as de suas expansões.

§ 1º O plano destinará faixas de radiofreqüência para:

I – fins exclusivamente militares;

II – serviços de telecomunicações a serem prestados em regime público e em regime privado;

III – serviços de radiodifusão;

IV – serviços de emergência e de segurança pública;

V – outras atividades de telecomunicações.

§ 2º A destinação de faixas de radiofreqüência para fins exclusivamente militares será feita em articulação com as Forças Armadas.

Art. 159. Na destinação de faixas de radiofreqüência serão considerados o emprego racional e econômico do espectro, bem como as atribuições, distribuições e consignações existentes, objetivando evitar interferências prejudiciais.

Parágrafo único. Considera-se interferência prejudicial qualquer emissão, irradiação ou indução que obstrua, degrade seriamente ou interrompa repetidamente a telecomunicação.

Art. 160. A Agência regulará a utilização eficiente e adequada do espectro, podendo restringir o emprego de determinadas radiofreqüências ou faixas, considerado o interesse público.

Parágrafo único. O uso da radiofreqüência será condicionado à sua compatibilidade com a atividade ou o serviço a ser prestado, particularmente no tocante à potência, à faixa de transmissão e à técnica empregada.

Art. 161. A qualquer tempo, poderá ser modificada a destinação de radiofreqüências ou faixas, bem como ordenada a alteração de potências ou de outras características técnicas, desde que o interesse público ou o cumprimento de convenções ou tratados internacionais assim o determine.

Parágrafo único. Será fixado prazo adequado e razoável para a efetivação da mudança.

Art. 162. A operação de estação transmissora de radiocomunicação está sujeita à licença de funcionamento prévia e à fiscalização permanente, nos termos da regulamentação.

§ 1º Radiocomunicação é a telecomunicação que utiliza freqüências radioelétricas não confinadas a fios, cabos ou outros meios físicos.

§ 2º É vedada a utilização de equipamentos emissores de radiofreqüência sem certificação expedida ou aceita pela Agência.

§ 3º A emissão ou extinção da licença relativa à estação de apoio à navegação marítima ou aeronáutica, bem como à estação de radiocomunicação marítima ou aeronáutica, dependerá de parecer favorável dos órgãos competentes para a vistoria de embarcações e aeronaves.

Capítulo II
Da Autorização de Uso de Radiofreqüência

Art. 163. O uso de radiofreqüência, tendo ou não caráter de exclusividade, dependerá de prévia outorga da Agência, mediante autorização, nos termos da regulamentação.

§ 1º Autorização de uso de radiofreqüência é o ato administrativo vinculado, associado à concessão, permissão ou autorização para prestação de serviço de telecomunicações, que atribui a interessado, por prazo determinado, o direito de uso de radiofreqüência, nas condições legais e regulamentares.

§ 2º Independerão de outorga:

I – o uso de radiofreqüência por meio de equipamentos de radiação restrita definidos pela Agência;

II – o uso, pelas Forças Armadas, de radiofreqüências nas faixas destinadas a fins exclusivamente militares.

§ 3º A eficácia da autorização de uso de radiofreqüência dependerá de publicação de extrato no Diário Oficial da União.

Art. 164. Havendo limitação técnica ao uso de radiofreqüência e ocorrendo o interesse na sua utilização, por parte de mais de um interessado, para fins de expansão de serviço e, havendo ou não, concomitantemente, outros interessados em prestar a mesma modalidade de serviço, observar-se-á:

I – a autorização de uso de radiofreqüência dependerá de licitação, na forma e condições estabelecidas nos arts. 88 a 90 desta Lei e será sempre onerosa;

II – o vencedor da licitação receberá, conforme o caso, a autorização para uso da radiofreqüência, para fins de expansão do serviço, ou a autorização para a prestação do serviço.

Art. 165. Para fins de verificação da necessidade de abertura ou não da licitação prevista no artigo anterior, observar-se-á o disposto nos arts. 91 e 92 desta Lei.

Art. 166. A autorização de uso de radiofreqüência terá o mesmo prazo de vigência da concessão ou permissão de prestação de serviço de telecomunicações à qual esteja vinculada.

Art. 167. No caso de serviços autorizados, o prazo de vigência será de até vinte anos, prorrogável uma única vez por igual período.

§ 1º A prorrogação, sempre onerosa, poderá ser requerida até três anos antes do vencimento do prazo original, devendo o requerimento ser decidido em, no máximo, doze meses.

§ 2º O indeferimento somente ocorrerá se o interessado não estiver fazendo uso racional e adequado da radiofreqüência, se houver cometido infrações reiteradas em suas atividades ou se for necessária a modificação de destinação do uso da radiofreqüência.

Art. 168. É intransferível a autorização de uso de radiofreqüências sem a correspondente transferência da concessão, permissão ou autorização de prestação do serviço a elas vinculada.

Art. 169. A autorização de uso de radiofreqüências extinguir-se-á pelo advento de seu termo final ou no caso de sua transferência irregular, bem como por caducidade, decaimento, renúncia ou anulação da autorização para prestação do serviço de telecomunicações que dela se utiliza.

Capítulo III
Da Órbita e dos Satélites

Art. 170. A Agência disporá sobre os requisitos e critérios específicos para execução de serviço de telecomunicações que utilize satélite, geoestacionário ou não, independentemente de o acesso a ele ocorrer a partir do território nacional ou do exterior.

Art. 171. Para a execução de serviço de telecomunicações via satélite regulado por esta Lei, deverá ser dada preferência ao emprego de satélite brasileiro, quando este propiciar condições equivalentes às de terceiros.

§ 1º O emprego de satélite estrangeiro somente será admitido quando sua contratação for feita com empresa constituída segundo as leis brasileiras e com sede e administração no País, na condição de representante legal do operador estrangeiro.

§ 2º Satélite brasileiro é o que utiliza recursos de órbita e espectro radioelétrico notificados pelo País, ou a ele distribuídos ou consignados, e cuja estação de controle e monitoração seja instalada no território brasileiro.

Art. 172. O direito de exploração de satélite brasileiro para transporte de sinais de telecomunicações assegura a ocupação da órbita e o uso das radiofreqüências destinadas ao controle e monitoração do satélite e à telecomunicação via satélite, por prazo de até quinze anos, podendo esse prazo ser prorrogado, uma única vez, nos termos da regulamentação.

§ 1º Imediatamente após um pedido para exploração de satélite que implique utilização de novos recursos de órbita ou espectro, a Agência avaliará as informações e, considerando-as em conformidade com a regulamentação, encaminhará à União Internacional de Telecomunicações a correspondente notificação, sem que isso caracterize compromisso de outorga ao requerente.

§ 2º Se inexigível a licitação, conforme disposto nos arts. 91 e 92 desta Lei, o direito de exploração será conferido mediante processo administrativo estabelecido pela Agência.

§ 3º Havendo necessidade de licitação, observar-se-á o procedimento estabelecido nos arts. 88 a 90 desta Lei, aplicando-se, no que couber, o disposto neste artigo.

§ 4º O direito será conferido a título oneroso, podendo o pagamento, conforme dispuser a Agência, fazer-se na forma de quantia certa, em uma ou várias parcelas, bem como de parcelas anuais ou, complementarmente, de cessão de capacidade, conforme dispuser a regulamentação.

TÍTULO VI
DAS SANÇÕES
Capítulo I
Das Sanções Administrativas

Art. 173. A infração desta Lei ou das demais normas aplicáveis, bem como a inobservância dos deveres decorrentes dos contratos de concessão ou dos atos de permissão, autorização de serviço ou autorização de uso de radiofreqüência, sujeitará os infratores às seguintes sanções, aplicáveis pela Agência, sem prejuízo das de natureza civil e penal:

I – advertência;
II – multa;
III – suspensão temporária;
IV – caducidade;
V – declaração de inidoneidade.

Art. 174. Toda acusação será circunstanciada, permanecendo em sigilo até sua completa apuração.

Art. 175. Nenhuma sanção será aplicada sem a oportunidade de prévia e ampla defesa.

Parágrafo único. Apenas medidas cautelares urgentes poderão ser tomadas antes da defesa.

Art. 176. Na aplicação de sanções, serão considerados a natureza e a gravidade da infração, os danos dela resultantes para o serviço e para os usuários, a vantagem auferida pelo infrator, as circunstâncias agravantes, os antecedentes do infrator e a reincidência específica.

Parágrafo único. Entende-se por reincidência específica a repetição de falta de igual natureza após o recebimento de notificação anterior.

Art. 177. Nas infrações praticadas por pessoa jurídica, também serão punidos com a sanção de multa seus administradores ou controladores, quando tiverem agido de má-fé.

Art. 178. A existência de sanção anterior será considerada como agravante na aplicação de outra sanção.

Art. 179. A multa poderá ser imposta isoladamente ou em conjunto com outra sanção, não devendo ser superior a R$ 50.000.000,00 (cinqüenta milhões de reais) para cada infração cometida.

§ 1º Na aplicação de multa serão considerados a condição econômica do infrator e o princípio da proporcionalidade entre a gravidade da falta e a intensidade da sanção.

§ 2º A imposição, a prestadora de serviço de telecomunicações, de multa decorrente de infração da ordem econômica, observará os limites previstos na legislação especifica.

Art. 180. A suspensão temporária será imposta, em relação à autorização de serviço ou de uso de radiofreqüência, em caso de infração grave cujas circunstâncias não justifiquem a decretação de caducidade.

Parágrafo único. O prazo da suspensão não será superior a trinta dias.

Art. 181. A caducidade importará na extinção de concessão, permissão, autorização de serviço ou autorização de uso de radiofreqüência, nos casos previstos nesta Lei.

Art. 182. A declaração de inidoneidade será aplicada a quem tenha praticado atos ilícitos visando frustrar os objetivos de licitação.

Parágrafo único. O prazo de vigência da declaração de inidoneidade não será superior a cinco anos.

Capítulo II
Das Sanções Penais

Art. 183. Desenvolver clandestinamente atividades de telecomunicação:

Pena – detenção de dois a quatro anos, aumentada da metade se houver dano a terceiro, e multa de R$ 10.000,00 (dez mil reais).

Parágrafo único. Incorre na mesma pena quem, direta ou indiretamente, concorrer para o crime.

Art. 184. São efeitos da condenação penal transitada em julgado:

I – tornar certa a obrigação de indenizar o dano causado pelo crime;

II – a perda, em favor da Agência, ressalvado o direito do lesado ou de terceiros de boa-fé, dos bens empregados na atividade clandestina, sem prejuízo de sua apreensão cautelar.

Parágrafo único. Considera-se clandestina a atividade desenvolvida sem a competente concessão, permissão ou autorização de serviço, de uso de radiofreqüência e de exploração de satélite.

Art. 185. O crime definido nesta Lei é de ação penal pública, incondicionada, cabendo ao Ministério Público promovê-la.

LIVRO IV
DA REESTRUTURAÇÃO E DA DESESTATIZAÇÃO
DAS EMPRESAS FEDERAIS DE TELECOMUNICAÇÕES

Art. 186. A reestruturação e a desestatização das empresas federais de telecomunicações têm como objetivo conduzir ao cumprimento dos deveres constantes do art. 2º desta Lei.

Art. 187. Fica o Poder Executivo autorizado a promover a reestruturação e a desestatização das seguintes empresas controladas, direta ou indiretamente, pela União, e supervisionadas pelo Ministério das Comunicações:
I – Telecomunicações Brasileiras S.A. – TELEBRÁS;
II – Empresa Brasileira de Telecomunicações – EMBRATEL;
III – Telecomunicações do Maranhão S.A. – TELMA;
IV – Telecomunicações do Piauí S.A. – TELEPISA;
V – Telecomunicações do Ceará – TELECEARÁ;
VI – Telecomunicações do Rio Grande do Norte S.A. – TELERN;
VII – Telecomunicações da Paraíba S.A. – TELPA;
VIII – Telecomunicações de Pernambuco S.A. – TELPE;
IX – Telecomunicações de Alagoas S.A. – TELASA;
X – Telecomunicações de Sergipe S.A. – TELERGIPE;
XI – Telecomunicações da Bahia S.A. – TELEBAHIA;
XII – Telecomunicações de Mato Grosso do Sul S.A. – TELEMS;
XIII – Telecomunicações de Mato Grosso S.A. – TELEMAT;
XIV – Telecomunicações de Goiás S.A. – TELEGOIÁS;
XV – Telecomunicações de Brasília S.A. – TELEBRASÍLIA;
XVI – Telecomunicações de Rondônia S.A. – TELERON;
XVII – Telecomunicações do Acre S.A. – TELEACRE;
XVIII – Telecomunicações de Roraima S.A. – TELAIMA;
XIX – Telecomunicações do Amapá S.A. – TELEAMAPÁ;
XX – Telecomunicações do Amazonas S.A. – TELAMAZON;
XXI – Telecomunicações do Pará S.A. – TELEPARÁ;
XXII – Telecomunicações do Rio de Janeiro S.A. – TELERJ;
XXIII – Telecomunicações de Minas Gerais S.A. – TELEMIG;
XXIV – Telecomunicações do Espírito Santo S.A. – TELEST;
XXV – Telecomunicações de São Paulo S.A. – TELESP;
XXVI – Companhia Telefônica da Borda do Campo – CTBC;
XXVII – Telecomunicações do Paraná S.A. – TELEPAR;
XXVIII – Telecomunicações de Santa Catarina S.A. – TELESC;
XXIX – Companhia Telefônica Melhoramento e Resistência – CTMR.

Parágrafo único. Incluem-se na autorização a que se refere o *caput* as empresas subsidiárias exploradoras do serviço móvel celular, constituídas nos termos do art. 5º da Lei nº 9.295, de 19 de julho de 1996.

Art. 188. A reestruturação e a desestatização deverão compatibilizar as áreas de atuação das empresas com o plano geral de outorgas, o qual deverá ser previamente editado, na forma do art. 84 desta Lei, bem como observar as restrições, limites ou condições estabelecidas com base no art. 71.

Art. 189. Para a reestruturação das empresas enumeradas no art. 187, fica o Poder Executivo autorizado a adotar as seguintes medidas:
I – cisão, fusão e incorporação;
II – dissolução de sociedade ou desativação parcial de seus empreendimentos;
III – redução de capital social.

Art. 190. Na reestruturação e desestatização da Telecomunicações Brasileiras S.A. – TELEBRÁS deverão ser previstos mecanismos que assegurem a preservação da capacidade em pesquisa e desenvolvimento tecnológico existente na empresa.

Parágrafo único. Para o cumprimento do disposto no *caput*, fica o Poder Executivo autorizado a criar entidade, que incorporará o Centro de Pesquisa e Desenvolvimento da TELEBRÁS, sob uma das seguintes formas:

I – empresa estatal de economia mista ou não, inclusive por meio da cisão a que se refere o inciso I do artigo anterior;

II – fundação governamental, pública ou privada.

Art. 191. A desestatização caracteriza-se pela alienação onerosa de direitos que asseguram à União, direta ou indiretamente, preponderância nas deliberações sociais e o poder de eleger a maioria dos administradores da sociedade, podendo ser realizada mediante o emprego das seguintes modalidades operacionais:

I – alienação de ações;

II – cessão do direito de preferência à subscrição de ações em aumento de capital.

Parágrafo único. A desestatização não afetará as concessões, permissões e autorizações detidas pela empresa.

Art. 192. Na desestatização das empresas a que se refere o art. 187, parte das ações poderá ser reservada a seus empregados e ex-empregados aposentados, a preços e condições privilegiados, inclusive com a utilização do Fundo de Garantia por Tempo de Serviço – FGTS.

Art. 193. A desestatização de empresas ou grupo de empresas citadas no art. 187 implicará a imediata abertura à competição, na respectiva área, dos serviços prestados no regime público.

Art. 194. Poderão ser objeto de alienação conjunta o controle acionário de empresas prestadoras de serviço telefônico fixo comutado e o de empresas prestadoras do serviço móvel celular.

Parágrafo único. Fica vedado ao novo controlador promover a incorporação ou fusão de empresa prestadora do serviço telefônico fixo comutado com empresa prestadora do serviço móvel celular.

Art. 195. O modelo de reestruturação e desestatização das empresas enumeradas no art. 187, após submetido a consulta pública, será aprovado pelo Presidente da República, ficando a coordenação e o acompanhamento dos atos e procedimentos decorrentes a cargo de Comissão Especial de Supervisão, a ser instituída pelo Ministro de Estado das Comunicações.

§ 1º A execução de procedimentos operacionais necessários à desestatização poderá ser cometida, mediante contrato, a instituição financeira integrante da Administração Federal, de notória experiência no assunto.

§ 2º A remuneração da contratada será paga com parte do valor líquido apurado nas alienações.

Art. 196. Na reestruturação e na desestatização poderão ser utilizados serviços especializados de terceiros, contratados mediante procedimento licitatório de rito próprio, nos termos seguintes:

I – o Ministério das Comunicações manterá cadastro organizado por especialidade, aberto a empresas e instituições nacionais ou internacionais, de notória especialização na área de telecomunicações e na avaliação e auditoria de empresas, no planejamento e execução de venda de bens e valores mobiliários e nas questões jurídicas relacionadas;

II – para inscrição no cadastro, os interessados deverão atender aos requisitos definidos pela Comissão Especial de Supervisão, com a aprovação do Ministro de Estado das Comunicações;

III – poderão participar das licitações apenas os cadastrados, que serão convocados mediante carta, com a especificação dos serviços objeto do certame;

IV – os convocados, isoladamente ou em consórcio, apresentarão suas propostas em trinta dias, contados da convocação;

V – além de outros requisitos previstos na convocação, as propostas deverão conter o detalhamento dos serviços, a metodologia de execução, a indicação do pessoal técnico a ser empregado e o preço pretendido;

VI – o julgamento das propostas será realizado pelo critério de técnica e preço;

VII – o contratado, sob sua exclusiva responsabilidade e com a aprovação do contratante, poderá subcontratar parcialmente os serviços objeto do contrato;

VIII – o contratado será obrigado a aceitar, nas mesmas condições contratuais, os acréscimos ou reduções que se fizerem necessários nos serviços, de até vinte e cinco por cento do valor inicial do ajuste.

Art. 197. O processo especial de desestatização obedecerá aos princípios de legalidade, impessoalidade, moralidade e publicidade, podendo adotar a forma de leilão ou concorrência ou, ainda, de venda de ações em oferta pública, de acordo com o estabelecido pela Comissão Especial de Supervisão.

Parágrafo único. O processo poderá comportar uma etapa de pré-qualificação, ficando restrita aos qualificados a participação em etapas subseqüentes.

Art. 198. O processo especial de desestatização será iniciado com a publicação, no Diário Oficial da União e em jornais de grande circulação nacional, de avisos referentes ao edital, do qual constarão, obrigatoriamente:

I – as condições para qualificação dos pretendentes;

II – as condições para aceitação das propostas;

III – os critérios de julgamento;

IV – minuta do contrato de concessão;

V – informações relativas às empresas objeto do processo, tais como seu passivo de curto e longo prazo e sua situação econômica e financeira, especificando-se lucros, prejuízos e endividamento interno e externo, no último exercício;

VI – sumário dos estudos de avaliação;

VII – critério de fixação do valor mínimo de alienação, com base nos estudos de avaliação;

VIII – indicação, se for o caso, de que será criada, no capital social da empresa objeto da desestatização, ação de classe especial, a ser subscrita pela União, e dos poderes especiais que lhe serão conferidos, os quais deverão ser incorporados ao estatuto social.

§ 1º O acesso à integralidade dos estudos de avaliação e a outras informações confidenciais poderá ser restrito aos qualificados, que assumirão compromisso de confidencialidade.

§ 2º A alienação do controle acionário, se realizada mediante venda de ações em oferta pública, dispensará a inclusão, no edital, das informações relacionadas nos incisos I a III deste artigo.

Art. 199. Visando à universalização dos serviços de telecomunicações, os editais de desestatização deverão conter cláusulas de compromisso de expansão do atendimento à população, consoantes com o disposto no art. 80.

Art. 200. Para qualificação, será exigida dos pretendentes comprovação de capacidade técnica, econômica e financeira, podendo ainda haver exigências quanto a experiência na prestação de serviços de telecomunicações, guardada sempre a necessária compatibilidade com o porte das empresas objeto do processo.

Parágrafo único. Será admitida a participação de consórcios, nos termos do edital.

Art. 201. Fica vedada, no decurso do processo de desestatização, a aquisição, por um mesmo acionista ou grupo de acionistas, do controle, direto ou indireto, de empresas atuantes em áreas distintas do plano geral de outorgas.

Art. 202. A transferência do controle acionário ou da concessão, após a desestatização, somente poderá efetuar-se quando transcorrido o prazo de cinco anos, observado o disposto nos incisos II e III do art. 98 desta Lei.

§ 1º Vencido o prazo referido no *caput*, a transferência de controle ou de concessão que resulte no controle, direto ou indireto, por um mesmo acionista ou grupo de acionistas, de concessionárias atuantes em áreas distintas do plano geral de outorgas, não poderá ser efetuada enquanto tal impedimento for considerado, pela Agência, necessário ao cumprimento do plano.

§ 2º A restrição à transferência da concessão não se aplica quando efetuada entre empresas atuantes em uma mesma área do plano geral de outorgas.

Art. 203. Os preços de aquisição serão pagos exclusivamente em moeda corrente, admitido o parcelamento, nos termos do edital.

Art. 204. Em até trinta dias após o encerramento de cada processo de desestatização, a Comissão Especial de Supervisão publicará relatório circunstanciado a respeito.

Art. 205. Entre as obrigações da instituição financeira contratada para a execução de atos e procedimentos da desestatização, poderá ter incluído o fornecimento de assistência jurídica integral aos membros da Comissão Especial de Supervisão e aos demais responsáveis pela condução da desestatização, na hipótese de serem demandados pela prática de atos decorrentes do exercício de suas funções.

Art. 206. Os administradores das empresas sujeitas à desestatização são responsáveis pelo fornecimento, no prazo fixado pela Comissão Especial de Supervisão ou pela instituição financeira contratada, das informações necessárias à instrução dos respectivos processos.

DISPOSIÇÕES FINAIS E TRANSITÓRIAS

Art. 207. No prazo máximo de sessenta dias a contar da publicação desta Lei, as atuais prestadoras do serviço telefônico fixo comutado destinado ao uso do público em geral, inclusive as referidas no art. 187 desta Lei, bem como do serviço dos troncos e suas conexões internacionais, deverão pleitear a celebração de contrato de concessão, que será efetivada em até vinte e quatro meses a contar da publicação desta Lei.

§ 1º A concessão, cujo objeto será determinado em função do plano geral de outorgas, será feita a título gratuito, com termo final fixado para o dia 31 de dezembro de 2005, assegurado o direito à prorrogação única por vinte anos, a título oneroso, desde que observado o disposto no Título II do Livro III desta Lei.

§ 2º À prestadora que não atender ao disposto no *caput* deste artigo aplicar-se-ão as seguintes disposições:

I – se concessionária, continuará sujeita ao contrato de concessão atualmente em vigor, o qual não poderá ser transferido ou prorrogado;

II – se não for concessionária, o seu direito à exploração do serviço extinguir-se-á em 31 de dezembro de 1999.

§ 3º Em relação aos demais serviços prestados pelas entidades a que se refere o *caput*, serão expedidas as respectivas autorizações ou, se for o caso, concessões, observado o disposto neste artigo, no que couber, e no art. 208 desta Lei.

Art. 208. As concessões das empresas prestadoras de serviço móvel celular abrangidas pelo art. 4º da Lei nº 9.295, de 19 de julho de 1996, serão outorgadas na forma e condições determinadas pelo referido artigo e seu parágrafo único.

Art. 209. Ficam autorizadas as transferências de concessão, parciais ou totais, que forem necessárias para compatibilizar as áreas de atuação das atuais prestadoras com o plano geral de outorgas.

Art. 210. As concessões, permissões e autorizações de serviço de telecomunicações e de uso de radiofreqüência e as respectivas licitações regem-se exclusivamente por esta Lei, a elas não se aplicando as Leis nº 8.666, de 21 de junho de 1993, nº 8.987, de 13 de fevereiro de 1995, nº 9.074, de 7 de julho de l995, e suas alterações.

Art. 211. A outorga dos serviços de radiodifusão sonora e de sons e imagens fica excluída da jurisdição da Agência, permanecendo no âmbito de competências do Poder Executivo, devendo a Agência elaborar e manter os respectivos planos de distribuição de canais, levando em conta, inclusive, os aspectos concernentes à evolução tecnológica.

Parágrafo único. Caberá à Agência a fiscalização, quanto aos aspectos técnicos, das respectivas estações.

Art. 212. O serviço de TV a Cabo, inclusive quanto aos atos, condições e procedimentos de outorga, continuará regido pela Lei nº 8.977, de 6 de janeiro de 1995, ficando transferidas à Agência as competências atribuídas pela referida Lei ao Poder Executivo.

Art. 213. Será livre a qualquer interessado a divulgação, por qualquer meio, de listas de assinantes do serviço telefônico fixo comutado destinado ao uso do público em geral.

§ 1º Observado o disposto nos incisos VI e IX do art. 3º desta Lei, as prestadoras do serviço serão obrigadas a fornecer, em prazos e a preços razoáveis e de forma não discriminatória, a relação de seus assinantes a quem queira divulgá-la.

§ 2º É obrigatório e gratuito o fornecimento, pela prestadora, de listas telefônicas aos assinantes dos serviços, diretamente ou por meio de terceiros, nos termos em que dispuser a Agência.

Art. 214. Na aplicação desta Lei, serão observadas as seguintes disposições:

I – os regulamentos, normas e demais regras em vigor serão gradativamente substituídos por regulamentação a ser editada pela Agência, em cumprimento a esta Lei;

II – enquanto não for editada a nova regulamentação, as concessões, permissões e autorizações continuarão regidas pelos atuais regulamentos, normas e regras;

III – até a edição da regulamentação decorrente desta Lei, continuarão regidos pela Lei nº 9.295, de 19 de julho de 1996, os serviços por ela disciplinados e os respectivos atos e procedimentos de outorga;

IV – as concessões, permissões e autorizações feitas anteriormente a esta Lei, não reguladas no seu art. 207, permanecerão válidas pelos prazos nelas previstos;

V – com a aquiescência do interessado, poderá ser realizada a adaptação dos instrumentos de concessão, permissão e autorização a que se referem os incisos III e IV deste artigo aos preceitos desta Lei;

VI – a renovação ou prorrogação, quando prevista nos atos a que se referem os incisos III e IV deste artigo, somente poderá ser feita quando tiver havido a adaptação prevista no inciso anterior.

Art. 215. Ficam revogados:

I – a Lei nº 4.117, de 27 de agosto de 1962, salvo quanto a matéria penal não tratada nesta Lei e quanto aos preceitos relativos à radiodifusão;

II – a Lei nº. 6.874, de 3 de dezembro de 1980;

III – a Lei nº. 8.367, de 30 de dezembro de 1991;

IV – os arts. 1º, 2º, 3º, 7º, 9º, 10, 12 e 14, bem como o *caput* e os §§ 1º e 4º do art. 8º, da Lei nº 9.295, de 19 de julho de 1996;

V – o inciso I do art. 16 da Lei nº 8.029, de 12 de abril de 1990.

Art. 216. Esta Lei entra em vigor na data de sua publicação.

Brasília, 16 de julho de 1997; 176º da Independência e 109º da República.

Fernando Henrique Cardoso
Iris Rezende
Antônio Kandir
Sérgio Motta
Cláudia Maria Costin

ANEXO I

QUADRO DEMONSTRATIVO DE CARGOS EM COMISSÃO DO GRUPO-DIREÇÃO E ASSESSORAMENTO SUPERIORES – DAS DA AGÊNCIA NACIONAL DE TELECOMUNICAÇÕES

DENOMINAÇÃO/CARGO	CÓDIGO/NE/DAS	QTDE.
SUPERINTENDENTE	NE	5
SUPERINTENDENTE-ADJUNTO	101.6	5
GERENTE-GERAL	101.5	12
ASSESSOR ESPECIAL	102.5	2
PROCURADOR	101.5	1
GERENTE	101.4	36
CORREGEDOR	101.4	1
OUVIDOR	101.4	1
GERENTE DE ESCRITÓRIO REGIONAL	101.4	11
ASSESSOR	102.4	6
GERENTE DE UNIDADE OPERACIONAL	101.3	38
CHEFE DE DIVISÃO DE OPERAÇÕES	101.2	10
CHEFE DE SERVIÇO DE OPERAÇÕES	101.1	16
TOTAL		144

ANEXO II

QUADRO DEMONSTRATIVO DE FUNÇÕES COMISSIONADAS DE TELECOMUNICAÇÃO – FCT DA AGÊNCIA NACIONAL DE TELECOMUNICAÇÕES

CÓDIGO/FCT	QTDE.	VALOR
FCT V	38	1.170,20
FCT IV	53	855,00
FCT III	43	515,00
FCT II	53	454,00
FCT I	63	402,00
TOTAL	250	161.308,00

ANEXO III

(ANEXO I DA LEI Nº 5.070, DE 7 DE JULHO DE 1966)

TABELA DE VALORES DA TAXA DE FISCALIZAÇÃO DA INSTALAÇÃO POR ESTAÇÃO (EM R$)

1. Serviço Móvel Celular	a) base b) repetidora c) móvel	1.340,80 1.340,80 26,83
2. Serviço Telefônico Público Móvel Rodoviário/ Telestrada	a) base b) móvel	134,08 26,83
3. Serviço Radiotelefônico Público	a) até 60 canais b) acima de 60 até 300 canais c) acima de 300 até 900 canais d) acima de 900 canais	134,08 268,16 402,24 536,32

4. Serviço de Radiocomunicação Aeronáutica Público – Restrito	a) base b) móvel	6.704,00 536,60
5. Serviço Limitado Privado	a) base b) repetidora c) fixa d) móvel	402,24 201,12 26,83 26,83
6. Serviço Limitado Móvel Especializado	a) base em área de até 300.000 habitantes b) base em área acima de 300.000 até 700.000 habitantes c) base acima de 700.000 habitantes d) móvel	670,40 938,20 1.206,00 26,83
7. Serviço Limitado de Fibras Óticas		134,08
8. Serviço Limitado Móvel Privativo	a) base b) móvel	670,40 26,83
9. Serviço Limitado Privado de Radiochamada	a) base b) móvel	670,40 26,83
10. Serviço Limitado de Radioestrada	a) base b) móvel	134,08 26,83
11. Serviço Limitado Móvel Aeronáutico		134,08
12. Serviço Limitado Móvel Marítimo	a) costeira b) portuária c) móvel	670,40 670,40 67,04
13. Serviço Especial para Fins Científicos ou Experimentais	a) base b) móvel	137,32 53,66
14. Serviço Especial de Radiorrecado	a) base b) móvel	670,40 26,83
15. Serviço Especial Radiochamada	a) base em área de até 300.000 habitantes b) base em área acima de 300.000 até 700.000 habitantes c) base acima de 700.000 habitantes d) móvel	670,40 938,20 1.206,00 26,83
16. Serviço Especial de Freqüência Padrão		isento
17. Serviço Especial de Sinais Horários		isento
18. Serviço Especial de Radiodeterminação	a) fixa b) base c) móvel	670,40 670,40 26,83
19. Serviço Especial de Supervisão e Controle	a) fixa b) base c) móvel	670,40 670,40 26,83
20. Serviço Especial de Radioautocine		268,16
21. Serviço Especial de Boletins Meteorológicos		isento
22. Serviço Especial de TV por Assinatura		2.413,20
23. Serviço Especial de Canal Secundário de Radiodifusão de Sons e Imagens		335,20
24. Serviço Especial de Música Funcional		670,40

25. Serviço Especial de Canal Secundário de Emissora de FM		335,20
26. Serviço Especial de Repetição de Televisão		670,40
27. Serviço Especial de Repetição de Sinais de TV Via Satélite		670,40
28. Serviço Especial de Retransmissão de TV		1.340,80
29. Serviço de Transportes de Sinais de Telecomunicações Via Satélite	a) estação terrena com capacidade de transmissão	13.408,00
	b) estação terrena móvel com capacidade de transmissão	3.352,00
	c) estação espacial (satélite)	26.816,00
30. Serviço de Distribuição Sinais Multiponto Multicanal	a) base em área de até 300.000 habitantes	10.056,00
	b) base em área acima de 300.000 até 700.000 habitantes	13.408,00
	c) base acima de 700.000 habitantes	16.760,00
31. Serviço Rádio Acesso		335,20
32. Serviço de Radiotáxi	a) base	335,20
	b) móvel	26,83
33. Serviço de Radioamador	a) fixa	33,52
	b) repetidora	33,52
	c) móvel	26,83
34. Serviço Rádio do Cidadão	a) fixa	33,52
	b) base	33,52
	c) móvel	26,83
35. Serviço de TV a Cabo	a) base em área de até 300.000 habitantes	10.056,00
	b) base em área acima de 300.000 até 700.000 habitantes	13.408,00
	c) base acima de 700.000 habitantes	16.760,00
36. Serviço de Distribuição de Sinais de TV por Meios Físicos		5.028,00
37. Serviço de Televisão em Circuito Fechado		1.340,80
38. Serviço de Radiodifusão Sonora em Onda Média	a) local e regional	9.050,40
	b) nacional	12.067,20
39. Serviço de Radiodifusão Sonora em Ondas Curtas		2.011,20
40. Serviço de Radiodifusão Sonora em Ondas Tropicais		2.011,20
41. Serviço de Radiodifusão Sonora em Freqüência Modulada	a) classe C e B (B1 e B2)	12.067,20
	b) classe A (A1, A2, A3 e A4)	18.100,80
	c) classe E (E1, E2 e E3)	24.134,40
42. Serviço de Radiodifusão de Sons e Imagens	a) classe A	24.134,40
	b) classe B	36.201,60
	c) classe E	48.268,80
43. Serviço Auxiliar de Radiodifusão e Correlatos Ligação –	Transmissão Programas	
43.1 – Radiodifusão Sonora	a) Potência até 1.000W	670,40
	b) Potência de 1.000 até 10.000W	1.340,80
	c) Potência acima de 10.000W	2.011,20
43.2 – Televisão	a) classe A	2.011,20
	b) classe B	3.016,80
	c) classe E	4.022,40

43.3 – Televisão por Assinatura		2.011,20
44. Serviço Auxiliar de Radiodifusão e Correlatos – Reportagem Externa		
44.1 – Radiodifusão Sonora	a) Potência até 1.000W b) Potência de 1.000 até 10.000W c) Potência acima de 10.000W	670,40 1.340,80 2.011,20
44.2 – Televisão	a) classe A b) classe B c) classe E	2.011,20 3.016,80 4.022,40
44.3 – Televisão por Assinatura		2.011,20
45. Serviço Auxiliar de Radiodifusão e Correlatos – Comunicação de Ordens		
45.1 – Radiodifusão Sonora	a) Potência até 1.000W b) Potência de 1.000 até 10.000W c) Potência acima de 10.000W	670,40 1.340,80 2.011,20
45.2 – Televisão	a) classe A b) classe B c) classe E	2.011,20 3.016,80 4.022,40
45.3 – Televisão por Assinatura		2.011,20
46. Serviço Auxiliar de Radiodifusão e Correlatos – Telecomando		
46.1 – Radiodifusão Sonora	a) Potência até 1.000W b) Potência de 1.000 até 10.000W c) Potência acima de 10.000W	670,40 1.340,80 2.011,20
46.2. Televisão	a) classe A b) classe B c) classe E	2.011,20 3.016,80 4.022,40
46.3 – Televisão por Assinatura		2.011,20
47. Serviço Auxiliar de Radiodifusão e Correlatos – Telemedição		
47.1 – Radiodifusão Sonora	a) Potência até 1.000W b) Potência de 1.000 até 10.000W c) Potência acima de 10.000W	670,40 1.340,80 2.011,20
47.2 – Televisão	a) classe A b) classe B c) classe E	2.011,20 3.016,80 4.022,40
47.3 – Televisão por Assinatura		2.011,20
48. Serviço Auxiliar Radiodifusão e Correlatos		1.340,80
49 – Serviço Telefônico Comutado Fixo (STP)	a) até 4.000 terminais b) de 4.000 a 20.000 terminais c) acima de 20.000 terminais	14.748,80 22.123,20 29.497,60
50 – Serviço de Comunicação de Dados Comutado		29.497,60
51 – Serviço de Comunicação de Textos		14.748,80

Bibliografia

AZULAY NETO, Messod; LIMA, Antonio Roberto Pires de. *O novo cenário das telecomunicações no Direito brasileiro.* Rio de Janeiro: Lumen Júris, 2000.

BALLE, Francis. *Medios et societé.* Paris: Montchrétien, 4ª ed. 1985.

BARRADAS, Ovídio César Machado. *Você e as Telecomunicações.* Rio de Janeiro: Interciência, 1995.

BARROS, Wellington Pacheco. *Dimensões do direito.* Porto Alegre: Livraria do Advogado, 1995.

BITTAR, Carlos Alberto. *Os contratos de adesão e o controle de cláusulas abusivas.* São Paulo: Saraiva, 1991.

CAMARGO, Ricardo Antonio Lucas. *Agências de regulação no ordenamento jurídico-econômico brasileiro.* Porto Alegre: Sergio Antonio Fabris, 2000.

CERVIO, Guillermo J. *Derecho de las telecomunicaciones.* Buenos Aires: Depalma, 1996.

CIRNE LIMA, Ruy. *Princípios de direito administrativo.* Porto Alegre: Sulina, 1964.

CLARKE, Arthur C. *O telefone: ontem, hoje e amanhã.* Brasília. TELEBRÁS, 1979.

DODD, Anabel Z. *Guia Essencial para Telecomunicações.* Rio de Janeiro: Campus, 2000.

DOTTI, René Ariel. *Proteção da vida privada e liberdade de informação.* São Paulo: Revista dos Tribunais, 1980.

ESCOBAR, J. C. Mariense. *O novo direito de telecomunicações.* Porto Alegre: Livraria do Advogado, 1999.

——. *Licitação, teoria e prática.* Porto Alegre: Livraria do Advogado, 1994.

FERREIRA, Daniel. Sanções administrativas. São Paulo: Malheiros, 2001.

FERREIRA, Wolgrand Junqueira. *Princípios da administração pública.* São Paulo: Edipro, 1996.

FIGUEIREDO, Lucia Valle. *Curso de direito administrativo.* São Paulo: Malheiros, 1995.

FREITAS, Juarez. *Estudos de direito administrativo.* São Paulo: Malheiros, 1995.

GARCIA, Maria Cecilia. *Radio y Television (Abierta y Cable) Análisis Normativo.* Buenos Aires. Libreria El Foro, 1995.

GARCIA, Jorge Sarmiento. *Concesion de servicios públicos*. Buenos Aires: Ciudad Argentina, 1996.

GASPARINI, Diógenes. *Direito Administrativo*. São Paulo: Saraiva, 1993.

——. *Poder regulamentar*. São Paulo: Revista dos Tribunais, 1982.

GHERSI, Carlos A. *Responsabilidad de empresas telefónicas Derechos y reparación de daños a los usuários*. Buenos Aires: Hammurabi, 1994.

GRINOVER, Ada Pellegrini. *Liberdades públicas e processo penal*. São Paulo: Revista dos Tribunais, 1982.

GRECO FILHO, Vicente. *Interceptação telefônica*. São Paulo: Saraiva, 1996.

HUIDOBRO, José M. *Sistemas de comunicaciones*. Madrid: Paraninfo, 1993

JABUR, Gilberto Haddad. *Liberdade de pensamento e direito à vida privada*. São Paulo: RT, 2000.

JUSTEN FILHO, Marçal. *Concessões e permissões de serviços públicos*. São Paulo: Dialética, 1997.

——. *O direito das agências reguladoras independentes*. São Paulo: Dialética, 2002.

LEHFELD, Lucas de Souza. As novas tendências na regulamentação do sistema de telecomunicações pela Agência Nacional de Telecomunicações – ANATEL. Rio de Janeiro: Renovar, 2003.

LEITE, Luciano Ferreira. *O regulamento no direito brasileiro*. São Paulo: Revista dos Tribunais, 1986.

LÓPEZ, José Maria Romeo. *Evolución histórica de la telecommunicación*. Montevideo: Revista AHCIET, n. 42.

MACHADO, Hugo de Brito. *Os princípios jurídicos da tributação na Constituição de 1988*. São Paulo: Revista dos Tribunais, 1994.

MANDELBAUM, Renata. *Contratos de adesão e contratos de consumo*. São Paulo: Revista dos Tribunais, 1996.

MEDAUER, Odete. *O direito administrativo em evolução*. São Paulo: Revista dos Tribunais, 1992.

MELLO, Celso Antonio Bandeira de. *Curso de direito administrativo*. São Paulo d. Revista dos Tribunais, 1994.

——. *Apontamentos sobre agentes e órgãos públicos*. São Paulo: Revista dos Tribunais, 1987.

——. *Prestação de serviços públicos e administração indireta*. São Paulo: Revista dos Tribunais, 1987.

MENDES, Maria Gilvaíse de Oliveira. *Direito à intimidade e interceptações telefônicas*. Belo Horizonte: Mandamentos, 1999.

MARCHÁN, Jaime. *Derecho internacional del espacio, teoria y política*. Madrid: Civitas, 1990.

MEIRELLES, Hely Lopes. *Direito administrativo brasileiro*. São Paulo: Malheiros, 1996.

MERCOSUL, *Acordos e protocolos na área jurídica.* Porto Alegre: Livraria do Advogado, 1996.

MORAES, Alexandre de (organizador). *Agências reguladoras*, São Paulo: Atlas, 2002.

MOOR, Fernanda Stracke. *O regime de delegação da prestação de serviços públicos.* Porto Alegre: Livraria do Advogado, 2002.

MOREIRA NETO, Diogo de Figueiredo. *Curso de direito administrativo.* São Paulo: Forense, 1978.

——. *Administração pública na Constituição de 1998.* São Paulo: Saraiva, 1989

——. *Apontamentos sobre a reforma administrativa.* Rio de Janeiro: Renovar, 1999.

——. *Mutações do Direito Administrativo.* Rio de Janeiro: Renovar, 2001.

OLIVEIRA, Régis Fernandes de. *Ato administrativo.* São Paulo: Revista dos Tribunais, 1978.

——. *Delegação administrativa.* São Paulo: Revista dos Tribunais, 1986.

PERDOMO, Matías Rodríguez (e Carlos Bastón Maio). *Marco Jurídico y Formas de Gestion en Telecomunicaciones.* Montevideo: Fundación de Cultura Universitária, 1991.

PIETRO, Maria Sylvia Zanella Di. *Discricionariedade administrativa na constituição de 1988.* São Paulo: Atlas, 1991.

——. *Parcerias na administração pública, concessão, permissão, franquia, terceirização e outras formas.* São Paulo: Atlas, 1999.

ROCHA, Carmen Lúcia Antunes. *Estudos sobre concessão e permissão de serviço público no direito brasileiro.* São Paulo: Saraiva, 1996.

——. *Princípios constitucionais da administração pública.* Belo Horizonte: Del Rey, 1994.

RUSCHEL, Orlando T. *Princípios da Comunicação Digital.* Porto Alegre: Edipucrs, 1996.

SILVEIRA, Raquel Dias da. *Regime Jurídico dos Serviços de Telefonia Fixa.* Belo Horizonte: Fórum, 2003.

SILVA, José Afonso da. *Curso de Direito constitucional positivo.* São Paulo: Revista dos Tribunais, 1989.

SOUTO, Marcos Juruena Villela. *Direito Administrativo Regulatório*, Rio de Janeiro: Lumen Juris, 2002.

STRECK, Lenio Luiz. *As interceptações telefônicas e os direitos fundamentais.* Porto Alegre: Livraria do Advogado, 1997.

SUNDFELD, Carlos Ari. *Direito administrativo econômico* (coordenador). São Paulo: Malheiros, 2000.

——. *Fundamentos de direito público.* São Paulo: Malheiros, 1992.

VIANNA, Gaspar Luiz Grani. *Direito de Telecomunicações.* Rio de Janeiro: Rio, 1976.

WALDMAN, Helio; YACOUB, Michel Daoud. *Telecomunicações, princípios e tendências*. São Paulo: Érica, 1997.

WOLF, Mauro, *La investigación de la comunicación de masa. Crítica y perspectiva*. Barcelona: Paidós, 1991.

Impressão:
Editora Evangraf
Rua Waldomiro Schapke,77 - P. Alegre, RS
Fone: (51) 3336-2466 - Fax: (51) 3336-0422
E-mail: evangraf@terra.com.br